조선 왕 독살사건 2

조선 왕 독살사건 2

효종에서 고종까지

이덕일 지음

다산초당

역사는 긍정적인 면이든 부정적인 면이든 모두 밝혀질 필요가 있다.

그 모든 면의 산물이 현재 우리 자신의 모습이자 우리 사회의 모습이기 때문이다.

차례

1장

사라진 북벌의 꿈

제17대 효종

1619~1659년, 재위 1649~1659년

《효종실록》10년 5월 4일

침을 맞고 나서 침 구멍으로 피가 나오니 상이 이르기를 "가위가 아니었더라면 병이 위태로울 뻔하였다"고 했으나 피가 계속 그치지 않고 솟아 나왔다

종기와 어의 신가귀의 산침

소현세자가 삼전도三田渡의 치욕을 변화하는 국제 정세에 맞추어 조선을 바꾸는 것으로 승화시키려 한 인물이라면, 동생 효종은 그 치욕을 북벌로 씻으려 한 인물이다.

효종은 문치文治의 나라 조선에서 무치武治를 하려 한 특이한 임금이었다. 그러나 무치는 당연히 사대부들의 격렬한 반발을 낳았고, 이를 무마하기 위해 효종은 송시열宋時烈과 손을 잡았다. 그리고 북벌 준비에 더욱 박차를 가하다 갑작스레 세상을 떠나고 만다.

독살설에 휘말린 임금들이 대개 그렇듯 효종의 죽음도 예견하지 못한 일이었다. 효종은 죽기 두 달 전 송시열과 독대한 자리에서 강력한 어조로 북벌을 주장하며, 최소한 10년은 살 자신이 있다고 호언했다. 그때 만 40세의 장년이었던 효종은, 하지만 두 달 후 허무하게 세상을 버리고 만다.

그의 갑작스런 죽음은 당연히 의혹을 불러일으켰다. 효종의 증세가 처음에는 아주 사소한 것이었다는 점에서 의혹은 설득력을 갖게 되었다. 《효종실록》에 처음 병세가 기록된 날은 재위 10년(1659) 4월 27일이다. 머리에 난 작은 종기의 독이 점점 퍼져 얼굴에까지 번졌는데, 당시 이런 증세는 그리 심한 것이 아니었다. 의원이 문안했을 때 효종이 한 말이 이를 말해 준다.

"종기의 증후가 날로 심해 가는 것이 이와 같은데도 의원들은 그저 심상한 처방만 일삼고 있는데, 경들은 그렇게 여기지 말라."

효종의 증세는 이렇듯 어의들이 심상히 여길 정도로 그리 대단한 것이 아니었다. 종기를 진단한 어의의 처방은 산침散鍼(병에 따라 적당한 곳에 침을 놓는 것)이었는데, 이를 통해 독기를 배설시켜야 한다는 것이었다. 이에 따라 효종은 계속 산침을 맞았다. 그런데 이 와중에 등장한 인물이 바로 문제의 어의 신가귀申可貴다. 당시 병으로 집에 있었던 신가귀는 효종이 아프다는 말을 듣고 철문 밖에 나아가 입궐을 청했다. 효종이 그를 입시시켜 물었다.

"침을 맞아야 하겠는가?"

"종기의 독이 얼굴로 흘러내리면서 농증濃症을 이루려고 하니 반드시 침을 놓아 나쁜 피를 뽑아낸 뒤에야 효과를 거둘 수 있습니다."

그런데 이때 다른 어의 유후성柳後聖이 경솔하게 침을 놓아서는 안 된다며 말리고 나섰다. 세자(현종)가 일단 수라를 든 후에 침을 맞을지 여부를 논의하자고 중재에 나섰으나, 효종은 이를 물리치고 침을 놓으라고 명했다. 신가귀가 침을 놓은 후 침구멍으로 피가 나오자 안도한 효종이 말했다.

"가귀가 아니었다면 병이 위태로울 뻔했다."

그러나 침구멍으로 피가 나온다고 좋아할 일이 아니었다. 피가 그치지 않고 계속 솟구친 것이다. 《효종실록》에는 침이 혈락血絡(피가 흐르는 가는 맥)을 범한 탓이라고 기록되어 있는데, 문제는 침을 놓은 신가귀가 손이 떨리는 증세, 즉 수전증 상태였다는 점이다. 수전증의 의원이 국왕에게 침을 놓은 것은 조선조 초유의 일이었다. 신가귀가 일부러 효종의 혈락을 범했는지는 알 수 없으나, 수전증의 어의가 옥체에 침을 놓는다는 것은 납득할 수 없는 일이었다. 피가 그치지 않자 약방에서 급히 청심환과 독삼탕獨參湯을 올렸다.

정신이 혼미해진 효종이 삼공三公(삼정승)과 송시열, 송준길宋浚吉, 그리고 약방제조藥房提調를 부르라고 명했다. 그러나 이들이 달려가 어상御床(임금의 음식을 차려 놓던 상) 아래 부복했을 때 효종은 이미 승하한 상태였다. 그야말로 손 한 번 써보지 못하고 북벌 군주 효종이 세상을 떠난 것이다. 허무한 노릇이었다.

소현세자의 유산

장남 소현세자昭顯世子를 죽음으로 몰아넣으면서까지 왕좌를 지키고자 했던 인조도 자연의 순리를 거역할 수는 없었다. 인조는 소현세자 사후 4년 만인 1649년에 세상을 떠남으로써, 정변과 호란, 그리고 음모와 독살로 점철된 27년간의 재위 기간을 마감했다. 그 뒤를 이은 인물이 바

로 효종, 즉 인조의 둘째 아들인 봉림대군鳳林大君이다. 그러나 인조의 뒤를 이은 조선의 17대 국왕 자리는 본래 봉림대군의 것이 아니라 소현세자의 것이자 원손 석철石鐵의 것이었다.

효종도 물론 그 사실을 잘 알고 있었다. 세자로 결정된 이틀 후 상소를 올려 사양한 것은 이런 사실에 대한 부담감의 표현이었다. 하지만 상소는 "세자의 자리는 천만 뜻밖이며 원손의 칭호는 온 나라 사람이 다 아는 바이므로 감당하지 못하겠다"는 지극히 간략한 내용이었다. 정승 등 고위직에 제수되면 상소를 올려 극력 사양하는 당시의 관례에 비추어 볼 때, 봉림대군의 이 상소는 의례적인 형식에 지나지 않았다. 그 전날 이미 병조의 군사 50여 명이 봉림대군의 저택에 파견되어 호위를 시작했던 데서, 그의 세자 책봉은 기정사실이었다.

봉림대군은 1차 상소 사흘 후인 인조 23년(1645) 윤6월 7일 재차 상

광활하게 펼쳐진 만주 벌판의 모습

소현세자의 유산에서 자유로울 수 없었던 효종은 북벌만이 자신의 왕위 계승을 정당화시켜 줄 거라 믿었고, 그를 위해 재위 기간 내내 강력한 숭무 정책을 추진했다.

소를 올려 사양했으나, 이번 상소에는 1차 상소에서 언급했던 원손에 대한 말조차 빠져 있었다. 2차 상소를 마지막으로 봉림대군의 사양 상소는 다시 없었다. 적어도 세 번의 사양 상소가 기본 예의였던 당시 관례로 봐서 봉림대군의 이런 거조는 세자 수락 성명이나 다름없었다. 봉림대군은 세자로 책봉된 이 조치에 만족했던 것이다.

드디어 그해 9월 27일 봉림대군과 부인 장씨는 각각 왕세자와 세자빈으로 책봉되었다. 그의 나이 27세 때였다. 이로써 봉림대군이 조선의 세자임이 온 나라에 선포되었다.

심양 시절 봉림대군이 소현세자의 자리를 가로채려 했다는 물증은 찾기 힘들다. 봉림대군의 세자 책봉은 그의 정치 공작의 결과라기보다는 소현세자의 정치관이 친청적으로 변한 데 대한 반대급부의 성격이 짙다. 물론 이런 결과를 계산하고 그가 반청적인 자세를 견지했을 수는 있지만 이는 추측일 뿐이다.

소현세자가 유고有故일 경우 조선의 종법에 따른 후사는 원손 석철이란 점에서, 봉림대군이 왕위를 노리고 의도적으로 반청 자세를 견지하기는 어려웠을 것이다. 조선의 종법은 국왕이라 해서 마음대로 바꿀 수 있는 것이 아니기 때문이다.

봉림대군이 즉위하자 소현세자와 원손 석철은 금기가 되었다. 소현세자와 원손을 거론하는 것 자체가 효종의 정통성에 의문을 제기하는 의사 표현일 수 있기 때문이다. 비록 석철을 비롯한 세자의 두 아들은 제주도에서 죽었을지라도 세자의 3남 석견石堅이 생존해 있었기 때문에 더욱 그랬다. 세자의 두 아들이 미성년으로 죽었으므로 소현세자의 후사는 3남 석견이 이어야 했다.

소현세자의 유산은 효종이 즉위했다 해서 그냥 묻어 버리기에는 너무 많았다. 소현세자의 급서를 책임져야 함에도 멀쩡하게 살아 있는 의관 이형익李馨益의 처리 문제도 그 중 하나였다. 효종이 즉위하자 양사는 다시 이형익의 처형을 요청했다. 그러나 효종은 인조가 그랬던 것처럼 단호하게 반대했다.

"어찌 당시의 사정은 헤아리지 않고 갑자기 사형을 논하는가? 지금 만약 그를 죽인다면 선조先朝(인조)의 뜻을 거스를 염려가 있다."

이형익은 인조의 공신이자 효종 즉위의 일등 공신이기도 했던 것이다. 그러나 소현세자의 유산은 이형익뿐이 아니었다.

강빈姜嬪 일가의 억울한 죽음도 소현세자가 남긴 유산 중 하나였다. 강빈은 누가 보더라도 시아버지 인조에 의해 누명을 쓰고 죽은 불쌍한 며느리였고, 그 식구는 사돈에 의해 멸문된 불쌍한 가문이었다. 의리를 명분으로 삼은 산림山林은 역적으로 몰려 죽은 강빈의 신원 문제를 당론으로 삼기도 했다.

이렇듯 불씨를 안은 채 잠복해 있던 강빈 신원 문제는 효종 5년(1654) 공식적으로 거론되었다. 가뭄이 계속되자 효종이 사대부들의 의견을 구했는데, 이때 황해 감사 김홍욱金弘郁이 이에 응하는 응지상소應旨上訴(임금의 요청에 응해 올린 상소)를 올려 정면에서 강빈의 신원을 요구하고 나섰다.

김홍욱은 강빈 옥사의 의혹을 조목조목 들어 강빈이 무죄라고 주장했다. 그는 강빈이 저주 사건을 일으키고 인조의 음식에 독을 넣었다는 혐의를 모두 부정하면서, 모든 책임을 이미 역적으로 몰려 처형된 인조의 후궁 소용昭容 조씨와 김자점金自點의 공작으로 돌렸다.

"역적 조(소용 조씨)는 안에서 날조하고, 역적 자점은 밖에서 조작해 견강부회牽强附會(가당치도 않은 말을 억지로 끌어다 대어 자기주장의 조건에 맞도록 함)로 옥사를 일으켜 끝내는 사사에 이르게 하고 강빈의 온 가문을 남김없이 주륙하였으니 아! 참혹합니다. 소현세자의 두 자식의 죽음도 자점이 빚어낸 것입니다. '청장淸將(용골대龍骨大)이 운운했다'는 말은 은밀한 일로서 다른 사람은 알 수 없는 것인데도 자점이 연좌를 주장했고, 또 후환을 막아야 한다며 어린아이들을 외방에 멀리 유배시키기를 청했습니다. 나이 어린 연약한 아이들이 고생스레 방황하면서 서로 이끌고 한꺼번에 남쪽 유배지로 옮겨 가게 되자 길에서 보는 사람들이 눈물을 흘리지 않는 이가 없었으며, 유배지에 도착한 후 얼마 되지 않아 죽게 되니, 자점의 사주라 여기는 사람들의 소문이 자자했습니다."

김홍욱은 현재의 재변災變은 억울하게 죽은 강빈 일가의 원한 때문이라며 신원해 줄 것을 요청했다. 그러나 효종은 이 상소에 격렬하게 분노했다. 김홍욱은 강빈 옥사를 소용 조씨와 김자점의 책임으로 돌렸지만, 효종은 이를 자신의 정통성에 의문을 제기한 것으로 받아들였다.

"지금 김홍욱의 상소 내용을 보니 모골이 송연해진다. 즉시 사람을 보내 홍욱을 대신하게 하고, 금부도사로 하여금 홍욱을 잡아오게 하라."

그러나 효종의 이 명은 법에 어긋나는 것이었다. 임금의 구언求言에 응한 응지상소는 오늘날 국회의원의 의정 발언처럼 면책특권이 있었기 때문이다. 언로를 그만큼 중히 여긴 것이다. 효종은 구언하면서 "모든 일을 숨김없이 다 말하라. 말이 비록 거칠거나 참람僭濫(분수에 넘쳐 지나침)하더라도 죄를 주지 않을 것"이라고 말했으나, 막상 김홍욱이 강빈 옥사를 거론하자 자신의 구언 하교를 무효화시켜 버렸다. 그만큼 강빈 문제는 효종의 아킬레스건이었다. 효종은 어떤 대가를 치르더라도 김홍욱을 처리하지 않을 수 없었다.

만약 김홍욱의 상소대로 강빈 옥사를 재조사한 결과 사건 자체가 조작임이 밝혀질 경우, 그 파장에 대해서는 효종도 손을 쓸 수가 없었다. 강빈이 무죄라면 강빈의 자식이란 이유로 유배형에 처해져 제주에서 죽어간 두 아들도 당연히 신원되어야 했으며, 나아가 셋째 아들 석견이 생존해 있었으므로 종통宗統 문제가 제기될 수 있었다.

또한 소현세자가 이형익에 의해 독살당한 것으로 밝혀진다면 효종의 정통성은 회복할 수 없는 타격을 입을 수 있었다. 소현세자의 죽음에 효종이 관련되었다는 소문이 퍼질지도 모를 일이었으니 효종으로서는 김홍욱을 그냥 둘 수 없었다.

효종이 김홍욱을 국문하려 하자 거의 모든 대신이 반대했다. 강빈의 억울함에 동감한 까닭도 있었겠지만, 그보다는 응지상소 처벌에 대한 우려 때문이었다. 대신들은 응지상소 처벌을 사대부 중심의 통치 체제에 대한 국왕의 월권으로 여겼다. 영의정 김육金堉 · 좌의정 이시백李時白 · 우의정 심지원沈之源 등이 김홍욱을 두둔하자 분노한 효종은 이렇게 내뱉었다.

"후세에 악명이 있더라도 내가 책임질 것이니 경들에게 무슨 상관이 있는가?"

김홍욱은 혹심한 고문에 시달렸으나 그는 확신범이었다. 국문을 받던 김홍욱은 오히려 삼사三司(사헌부 · 사간원 · 홍문관)를 꾸짖으며 부르짖었다.

"왜 말하지 않는가? 왜 말하지 않는가? 예로부터 말하는 자를 죽이고도 망하지 않은 나라가 있었는가? 내가 죽으면 내 눈을 빼내어 도성문에 걸어 두라. 나라가 망하는 것을 보겠노라."

계속되는 국문에도 굴하지 않던 김홍욱은 결국 장사杖死(곤장을 맞아 죽음)하고 말았다. 그의 죽음에 산림을 중심으로 한 사대부들은 크게 반발했다. 나라는 국왕과 사대부가 함께 통치해야 하는 것이지 국왕 마음대로 통치하는 것이 아니라고 생각했던 사대부들의 입장에서 볼 때, 효종의 행위는 절대왕권을 행사하려는 위험한 짓이었다.

그러나 효종의 생각은 달랐다. 효종은 조선을 군주 국가라고 생각했고, 군주 국가에서 국왕은 나라의 주인이자 어른이며, 사대부나 일반 백성은 모두 신하에 불과하다고 보았다. 이 두 생각의 차이는 엄청난 것이었다. 즉 이는 조선의 지배자가 국왕과 사대부냐 아니면 국왕뿐이냐 하는 본질적인 문제였던 것이다. 이러한 인식의 차이가 효종 재위 10년간 국왕과 사대부 사이에서 벌어진 충돌의 근본 원인이 된다.

모든 것은 북벌로

효종 시대의 화두는 북벌이었다. 효종은 북벌에 매달렸다. 북벌만이 자신의 왕위 계승을 정당화시켜 준다고 믿은 효종은, 북벌을 위해 가장 중요한 것은 주자학이 아니라 군사력이라고 생각했다. 이런 사고의 배경에는 8년간에 걸친 심양에서의 볼모 생활이 있었다. 효종 또한 소현세자와 함께 명나라의 멸망과 청나라의 흥기를 똑똑히 지켜보았다. 두 사람 모두 청이 승리한 이유가 학문이 아닌 군사력의 우위에 있음을 보았으나, 청에 대한 입장은 완전히 달랐다.

소현세자는 청이 대륙을 장악한 이상 분쟁이 불필요하다고 생각했다. 현실을 인정하고 청과 선린善隣 관계를 구축한 후 국가 발전에 매진하는 것이 조선에 유리하다고 판단한 것이다. 이처럼 어차피 사대의 예를 취할 바에야 그 대상이 명이면 어떻고 청이면 어떻냐고 생각했던 소현세자의 실리적 사고는, 심양에서 주자학의 상대성을 알게 된 데서

기인했다. 소현세자는 지구 반대편에 주자학이 아니라 기독교라는 새로운 사상을 신봉하는 또 다른 문명국가가 있음을 알게 되었고, 벽안碧眼의 선교사와의 만남을 통해 이들과 교류할 필요성을 느꼈다.

그러나 봉림대군은 달랐다. 그에게 청은 선린 관계의 대상이 아니라 정복의 대상이었다. 소현세자가 심양 생활을 통해 현실적인 청의 모습을 이해하는 동안 봉림대군은 청의 약점을 알기 위해 노력했다. 물론 봉림대군이라고 앞뒤가 막힌 이상주의자는 아니었다. 봉림대군도 심양 시절에 소현세자처럼 주자학의 상대성에 대해 알게 되었고, 주자학을 절대 가치로 생각하지 않았다. 그러나 그는 소현세자처럼 천주교를 받아들이지는 않았다.

그의 관심사는 주자학이나 천주교가 아니라 북벌이었다. 그 북벌을 위해서는 군사력을 갖추어야 했고, 군사력을 기르기 위해서는 강력한 군주권이 필요했다. 청나라 임금은 주자학 테두리 안에 있지 않았으며 오히려 주자학보다 높은 곳에 있었다. 봉림대군은 바로 그것이 실질적인 군주권이라고 생각했다.

청과 싸우려면 강력한 군사력이 필요하다고 생각한 효종은 강력한 숭무崇武 정책을 추진했다. 효종은 그의 현손玄孫(손자의 손자)인 정조와 함께 조선 후기 숭무 정책을 적극적으로 추진한 군주였다. 그에게 숭무 정책은 북벌의 전제 조건이자 절대 조건이었으며, 북벌에 필요한 것은 지식 많고 말 잘하는 문관이 아니라 전쟁터에서 힘을 발휘할 무관이었다. 그는 조선의 문·무관에 대해 이렇게 말했다.

"문관은 문文을 숭상해야 하고, 무관은 무武를 숭상해야 하는 법인데, 오늘날은 그렇지 못하여 문관이 무관처럼 생기면 경멸을 받지만 서생처럼 생긴 무관은 세상에서 용납하게 되었다. 만일 무관이 말달리기를 좋아하면 광패狂悖하다고 지목하니 참으로 부끄럽다. 지금의 무관은 선비와 같으니 어찌 싸움터에서 힘을 쓸 수 있겠는가?"

무신을 문신보다 중요하다고 생각한 유일한 군주이기도 했던 효종은 이렇게 말하기도 했다.

"전시에 일개 서생들이 군사를 지휘하는 것이 우리나라의 큰 폐단이다."

당시 조선은 문신이 군사 지휘권을 가진 특이한 나라였다. 임진왜란 때 도체찰사都體察使 유성룡柳成龍이 문신이었던 것이 이를 잘 말해 준다. 바로 이런 점이 조선의 군사력을 약화시킨 원인의 하나였다.

이에 대해 효종은 문무의 엄격한 구분이 군사력 강화의 첫걸음이라고 판단했으나, 당시 상황으로는 무신을 병조판서에 제수할 형편이 못 되었다. 그래서 효종은 차선책으로 박서朴遾를 병조판서에 임명했다. 모든 문신이 군비 확장에 반대하는 판국에 박서가 홀로 〈수륙군환정사목水陸軍換定事目〉 등 군정 개혁 5개 조를 내놓아 군비 확장을 찬성하고 나섰기 때문이다.

효종과 박서는 뜻이 잘 맞는 짝이었다. 박서는 효종의 뜻에 따라 청의 감시와 문신들의 의혹의 눈초리를 감내해 가면서 군비를 확장했다. 그러나 술을 절제하지 못했던 박서는 병조판서가 된 지 얼마 되지 않아 과음에 의한 쇼크로 세상을 뜨고 말았다.

하지만 효종은 이에 굴하지 않고 군비 확장에 찬성하는 드문 문신인 원두표元斗杓를 병조판서에 임명해 군비 확장을 계속 추진해 나갔다. 원두표는 김자점의 낙당洛黨과 대립되는 원당原黨의 영수였으므로, 김자점이 거세된 이후 정국을 이끌 적임자기도 했다. 이어 효종은 무신 이완李浣을 어영대장御營大將에 임명했다. 이는 문무를 조화시키기 위한 조치로, 원두표에게는 국방 정책을, 이완에게는 그 실행을 맡긴 인사였다. 실로 원두표와 이완 이 두 사람은 효종의 북벌 계획과 실행을 뒷받침한 문무 신하이자 효종의 동지였다.

효종은 이 두 신하를 중심으로 강력한 군비 확장 정책을 펼쳤는데, 그 중 하나가 관무재觀武才를 다시 실시한 것이다. 관무재는 국왕이 친히 군사들의 기예를 시험해 본 후 우수자를 채용하는 일종의 무과 시험이었다. 그런데 효종이 재위 3년(1652) 8월 다시 관무재를 실시하려 하자 대사헌 민응형閔應亨 · 봉교奉敎 이단상李端相 등이 반대하고 나섰다. 이때 봉교 이단상이 든 반대 이유가 그날이 자전慈殿(장렬왕후莊烈王后 조씨)의 목욕일이라는 궁색한 것이었으니, 이들이 얼마나 군비 확장을 반대했는지 알 수 있다.

효종은 관무재에서 우수한 성적으로 합격한 인물들을 지방 수령으로 임명해 무신들의 사기도 높이는 한편 지방 군비도 확충하려 했다. 그러나 무신을 수령으로 임명하려는 이 조치에 많은 문신이 반대하고 나섰다. 영의정 정태화鄭太和가 "수령은 상으로 내리는 벼슬이 아닙니다"라고 반대하고 나선 것은 문신들의 이런 반대를 집약한 것이었다.

결국 문신들의 집요한 반대로 관무재 합격자를 지방 수령으로 발령하려던 효종의 뜻은 이루어지지 못했다. 하지만 효종은 여기에 좌절하지 않고 재위 5년째 되던 해에 영장營將 제도를 부활시켰다. 영장들을 지방에 보내 군비 확장 사업을 전개하게 한 것이다.

또한 효종은 무신 출신 유혁연柳赫然을 승지로 임명하였다. 물론 이 역시 문신들의 격렬한 반대에 부딪쳤다. 대간臺諫에서는 무관 출신 승지는 전례가 없다는 이유로 극력 반대하고 나섰다. 그러나 효종은 뜻을 굽히지 않았다. 효종이 유혁연을 승지로 삼은 것은 이유가 있었다.

효종은 수령을 파견할 때 군사 관계는 병조판서에게 직보直報하고, 병조판서는 무관 승지 유혁연에게 전달하게 했다. 그리고 유혁연이 이를 효종에게 보고하게 되어 있었으니, 말하자면 유혁연은 요즈음의 안보 수석인 셈이었다.

이런 다각도의 노력 끝에 효종은 재위 6년 가을, 장릉長陵을 참배하고 돌아오는 길에 노량진에서 조선 군사의 위용을 자랑하는 열무식閱武式을 가질 수 있었다. 이때 승정원이 제사를 지낸 직후 군사 퍼레이드를 갖는 것은 부당하다며 반대하고 나섰으나, 효종은 이런 반발을 무시하고 그해 9월 29일 1만 3,000여 명의 조선군이 펼치는 열무식을 강행했다.

이때의 열무식은 임진왜란과 병자호란으로 심신의 상처를 입은 조선 민중을 위로하는 자리기도 했다. 효종은 세자와 문무백관을 열무식에 다 모이게 했는데, 이들 외에도 일반 백성들은 물론이고 심지어 사대부가의 여인들까지 대거 몰려들어 구경했다.

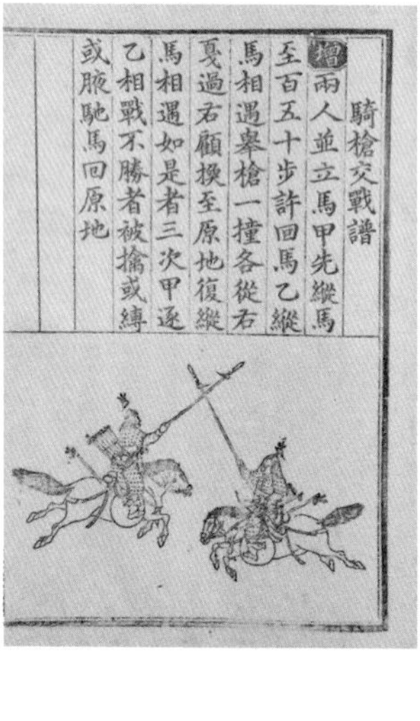
騎槍交戰譜
槍 兩人並立馬甲先縱馬
至百五十步許回馬乙縱
馬相遇擧槍一撞各從右
戛過右顧換至原地復縱
馬相遇如是者三次甲逐
乙相戰不勝者被擒或縛
或腕馳馬回原地

《무예도보통지武藝圖譜通志》의 기창교전보騎槍交戰譜

《무예도보통지》는 정조가 직접 편찬의 방향을 잡은 후 규장각 검서관 이덕무李德懋·박제가朴齊家와 장용영 장교 백동수白東修 등에게 명령하여 작업하게 하였으며 1790년(정조 14)에 간행되었다. 조선 시대 군사 문화 전반을 살펴볼 수 있다.

하지만 이런 열무식에 대해서도 문신들의 시선은 곱지 않았다. 심지어 청과 분쟁거리가 된다며 말리는 신하들도 있었다. 효종은 문신들이 무찔러야 할 적국인 청과의 분쟁거리가 된다며 군비 확장을 말리자 분개했다.

"지금 명색이 관리란 인물이 열병식이 청나라와 분쟁거리가 된다고 말하면 내 마음이 움직일 것으로 생각하는 모양인데, 이것이 어찌 북쪽 오랑캐의 주구走狗가 아니겠는가?"

효종의 결심은 확고했다. 효종은 기병을 양성하기 위해 창덕궁 후원의 담장을 열어 기사장騎射場을 만들기도 했다. 산악이 험준한 조선에서는 기병이 그다지 유용한 군사가 아님에도 불구하고, 자신의 친위군인 금군禁軍과 기병을 양성한 효종의 속마음은 물론 북벌에 있었다.

효종의 군비 확장 의지는 제주도에 표류해 온 네덜란드인 하멜Hamel에 대한 처리에서도 나타난다. 효종은 하멜을 훈련도감訓鍊都監에 배속시켜 그들의 조총을 모방한 새로운 조총을 제작하게 했다.

그러나 군비 확장에 따르는 어려움은 한두 가지가 아니었다. 그 중 하나가 군사로 충당할 인원이 부족한 것이었다. 일반 농민들은 연이은 전란으로 황폐화된 농토를 복구하기에 여념이 없었다. 효종은 일반 농민들의 징발이 어렵자 실제 납공納貢(공납)에서 누락된 노비들을 추쇄推刷해 군사로 충당하려고 했다. 당시 노비 대장에 등재된 노비의 수는 19만여 명이었으나 실제 납공 노비는 2만 7,000여 명뿐인 데 착안해 나머지 16만여 명을 잡아 군사로 충군하려 한 것이다.

효종은 누락 노비들을 잡는 노비추쇄도감奴婢推刷都監을 설치해 남부 5도에 추쇄어사를 파견해 내려 보냈다. 하지만 당시의 노비 누락은 역사 발전에 의한 신분제 붕괴의 결과로, 이들의 상당수는 농업에 종사하는 일반 양인이었다. 결국 이들의 추쇄는 농민 추쇄와 마찬가지 결과를 가져오게 되어 노비 추쇄는 중단되고 말았다.

이처럼 군비 확장에 따르는 어려움은 한두 가지가 아니었다. 그리고 그 중에서도 가장 큰 어려움은 군비 확장과 북벌에 대한 문신들의 반발이었다.

효종의 딜레마

효종의 군비 확장과 북벌 의지에 대한 문신들의 반발은 거셌다. 군비 확장의 전제 조건은 강력한 왕권이었다. 그러나 군비 확장 정책을 강력히 추진하려는 효종의 의지가 강하면 강할수록 사대부들과의 마찰도 강해졌다. 조선은 청과는 다른 나라였다. 비록 국왕이라 해도 사대부의 지지 없이는 강력한 정책을 펼 수 없는 나라가 조선이었다.

조선의 사대부들은 말로는 춘추대의春秋大義(명나라에 대한 의리)를 외쳤으나 속으로는 현상 유지를 바라고 있었다. 구조화된 문치주의 아래서 지배계급의 지위나 계속 유지하려고 한 것이다. 이들은 두 번에 걸친 국가적 전란을 겪으면서도 아무런 교훈도 얻지 못한 지배 세력이었다. 이것이 바로 효종의 딜레마였다. 즉 이들을 배제하고는 북벌도 군비 확장도 효율적으로 추진할 수 없었던 것이다.

효종은 문신들의 반발을 억누르며 군비 확장을 강행했는데, 재위 8

넌째가 되자 문신들이 효종의 숭무 정책에 정면으로 도전하기 시작했다. 이들이 군비 확장에 반대하는 명목상의 이유는 백성들의 민생을 먼저 생각하라는 이른바 안민책安民策이었다.

노론의 영수 송시열의 초상

노론 사대부들은 말로는 북벌과 춘추대의를 외치면서도 정작 북벌에는 미온적이었다. 그들의 북벌은 기층 민중들을 다스리기 위한 통치 이데올로기에 지나지 않았다.

당시 농민들은 농사를 짓는 한편 군사 훈련, 성 쌓기, 병장기 제조 등의 부역에 동원되어 이중의 곤란을 겪고 있었으므로 안민책은 명분 있는 반대였다. 당연히 농민들로부터 불평의 소리가 터져 나왔고, 문신들은 이를 구실 삼아 군비 확장에 반대했다. 그러나 농민들의 피폐한 생활을 구실로 한 군비 확장 반대는 일견 명분 있어 보이지만 그 속사정을 알고 보면 이 또한 말뿐이었다.

당시 농민 생활을 파탄에 빠뜨린 주범은 군비 확장이 아니라 불평등한 세금 체계였다. 농민들을 짓누르던 군역을 양반 사대부들은 면제받고 일반 백성들만 부담하는 형편이었던 것이다. 또한 수천 석의 소출을 올리는 전주田主인 사대부의 공납액과 송곳 꽂을 땅 한 평 없는 전호田戶인 농민들이 부담해야 하는 공납액도 같거나 오히려 농민들이 더 무거운 경우가 많았다.

양반 사대부들은 이런 불균등한 조세 체계를 바로잡으려는 노력에는 극력 반대하면서도, 말로는 농민 생활의 피폐를 구실로 군비 확장에 반대했다. 물론 대동법의 경세가 김육이나 이경석李景奭처럼 농민들의 고초를 진심으로 걱정한 문신들도 있었지만, 나머지 대다수 북벌에 반대하는 문신은 군비 확장이나 북벌로 인한 기득권 상실을 두려워했다.

효종 8년(1657) 사대부들이 효종의 군비 확장 정책에 정면으로 반기를 들고 나서자 효종은 진퇴양난에 빠졌다. 사대부들이 더 이상 효종의 정책에 협조하기를 거부하고 나서자 더 이상 군비 확장 정책을 펼칠 수 없었던 것이다.

이때 등장한 것이 효종 8년 산림의 영수 송시열이 올린 〈정유봉사丁酉封事〉였다. 봉사란 남이 볼 수 없게 밀봉한 상소문을 말한다. 그만큼 비밀스런 내용이 많음을 암시한 것이지만, 실상은 남송南宋의 주희朱熹가 효종孝宗에게 올린 봉사를 본뜬 것이었다.

송시열은 〈정유봉사〉에서 효종의 재위 8년을 전면 부정하고 나섰다.

"전하께서 재위에 계신 8년 동안은 그럭저럭 지나갔을 뿐 한 자 한 치의 실효도 없었습니다. 위로는 명나라 황제에게 보답하고 아래로는 여러 신하와 백성의 바람에 답하지 못함이 어찌 오늘에 이를 수 있습니까? 백성들이 원망하고 하늘이 노해, 안에서 떠들고 밖에서 공갈하여 망할 위기가 조석朝夕에 다다랐습니다."

송시열은 〈정유봉사〉에 총 19개 항목에 걸쳐 국정의 모든 문제에 대해 진언했다. 송시열은 오늘날까지 효종 북벌 이론의 제공자로 알려져 있지만, 이는 그의 사후 노론의 문인 제자들이 자가 발전시킨 것이고 실상은 북벌의 반대자였다. 이 〈정유봉사〉에서도 송시열은 사실상 북벌 중지를 요청한다. 북벌 중지의 논리 역시 주희에게서 빌려왔다.

"주자가 처음에는 효종에게 금金나라를 쳐서 북벌하는 의리에 대해 극진히 말했으나 20년 뒤에는 다시 북벌에 관해 말하지 않고, 다만 '오직 폐하께서 먼저 동남쪽의 태평하지 못한 것을 근심하시어 마음을 바르게 하시고 한 몸의 사욕을 이기셔서 조정을 바르게 하시면 진실한 업적을 얻을 수 있어서 별다른 근심이 생기지 않아 원대한 계획이 방해받지 않을 것입니다. 대개《주역周易》을 잘 아는 자는《주역》을 말하지 않나니 참으로 북벌에 뜻 있는 자는 손을 흔들며 칼을 만지는 데 있지 않을 것입니다'라고 하였습니다. 이는 그때 효종이 편안한 데 빠져서 근본이 염려되는 것을 이길 수 없을까 염려한 것입니다."

남송의 주희가 처음에는 북벌의 의리를 논하다가 나중에는 북벌이 아니라 '수신修身'을 권고했는데, 이는 남송의 효종이 편안한 데 빠졌기 때문이라는 말이었다. 하지만 이는 남송의 효종에게는 해당될지 몰라도 조선의 효종에게는 해당되지 않는 말이었다. 조선의 효종은 직접 말을 타고 활을 쏘며 군사들과 어울리는 임금이었으니 근본을 염려할 필요가 없었다. 진정 염려해야 할 것은 말로는 '북벌'과 '춘추대의'를 외치면서도 정작 북벌에는 딴죽을 거는 송시열 같은 문신 사대부들의 이중적인 처신이었다.

청나라가 알면 오히려 좋아할 이런 내용의 상소를 굳이 봉사라는 비밀 상소의 형식을 빌려 위기를 과장한 그 진정한 의도는 알 수 없지만, 어쨌든 당시 민생을 살리기 위해 가장 시급한 과제는 구체적으로 양반 사대부들로 하여금 봉건적인 특권을 포기하게끔 하는 것이었다. 양반들도 일반 백성들처럼 국역의 의무를 지는 것이 민생 안정의 첩경이었던 것이다. 그러나 송시열은 〈정유봉사〉에서 효종이 사대부를 우대하지 않는다며 강하게 비판하고 나섰다. 사대부를 우대하지 않는 것, 이것이 바로 송시열이 효종에게 분개한 가장 큰 이유였다.

"전하께서 대신을 공경하여 예법으로 부리는 도리를 아시지 못함은 아니지만 지난번에 심하게 대신을 꾸짖으시고 돼지처럼 여러 관원을 꾸짖었다 하는데, 그것은 주자가 매우 놀라 탄식한 바입니다."

이는 얼마 전 효종이 홍문관 부제학副提學 윤강尹絳에게 태형笞刑(작은 형장으로 볼기를 치던 형벌)을 가한 것에 대한 일종의 항의였다.

"윤강은 홍문관 부제학으로서 경연을 이끄니 전하와 가까운 자인데, 비록 실수한 바가 있다 하여도 어찌 졸지에 끌어내어 볼기를 때려 백관에게 보이셨습니까?"

송시열은 노골적으로 효종이 반성해야 한다고 충고했다.

"이제부터는 깊이 성의聖意를 여기에 두시어 반성하시고 살피시는 공부를 더 하셔서, 희노喜怒에 의해 움직이지 마시고, 신민臣民들을 햇볕처럼 사랑하고 하늘처럼 두려워하십시오."

송시열 같은 조선 사대부들에게 나라는 임금의 것이 아니고 천하의 것이었다. 물론 여기서 '천하'는 만백성을 뜻하는 것이 아니라 '사대부'를 뜻하는 것으로, 나라는 임금 개인의 것이 아니라 사대부의 것이라는 주장이었다.

"관작은 전하의 관작이 아니고 천하의 관작이오니, 폐하가 그렇지 못한 자를 벼슬시키면서 하늘이 기뻐하고 백성이 기뻐하기를 바라는 것이 어찌 어렵지 않겠습니까?"

송시열에게 사대부는 곧 모든 것이었다. 그는 임금이 사대부를 초월한 위치에 있다고 인정하지 않았다. 천하를 다스리는 것은 사대부고,

임금은 다만 사대부 중에서 가장 높은 제1사대부에 지나지 않는다는 것이 그의 생각이었다.

효종은 이처럼 8년의 재위 기간 전체를 부정하고 나선 송시열의 〈정유봉사〉에 분명 분노했을 것이다. 그러나 효종은 윤강에게 그랬던 것처럼 송시열을 붙잡아 볼기를 치지는 못했다. 〈정유봉사〉는 송시열 개인의 의견이 아니라 조선 사대부, 특히 서인 산당山黨의 의견을 대표하는 것이었기 때문이다.

효종의 군비 확장 정책은 여기저기서 파열음을 내고 있었고, 사대부들은 집단적으로 저항할 움직임을 보이고 있었다. 그리고 그 중심에 송시열과 송준길의 산당이 위치해 있었다.

결국 효종은 자신의 치세를 전면 부정한 송시열을 처벌하기는커녕 상당한 정치적 양보를 할 수 밖에 없었다. 효종은 송준길과 함께 '양송兩宋'으로 불리며 사대부들의 여론을 주도하던 산림의 영수 송시열과 군비 확장에 비판적인 산당을 탐탁지 않게 생각했다. 그러나 사대부들의 집단 저항으로 비롯된 정치적 위기를 극복하기 위해서는 산당의 지지가 필수적이었다.

효종은 송시열에게 벼슬을 제수하는 것으로 처벌을 대신했다. 이는 효종에게 정면으로 대항한 송시열의 승리이자 효종의 패배였다. 송시열은 여러 차례 벼슬을 사양하는 것으로 자신의 정치적 주가를 한층 높인 후, 효종 9년(1658) 7월 행호군行護軍을 받아들임으로써 드디어 조정에 들어왔다. 얼마 후 산당의 또 다른 지도자인 부호군副護軍 송준길도 조정에 나왔다. 은거와 출사를 거듭했던 산림이 효종 재위 9년여 만에 드디어 집단적으로 출사한 것이다.

북벌 대 춘추대의의 대타협

북벌을 둘러싸고 효종이 사대부들과 마찰하면서 정정政情이 불안해졌다. 사대부들의 집단 반발은 또 다른 인조반정을 유발할 수도 있었다. 게다가 효종은 하나뿐인 동생 인평대군麟坪大君을 잃은 직후라 마음이 나약해져 있었고, 여기에 말을 타다 낙마하여 부상까지 당해 글자 그대로 심신이 고달픈 처지였다.

이런 처지에서 효종은 송시열과 송준길의 산당을 끌어들임으로써 정치적 난국을 타개하려 했다. 하지만 산당은 군주가 원한다고 해서 무조건 따라오는 정당이 아니었다. 이들은 살아 있는 조선의 군주보다 이미 죽은 남송의 주희를 더 떠받들었다. 효종이 주희의 수신론修身論을 비판했다는 말을 듣고 송시열이 효종에게 따진 것은 이들이 누구를 더 섬기는가를 보여준 일례이다.

"신이 듣기에 지난번 경연에서 '오늘날 씻기 어려운 치욕을 당했는데, 여러 신하가 이런 생각은 하지 않고 매번 나에게 수신하라고만 권하고 있으니, 이런 치욕을 씻지 못한 채 수신만 하면 무슨 소용이 있겠는가?'라고 말씀하셨다는데, 과연 이 말이 사실이라면 신은 전하께서 성학聖學(주자학)이 미진한 데가 있는 것임을 두려워합니다."

효종에게 중요한 것은 북벌이었으나 송시열의 산당에게 중요한 것은 춘추대의와 수신이었지 실제의 북벌이 아니었다. 군사를 일으켜 북진하는 것이 효종의 북벌이라면, 산당의 북벌은 말로만 춘추대의를 외치는 것이었다. 그러니 군비 확장에 대한 효종과 양송의 의견이 다른 것은 당연한 일이었다. 효종에게 군비 확장은 어떤 대가를 치르더라도 포기할 수 없는 시대적 과제였지만, 양송은 훈련도감 군사를 늘리는 것도, 군량을 늘리는 것도 반대하고 나섰다. 물론 이들은 흉년이니 백성을 진휼하자는 것을 명분으로 내걸었으나 그 속마음이 군비 확장 반대에 있음은 분명했다.

이들을 설득하지 않고서는 군비 확장이고 북벌이고 모두 소용없음을 안 효종은 특단의 조치를 취하기로 하였다. 자신이 한 발 뒤로 물러나는 것을 북벌을 강력히 추진하는 계기로 삼고자 한 것이다. 효종은 자신이 뒤로 물러서고 산당에게 정권을 내주기로 결심했다.

단 조건이 있었다. 북벌을 적극 추진하라는 것이었다. 효종은 송시열을 이조판서, 송준길을 병조판서로 삼아 인사와 군사에 관한 전권을 주면서 북벌 추진의 대임도 함께 넘겼다. 이것은 보기 드문 군주와 신하 사이의 대타협이었다.

송시열과 송준길, 이른바 양송은 효종이 자신들에게 정권을 맡긴 이유를 잘 알고 있었다. 효종이 한 발 물러서고 산당이 그 자리를 차지할 수 있는 최대공약수는 북벌이었다. 산당 정권은 적극적으로 북벌을 추진할 때만 유지될 수 있었다. 이들은 이제 자신들이 반대하던 군비 확장을 적극 추진해야 하는 자리에 서게 된 것이다.

효종은 송시열에게 비밀 서신을 보내 북벌을 다그치기도 했다. 이러한 효종의 비밀 서신에 대한 송시열의 답신이 〈상영릉문上寧陵文〉이다. 하지만 〈상영릉문〉의 내용은 대단히 모호했다. 북벌을 하자는 것인지 말자는 것인지 본심을 알 수 없었다. 효종은 송시열에게 분명한 북벌 의지를 재천명하고, 또한 북벌에 대한 산당의 분명한 당론을 확인할 필요를 느꼈다.

효종이 전례를 깨고 송시열과 독대한 것은 바로 이를 확인하기 위함이었다. 조선에서 독대는 금지되어 있었다. 국왕은 반드시 승지와 사관史官이 입회한 자리에서 정사를 처리하게 되어 있었다. 따라서 국왕과 신하의 독대는 매우 이례적인 행위였다. 효종과 송시열의 독대는 효종 10년 기해년에 있었다고 해서 '기해독대'라고 불릴 정도로 유명한 독대다. 그해 3월 11일의 일이었다.

이날 효종은 이조판서 송시열을 제외한 나머지 신하들은 물론 승지와 사관 · 내관內官까지도 내보냈다. 흥정당興政堂에 단 둘이 남은 효종과 송시열 사이에는 긴장이 흘렀다. 효종이 독대 자리를 마련한 이유는 분명했다. 북벌을 채근하기 위해서였다.

"오늘 이 자리를 마련한 이유는 현재의 대사(북벌)를 논의하기 위함이다."

송시열도 이 자리가 북벌을 논의하는 자리라는 것을 잘 알고 있었다. 효종의 북벌론은 계속된다.

"오랑캐의 일은 내가 잘 알고 있다. 정예 포병 10만을 길러 자식처럼 사랑하고 위무하여 모두 결사적으로 싸우는 용감한 병사로 만든 다음, 기회를 봐서 오랑캐들이 예기치 못할 때 곧장 관關으로 쳐들어갈 계획이다. 그러면 중원의 의사義士와 호걸 중에 어찌 호응하는 자가 없겠는가? 게다가 우리나라에서 붙잡혀 간 수만 명의 포로가 그곳에 억류되어 있으니, 어찌 내응하는 자가 없겠는가?"

효종의 북벌 전략은 허황한 것이 아니었다. 청의 지배층은 소수 민족인 만주족인 반면 피지배층은 다수 민족인 한족漢族이었다. 만주족은 한족의 100분의 1도 되지 않았다. 중화사상을 지닌 피지배층 한족이 만주족에 대해 민족 감정이 없을 수 없었다. 이런 상황에서 조선의 북벌군이 기세를 올리면 청은 급속히 분열될 수 있었으며, 효종의 말대로 조선 포로 수만 명은 물론이고 한족도 궐기할 수 있었다. 조선과 한족의 연합 전선을 구축해 만주족에 대응하려는 효종의 전략은 탁월한 것이었다. 효종은 확신에 차서 말했다.

"오늘의 대사는 과감하게 시작하지 못하는 것을 걱정할 뿐이지 성공하기 어렵다는 점을 걱정할 필요는 없다."

효종은 이어 다른 신하들이 북벌에 무관심하거나 두려워하는 것을 질타했다.

"내가 만수전萬壽殿을 지을 때 몇 명을 만나 은밀히 시험해 보았는데, 모두 무관심하여 깊이 생각하는 자가 없으니, 이처럼 통탄할 일이 어디 있겠는가? 신하들이 모두 눈앞의 부귀만을 도모하면서 북벌을 하면 나라가 망하게 되는 듯이 두려워하고 있기 때문에 이 일을 말하면 모두 간담이 서늘해서 놀라니, 나 혼자 부질없이 탄식할 뿐이다. 저들이 모두 자기 자손들을 위한 계획만 세우고 나를 도우려 하지 않고 있다."

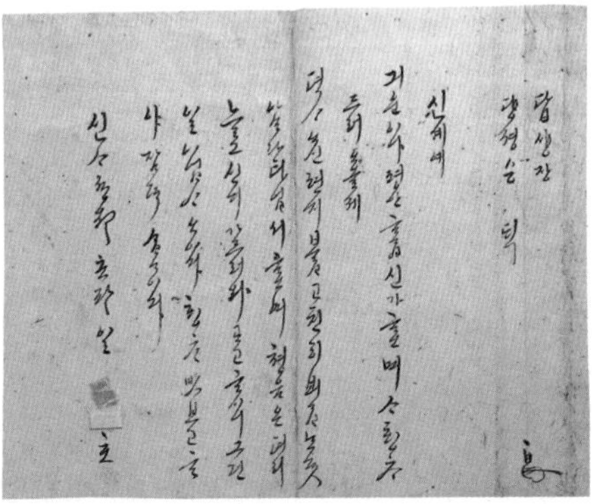

효종이 직접 쓴 편지

심양에 인질로 머물던 시절 효종이 서울에 있는 장모에게 쓴 편지. 한글 필체가 이채롭다.

그랬다. 당시의 조선 사대부는 나라는 뒷전이고 제 식구만 생각했다. 병자호란 때 판서의 자제를 인질로 데려간다 하자 앞 다투어 사직서를 내고 서로 그 자리를 맡지 않으려 했던 지배층이 그대로 이어져 왔으니, "자기 자손들을 위한 계획만 세우고" 있었던 상황은 차라리 당연했다. 그러나 효종의 이런 질타를 송시열은 정면에서 반박했다.

"예로부터 제왕들은 수신제가한 후 법도와 기강을 세웠으니, 이것이 일의 순서입니다. 지금 전하께서는 혼잡하고 자질구레한 일들을 떨쳐버리지 못하시니, 지기志氣가 있는 선비들의 마음이 게을러지지 않을 것이라고 어떻게 장담할 수 있으며, 뭇 신하가 제 집안을 살찌우는 데에만 힘쓰는 것도 전하를 보고 배운 것이 아니라고 어찌 말할 수 있겠습니까? 전하께서 진실로 심신을 깨끗이 하시어 잡다한 모든 일을 일체 제거하시고 마음과 생각에 한결같이 이 일만을 위주로 하신다면, 신하들도 어찌 감히 나라를 위해 제 몸을 바치려 하지 않겠습니까?"

송시열은 지배층인 사대부들의 부패와 안일을 효종의 책임으로 돌렸다. 자나 깨나 북벌만 생각하는 효종에게 이는 모욕이었다. 그러나 효종은 송시열의 이런 말까지도 받아들였다. 북벌을 위해서는 송시열의 지지가 필수적이었기 때문이다.

"경의 말이 옳다."

효종이 이렇게까지 양보한 이유는 물론 송시열을 북벌로 유도하기 위해서였다. 하지만 효종의 이런 양보에 대한 송시열의 답변은 공허했다. 치자治者의 근본 도리는 '몸을 닦고 집안을 다스린다'는 뜻의 '수기형가修己刑家'인데, 이것이 북벌의 선결 조건이라는 허무한 메아리였던 것이다. 훗날 송시열이 반대 당파로부터 '수기형가'란 네 글자로 북벌의 책임을 때우려 했다는 비난을 받은 것도 바로 이 때문이었다.

송시열의 북벌관은 이미 효종 즉위년의 〈기축봉사己丑封事〉에서 다 드러났다. 송시열은 그때 이렇게 피력했다.

"이렇게 우리 힘의 강약을 살피고 저 오랑캐 세력의 성하고 쇠함을 엿본다면, 비록 창을 들고 저들의 죄를 따지면서 중원을 깨끗이 쓸어 신종神宗 황제(임진왜란 당시의 명 황제)의 망극하신 은혜를 갚지는 못한다할지라도, 혹시 오랑캐와 국교를 끊고 이름을 바르게 하여 이치를 밝힘으로써 우리의 의리를 지킬 수는 있을지 모릅니다."

즉 송시열의 북벌관은 실제로 만주와 중원을 점령하는 군사적 정벌이 아니라, 청나라가 약해지면 국교를 단절해 명나라와의 의리를 지키자는 시대착오적이고 사대주의의 극치인 명분론에 불과했던 것이다.

송시열은 효종이 앞으로 10년을 기한으로 북벌을 강력히 추진하겠다고 나서자 다급해졌다. 효종은 독대에서 조만간 송시열에게 큰 임무를 맡기고 이조판서와 병조판서를 겸직하게 한다고 말했다. "큰 임무"란 두말할 것도 없이 북벌이었다. 만약 송시열이 큰 임무를 거절하면 효종은 현재의 이조판서직마저 박탈해 버릴 것이었다. 그러니 송시열은 권력을 유지하고 확대하려면 북벌을 적극 추진해야 했다. 그러나 북벌이 불가능하다고 보는 주자학자 송시열에게 '춘추대의'란 명분을 제공해 주는 도구일 뿐 군사를 일으키는 명분은 아니었다.

기해독대 이후 송시열은 진퇴양난에 빠졌다. 북벌을 추진할 수도 하지 않을 수도 없는 상황이었다. 이 난국을 타개하기 위해 송시열은 영의정 정태화를 끌어들이려 했다. 정태화를 찾아간 송시열은 곧 군사를 이끌고 북벌에 나설 것처럼 호언장담하면서 정태화의 의견을 물었다.

하지만 거의 평생을 조정에서 보낸 정태화는 산림에 있었던 송시열보다 노련한 정치가였다. 자신을 끌어들여 북벌의 책임에서 벗어나려는 송시열의 의도를 간파한 정태화는 이렇게 답했다.

"공의 지략이 성상聖上의 위임을 받아 천하의 대의인 대사(북벌)를 경영하시니 무슨 일인들 못하겠소? 나는 이미 늙고 무능하여 아무것도 도와드리지 못하지만 이 세상에 조금이라도 더 살아서 대감이 비상한 공을 세우고 천하에 대의를 펴는 것을 한 번 보고 죽는 것이 소원이오."

'나는 이미 늙고 무능하여 아무것도 도와드리지 못한다'는 거절의 말이었다. 송시열이 실망한 낯빛이 되어 돌아가자 정태화의 아들이 물었다.

"아버님은 지금 국제 정세가 어떤데 북벌을 할 수 있다는 말씀을 하셨습니까?"

정태화가 웃으며 말했다.

"내가 언제 북벌한다고 말했더냐? 송대감은 지금 북벌을 임무로 삼아 성상에게 무한한 위임을 받았으나, 시간이 흘러도 성공할 묘책이 없으니 진퇴양난에 빠진 것이다. 그의 생각에 내가 북벌이 가망 없다고 하면 그 한마디를 구실 삼아 나에게 죄를 돌리고 발을 빼려 하는 것인데, 내가 왜 남에게 팔린단 말이냐? 그가 나에게 권모술수로 대하니 나 또한 권모술수로 답한 것이다. 우리 속담에 '뛰는 놈 위에 나는 놈 있다'고 하지 않더냐?"

이들의 대화는 북벌에 대한 조선 지배층의 인식을 잘 보여준다. 이들은 북벌을 효종 혼자만의 꿈이라고 생각했다. 청을 건국한 만주족이 조선보다도 인구가 적다는 사실은 안중에도 없었으며, 효종처럼 청의 취약한 구조에 대해 분석하지도 않았다. 그저 북벌은 안 된다는 것이 이들의 보편적인 생각이었다.

송시열도 정태화와 같은 생각이었으니 난감할 수 밖에 없었다. 효종의 전폭적 신임을 바탕으로 북벌을 소리 높여 외쳤지만 조선의 국력으로 북벌은 불가능하다고 여긴 것이다. 그렇다고 해서 북벌이 불가하다고 말할 수도 없었다. 그 순간 효종과 맺은 암묵적 연합 전선은 깨질 것이고 산당은 다시 산속으로 들어가야 했으니, 그야말로 진퇴양난의 협곡이었다. 이때 송시열을 구해 주는 뜻밖의 사태가 발생한다. 효종이 급서한 것이다.

손을 떠는 어의 신가귀

송시열과 독대한 두 달 후 효종은 머리에 난 작은 종기가 원인이 되어 어의 신가귀에게 침을 맞다가 세상을 떠났다. 《효종실록》은 침이 혈락을 범한 탓이라고 기록하고 있는데, 당시 신가귀가 손을 떠는 수전증 상태에 있었다는 점에서 의혹이 급속히 퍼져나갔다. 수전증의 의사가 옥체에 손을 댄다는 것은 상상할 수도 없는 일이었기 때문이다. 또한 침이 혈락을 범했다고 해서 사망할 수 있느냐는 점도 의혹이었다.

그러나 당시 이런 의혹을 끝까지 추적할 만한 세력이 없었다. 조정을 잡고 있는 산림과 서인들에게 북벌 군주 효종은 자신들의 기득권을 위협하는 존재였다. 이들은 효종 사망의 모든 원인을 약방 도제조 원두표와 신가귀 등 약방에만 돌렸다. 현종 즉위년(1659) 5월 9일 대사헌 이응시李應蓍와 행대사간 이상진李尙眞은 원두표를 중도부처하고, 어의 신가귀 · 유후성 · 조징규趙徵奎를 사형시키라고 청했다. 결국 신가귀는 교수형을 당하고 다른 어의들은 중도부처中途付處되었으며, 원두표는 불문에 부침으로써 파문은 마무리 지어졌다. 그러나 효종은 그냥 그렇게 이승을 떠날 수 없었는지, 그의 시신과 장지를 둘러싸고 계속 문제가 발생한다.

효종 사망 당일부터 시신을 둘러싸고 문제가 발생했다. 효종이 사망하자 왕비는 사람을 피해 어탑御榻의 서북편에 병풍을 치고 들어가 가슴을 두드리며 발을 굴렀고, 여러 신하가 어탑 주변에 둘러서서 곡하다가, 왕비가 있는 곳과 너무 가까워 물러났다. 훈련대장 이완이 훈련도감의 군병을 거느리고 궁성을 호위할 만큼 급박한 상황이었다. 이때 왕비가 송시열을 불러 전교했다.

"옥체에 부기가 있으니 어찌하리오?"

송시열이 답했다.

"이는 염려할 바가 아닙니다. 보통 초상에 부기가 극도로 되면 도로 빠집니다. 대렴大殮(시신에 옷을 거듭 입히고 이불로 싸서 베로 묶음)할 날이 아직 멀었으니 그 전에 반드시 바로 될 것입니다."

과연 다음 날 저녁에 부기가 빠졌다. 하지만 문제는 여기서 끝나지 않았다. 관의 폭이 염한 시신보다 작았던 것이다. 송시열이 내시를 불러 말했다.

"이 관에는 옥체가 들어가지 않을 듯하니 가는 댓조각을 가지고 시신을 재어 오라."

내시가 재어 온 바로는 과연 시신이 관턱을 걸치고도 남았다. 임금의

관이 시신보다 작은 사태가 발생한 것이다. 송시열이 영의정 정태화에게 알리니 여러 신하가 서로 돌아보며 놀랐다. 도저히 있을 수 없는 일이었다.

염한 옷이 너무 두터운 때문인지 모른다고 생각해 손으로 만져보았으나 아주 얇았다. 시신이 썩기 쉬운 한여름에 두터운 옷을 입힐 까닭이 없었다. 확실히 시신의 어깨가 관보다 넓었다. 정태화가 세자에게 말했다.

"망극한 가운데 더욱 망극한 일이 생겼습니다."

"망극 망극하오. 장차 어찌하겠소?"

"넓은 널판을 구해 봤으나 구하지 못했으니, 신의 생각으로는 널판을 잇는 것 외에 다른 계책이 없는 듯합니다."

국왕의 관은 그 자체가 하나의 궁이라 하여 재궁梓宮이라고 표시한다. 이런 재궁을 성리학과 예학의 나라 조선에서 너덜너덜 잇게 된 것이다. 또한 그러고도 그 책임 소재는 가리지 않은 채 그저 '망극'이란 한마디 말로 끝내고 말았다. 하지만 효종의 죽음과 관련된 문제는 여기서 그치지 않았다. 이번에는 장지가 문제가 되었다. 이 세상에서 못 다 한 일이 많은 효종의 한이 거듭 문제를 일으킨 것일까?

당시 군신群臣 중에 풍수지리에 가장 능한 인물은 〈어부사시사漁父四時詞〉의 윤선도尹善道였다. 그런 그가 효종의 장지로 수원부 청사 뒷산등성을 주장했고, 지관들도 그곳이 길지라고 호응했으므로, 세자는 이곳을 장지로 삼기로 마음먹었다. 그런데 대신과 삼사에서 반대하고 나섰다. 장지를 결정하는 데 풍수설을 좇을 필요는 없고, 다만 그 땅이 길이 되거나 집터가 되거나 수해가 있는 등의 문제를 뜻하는 5환伍患만 없으면 된다는 이유였다. 5환은 송宋나라 사마광司馬光의 이론이었다. 이들은 수원의 지세가 평탄하고 넓으며 농토가 비옥하고 사방으로 통한 곳이어서 5환에 해당한다며 반대하고 나섰다. 송시열도 차자箚子(간단한 형식의 상소문)를 올려 수원을 반대했다.

"대행왕(효종)께서는 수원을 7,000 병력의 주둔지로 만들었고, 장수와 수령을 보낼 때 가장 나은 사람을 뽑아 보내어 긴급할 때 그 힘을 이용할 수 있는 터전으로 만들었습니다. 그런데 이제 그 고을을 철거하고 농토와 가산을 파괴하여 그곳 사람들을 슬프게 함은 결코 대행왕의 뜻이 아닙니다."

이들은 효종의 군비 확장에 안민론으로 맞섰던 것처럼, 이번에도 역시 백성들의 생활을 명분으로 반대하고 나섰다. 그런데 이 자리에는 공교롭게도 100여 년 후 효종의 고손高孫(손자의 손자)인 사도세자思悼世子의 현릉원顯隆園이 세워진다. 정조가 현릉원을 세우기 위해 주민을 이주시킬 당시 가구 수는 약 250여 호였는데, 내탕금內帑金(임금이 개인적으로 쓰던 돈)으로 이주 비용을 마련해 주니 백성들이 기뻐했다고 한다.

이를 볼 때 이는 시행 의지의 문제지 민생의 문제는 아니었다. 더구나 정조가 현릉원을 이곳으로 옮긴 후 수원이 더 행정 · 군사의 중심지가 되었음을 볼 때, 군사를 내세운 반대론도 근거가 없다. 손을 떠는 어의가 옥안玉顔(임금의 얼굴)에 침을 놓는 것 하나 막지 못하고, 임금의 관 하나 제대로 마련 못한 신하들이 반대할 일은 아니었던 것이다.

이런 상황들은 효종 독살설을 전국에 퍼지게 했다. 실제로 효종이 죽기 직전 서울과 전국 각지에서 괴상한 일이 속출했다. 한 거사居士의 예언도 그 중 하나였다. 효종이 송시열과 독대할 무렵 한 거사가 돈화문敦

化門 밖에서 외쳤다.

"금년 5월 궁중에 변고가 발생할 것이오. 이를 면하려면 전하께서 지금의 거처를 옮겨야 하오."

그러나 성리학 사회인 조선의 사대부들이 이를 믿을 리가 없었다. 사대부들은 한마디로 요망하다고 일축해 버렸다. 그런데 이어 해인사의 8만대장경 판목과 속리사, 공산사 등 주요 사찰의 불상과 석탑 등이 여러 날 땀을 흘리는 괴이한 일이 발생했다. 효종은 이런 변고로 뒤숭숭한 상황에서 승하했다.

현종이 문제 삼은 어의 이기선과 송시열

현재 남겨진 자료로 효종의 죽음을 둘러싼 의혹을 다시 조사하기는 힘들지만 여러 의혹을 제기할 수는 있다.

정말 효종은 침이 혈락을 범해 사망한 것일까? 효종의 시신에 부기가 있었던 것은 그의 갑작스런 죽음과 아무 관련이 없을까? 송시열의 말대로 시신에 부기가 있는 것이 일반적인 상황일까? 또한 재궁이 시신보다 작은 것이 그저 '망극'이란 한마디로 넘어갈 수 있는 일일까? 재궁이 왜 시신보다 작았을까?

효종 사망 다음 달에 의관 이기선李耆善이 갑자기 엄한 형벌을 받는 것은 특기할 만한 일이다. 즉위년 6월 현종은 어의 이기선 문제를 제기한다.

"지난달 초3일 밤 입진入診 때, 의관 이기선이 많이 부어 있는 것을 보고는 감히 꽁무니를 뺄 생각으로 진맥할 줄 모른다고 아뢰었는데, 만약 그의 말대로라면 작년 편찮으셨을 때는 어떻게 맥을 논했다는 말인가? 그의 정상이 매우 흉측 교묘하여 엄히 징벌하지 않을 수 없으니, 그를 잡아들여 국문 처리하라."

지난달 초3일이면 효종이 세상을 뜨기 전날로 그때부터 효종의 몸에 부기가 있었다는 말이다. 현종은 효종의 갑작스런 죽음에 분명 문제가 있다고 생각했다. 효종 비 인선왕후仁宣王后도 마찬가지였을 것이다. 어의 이기선이 갑자기 발을 뺀 것이 효종의 갑작스런 죽음과 관련이 있을지 모른다고 생각한 현종은 이기선이 국문에서 원래 맥 짚는 법을 모른다고 말하자 화를 냈다.

"맥 짚는 법을 모른다면 어떻게 의원이 되었느냐?"

현종은 엄한 형벌을 가하도록 특명을 내렸다. 한의사가 맥을 짚을 줄 모른다는 말은 양의사가 주사 놓을 줄 모른다는 말과 같았다. 게다가 어의들은 왕비나 후궁을 진찰할 때 손목에 맨 긴 실만 잡고도 맥을 짚을 줄 아는 실력이 있어야만 채용될 수 있었다. 현종은 분명 이기선에게 문제가 있음을 감지하고 엄한 형벌을 가해 정상을 알아내도록 한 것이다.

원래 현종은 어의에게 관대한 인물이었다. 때문에 신하들이 효종의 죽음과 관련해 세 어의를 사형에 처하자고 주청했을 때 신가귀를 제외한 두 어의를 살려 주었고, 또한 신가귀도 교형絞刑으로 한 등급 낮추어 목이 시신에 붙어 있게 배려해 주었다. 그런 현종이 어의 이기선을 추궁한 것은 적지 않은 의혹이 있었기 때문이다.

그러나 이때 이기선을 옹호하고 나선 세력이 있었다. 바로 송시열 등의 산당이다. 현종 즉위년 6월 7일 송준길이 신가귀 등 어의의 형을 빨리 윤허하라고 청했는데, 같은 당인 송시열과 정유성鄭維城은 "이기선은 사실 맥 짚는 법을 모르는 사람"이라며 옹호하고 나섰다. 결국 이기선은 송시열의 이 주청으로 사지死地에서 구원되었다.

어쩌면 이기선은 송시열의 말대로 정말 맥을 짚을 줄 몰랐을지도 모른다. 하지만 그렇다면 현종의 말대로 맥도 짚을 줄 모르는 인물이 어떻게 의원, 그것도 어의가 되었는지 의문이다. 그리고 산당 세력이 신가귀 등은 굳이 빨리 형을 윤허할 것을 청하면서, 이기선은 왜 옹호하고 나섰는지도 의문이 아닐 수 없다. 이런 의혹들을 남긴 채 효종은 세상을 떠났고, 조선은 다시 극심한 문치의 나라로 돌아갔다.

2장

예송 시대에 가려진 죽음

제18대 현종

1641~1674년, 재위 1659~1674년

《현종실록》15년 8월 16일

상의 증세가 여전히 위급하여 오직 때때로 인삼차만 복용하였는데, 종일토록 혼미하고 지쳐서 잠자는 것 같기도 하고, 잠들지 않은 것 같기도 하였다

복통과 뜸치료

현종은 그다지 낯익은 임금은 아니다. 그리고 그의 치세 15년은 '현종'이란 이름보다 '예송 논쟁'이란 이름으로 더 널리 알려져 있다. 흔히 예송 논쟁은 '쓸데없는 정쟁의 대명사'로 인식되고, 특히 일인日人 학자들이 이런 논리를 의도적이고 조직적으로 유포시켰지만, 사실 예송 논쟁은 그렇게 쓸데없는 정쟁은 아니었다.

두 차례에 걸친 예송 논쟁은 그 결과에 따라 당시의 집권 세력이 교체될 수도 있는 민감한 사안이었다. 특히 현종 15년(1674)에 발생한 2차 예송 논쟁은 1623년의 인조반정 이래 50년간 집권한 서인 지배 체제를 무너뜨릴 수 있는 절호의 기회였다. 현종은 실제로 그런 의도를 가지고 2차 예송 논쟁을 이끌었다.

현종은 2차 예송 논쟁 당시 국왕보다 더한 권력을 지니고 있던 서인의 거두 송시열과 그 추종 세력을 정연한 논리로 몰아붙였다. 송시열을 비롯한 서인들은 현종의 정연하고 단호한 공세에 당황했다. 그리고 결국 이 논쟁으로 사실상 국왕의 위에 있던 서인들이 쫓겨나고 남인들이 등용되었다.

그런데 그 와중에 갑작스런 사건이 발생한다. 2차 예송 논쟁 와중인 재위 15년 8월 18일에 갑자기 현종이 세상을 떠난 것이다.

현종의 병명은 복통이었다. 현종이 최초로 치료를 받은 것은 7월 24일로, 남인들이 편찬한 《현종실록》에는 침을 맞았다고 되어 있으나, 서인들이 편찬한 《현종개수실록》에는 뜸 치료를 받았다고 기록되어 있다. 이후 현종은 계속 뜸 치료를 받는데, 8월 7일에는 복부가 당기고 아픈 증세는 조금 덜했으나 극심한 피곤을 느꼈다.

인삼차를 계속 들었으나 대신들을 인견할 수 없을 정도로 기력이 쇠해졌다. 같은 날 오후에는 맥박이 빨라지고 살갗이 뜨겁게 달아오른데다 요통 증세까지 있어, 약방에서 해표제解表劑를 올렸다. 그 후 8월 9일에는 열이 나는 증세가 학질 같다 하여 침을 맞고, 다음 날인 10일에는 열이 계속 나는데다 혓배가 부어 오르고 대변이 묽고 잦으며 소변이 안 좋아 약방에서 분리제分利劑를 썼으나 열과 설사 등의 증세는 차도가 없었다. 이후 인삼차만 가끔 들 뿐 종일 혼수상태가 계속되었다. 약방에서 시령탕柴苓湯을 올렸으나 별 효과가 없었다.

이런 와중에도 현종은 조금만 기운을 차리면 영의정으로 제수한 허적許積이 언제 충주에서 오는지를 물었다. 현종은 2차 예송 논쟁 와중에 서인 영의정 김수흥金壽興을 쫓아내고, 그 자리에 남인 허적을 임명할 만큼 집권 세력 교체에 집요한 관심을 보였다. 드디어 8월 16일 허적이 서울에 올라오자 현종은 거의 혼수상태에서도 관복을 입고 예의를 갖춰 만났다. 그때가 8월 17일, 현종이 부왕 효종처럼 못 다한 일을 남기고 승하하기 하루 전이었다.

허적이 설사 증세가 좀 덜하냐고 묻자 현종은 덜한 것 같지 않다고 답했다. 그리고 그날 약방에서 시약청侍藥廳을 개설하자고 청하자, 현종은 약방이 가까운 곳으로 옮겨 왔으니 시약청까지 개설할 필요는 없다며 거절하다가 재차 아뢰자 허락했다. 이때 허적이 영의정으로서 약방 도제조都提調를 겸하자마자 승지를 시켜 왕비에게 전한 말은 의미심장하다.

"상의 병세가 저런데도 곁에서 모시는 자가 환관들뿐이어서 증세의 경중도 자세히 알 수 없으니, 청풍부원군淸風府院君 김우명金佑明 · 예조판서 장선징張善瀓 · 청평위靑平尉 심익현沈益顯이 오늘부터 좌우에서 모시게 하소서."

현종의 병상을 지키는 환관들을 믿을 수 없으니 장인 김우명과 매제 심익현, 그리고 남인 장선징으로 하여금 병실을 지키게 하자는 요청이었다. 허적은 현종의 급작스런 병세에 분명 서인들이 개입되어 있다고 생각하고, 현종을 알현한 다음 날 이런 주청을 한 것이다. 하지만 이미 때는 늦어 현종은 혼수상태에 빠졌다. 백회혈百會穴에 뜸을 떴으나 효력이 없어 오후 서너 시경이 되자 병세가 매우 위독해졌다.

현종은 하얀 겹모자에 하얀 옷차림으로 하얀 평상에 부들자리를 깔고, 하얀 요에 하얀 이불을 덮은 채 머리를 북으로 하고 누워 있었다. 영의정 허적이 평상 앞에 꿇어앉아 큰 소리로 말했다.

"인삼차를 드시옵소서."

눈을 뜬 현종이 허적임을 알고 일어나 앉으려 하자 허적이 손으로

부축해 현종을 일으켰다. 현종은 인삼차를 손수 들어 다 마셨다. 허적이 물었다.

"기분이 어떻습니까?"

"별로 다른 것이 없다."

그러나 숨이 차서 목소리가 분명하지 못하였다. 현종은 심익현이 인삼차를 냉약冷藥에 타서 올리자 조금 들더니 대신들을 물리쳤다. 그리고 그것으로 끝이었다. 그날 밤 10시경 창덕궁 재려齋廬에서 현종은 다시는 돌아오지 못할 길을 떠나고 말았다. 재위 15년 34살의 한창 나이로 부왕 효종처럼 큰 일을 추진하는 와중에 한을 남기고 세상을 떠난 것이다.

효종의 모후 자의대비가 입어야 할 복제

현종의 부왕 효종은 죽어서도 편안히 저승에 가지 못했다. 시신보다 작은 관과 장지 논란의 파문에서 그치지 않고, 그의 재위 10년보다 더 긴 15년간 예송 논쟁이 지리하게 전개된 것이다.

효종이 승하했을 때 인조의 계비이자 효종의 계모인 자의대비慈懿大妃(장렬왕후)가 살아 있었던 것이 1차 예송 논쟁의 원인이 되었다. 논쟁의 발단은 효종의 국상國喪 때 자의대비가 얼마 동안 상복을 입어야 하느냐는 문제에서 비롯되었다. 원래 국상의 복제는 《국조오례의國朝伍禮儀》에 규정되어 있었다. 하지만 공교롭게도 국왕이 승하했을 때 어머니인 모후가 입는 복제에 대해서는 규정된 바가 없었기 때문에 1차 예송 논쟁이 발생하게 되었다.

인조는 첫 부인 인렬왕후仁烈王后 한씨가 세상을 떠나자 3년 후 영돈녕부사領敦寧府事 양주 조씨 창원昌遠의 딸과 재혼했는데, 그녀가 바로 장렬왕후 조씨다. 국혼 당시 인조는 만 43세였고, 조씨는 아들 효종보다도 다섯 살이나 어린 만 14세였다. 그런데 효종이 만 40세의 나이로 사망했을 때 법적인 어머니 조씨가 살아 있었기 때문에 문제가 되었다. 효종이 사망한 1659년이 기해년이라 해서 이를 '기해예송己亥禮訟'이라 부르기도 하고, 상복 문제로 논쟁했다 하여 '기해복제己亥服制'라 하기도 한다.

식민지 시대 일본인 학자들은 이 예송 논쟁을 당파 싸움 망국론의 중요한 근거로 이용해 우리의 민족성을 비판했다. 실생활과는 아무런 관련이 없는 형식적인 문제로 논란을 일삼았다는 비판이었다. 그러나 예송 논쟁은 형식적인 문제만도 아니었고, 실생활과 아무런 관련이 없는 문제도 아니었다.

예송 논쟁은 '효종의 승통이 정당한가'라는 지극히 민감한 정치적 의미를 담고 있었기 때문에, 장장 15년에 걸쳐 진행되었다. 왕위의 정통성에 대한 문제였으니, 이는 일본으로 따지면 일왕 다이쇼大正가 메이지明治의 뒤를 이은 것이 정당한가에 관한 논쟁이었던 셈이다. 그러니 어찌 형식적인 문제에 지나지 않는다고 할 수 있겠는가?

예송 논쟁이 격화된 데에는 조선 후기 들어 조선 성리학의 주류가 예학禮學으로 수구화한 사상사적 배경도 한몫했다. 조선 중기까지는 동인의 정치 이념인 이기이원론理氣二元論과 서인의 이념인 이기일원론理氣一元論의 대립에서 보여지듯이 사상의 흐름이 사회의 발전 방향과 보조를 같이했으나, 임진왜란 이후에는 신분제 해체에 대한 민중의 열망이 강해지자, 신분 질서를 강화해 기득권을 유지하려는 지배층의 의지가 예학으로 귀결되었다. 이는 고려 말 권문세족의 불교 이념을 극복하고 조선을 개창한 조선 성리학 사상의 자기 부정이기도 했다.

신분제 강화를 목적으로 하는 조선 예학을 집대성한 인물이 노비로 전락한 송익필宋翼弼이란 점은 역사의 아이러니다. 이후 조선 예학은 그의 제자 김장생金長生과 장생의 아들 김집金集, 그리고 송시열 · 송준길 등이 주도하는 산당의 이념이 되어 양송 때에 와서는 조선 성리학의 주류가 된다.

이처럼 예학이 중시된 조선 사상사의 흐름 속에서 효종의 죽음으로 야기된 1차 예송 논쟁의 핵심은, 효종을 맏아들로 대우할 것이냐 아니면 둘째 아들로 대우할 것이냐 하는 문제였다.

조선의 예법은 조선의 《경국대전經國大典》과 《국조오례의》 그리고 중

조선의 기본 법전인 《경국대전》

《경국대전》은 조선시대가 계속되는 동안 최고 법전으로서의 지위를 유지하였다. 법률의 개폐가 끊임없이 계속되고 그것을 반영한 법전이 출현하였지만, 이 법전의 기본 체제와 이념은 큰 변화 없이 이어졌다. 한편 장자와 차자의 상례를 정확히 구분해 놓지 않아 예송 논쟁의 빌미를 제공하기도 했다.

국의 《주례周禮》, 《주자가례朱子家禮》 등을 복합해 만들어졌다. 이에 따르면 상복에는 다섯 종류가 있는데, 3년복인 참최斬衰와 3년 또는 1년복인 재최齊衰, 9개월복인 대공大功, 5개월복인 소공小功, 그리고 3개월복인 시마緦麻가 그것이다.

부모상에 자녀가 3년복을 입는 것은 당연했지만, 반대로 자식이 죽었을 경우 부모의 상복은 장자長子냐 중자衆子(맏아들 이외의 여러 아들)냐에 따라 달랐던 것이 논쟁의 시작이었다. 맏아들인 장자상에는 부모도 3년복을 입게 되어 있었으나, 차자次子 이하는 1년복을 입게 되어 있었다. 가부장제 사회인 조선에서는 후사를 잇는 장남을 그만큼 우대한 것이다. 며느리의 경우도 마찬가지였다. 장자부(맏며느리)의 상에는 1년복을 입게 되어 있으나, 중자부(맏며느리 이외의 며느리)의 상에는 9개월복을 입는 것이 예법이었다.

1차 예송 논쟁은 효종이 승하했을 때 자의대비가 장자의 예를 따라 3년복을 입어야 하는지 아니면 차자의 예를 따라 1년복을 입어야 하는지에 관한 논쟁이었고, 15년 후의 2차 예송 논쟁은 효종 비 인선왕후가 승하했을 때 장자부의 예에 따라 1년복을 입어야 하는지 차자부의 예에 따라 9개월복을 입어야 하는지에 관한 논쟁이었다.

부모가 자식상에 3년복을 입지 못하는 네 가지 이유

효종이 승하했을 때 장례를 주관했던 예조판서 윤강이 자의대비의 복제에 대해 물은 것이, 장장 15년간에 걸친 예송 논쟁의 시발이 될 줄은 윤강 자신도 몰랐을 것이다.

"자의대비께서 상복을 입으셔야 하는데, 《국조오례의》에 자세한 내용이 실려 있지 않습니다. 혹은 3년복이라 하고 혹은 1년복이라 하는데, 결정할 만한 예문이 없으니 대신과 유신遺臣(선왕을 모시던 신하)들에게 의논케 하는 것이 어떻겠습니까?"

당시 현종의 나이 만 열여덟이었다. 현종은 갑작스런 부왕의 사망에 경황이 없었고, 또 자기주장을 내세울 만큼 예론禮論에 대한 식견도 없었으므로, 대신과 유신들에게 의논해 아뢰라고 명했다. 이에 영의정 정태화 · 좌의정 심지원 · 영돈녕부사 이경석 등의 대신들이 복제 문제를 논의한 후 현종에게 헌의했다.

"신 등이 첫 예법에 능통하지는 못하지만 시왕時王(그 시대의 제왕. 여기서는 중국 황제)의 제도로 상고해 보니 대왕대비께서는 1년복을 입으시는 것이 마땅할 것 같습니다."

자의대비의 복제는 3년이 아니라 1년복이 맞다는 주장이었다. 현종은 3년복이 아니라 1년복이라는 데 내심 불만을 품었으나 반박할 만한 이론이 부족했기 때문에 송시열과 송준길에게도 의논하게 했다. 양송의 견해는 과거로 등과한 신하들보다 우대받았던 터였다. 하지만 이들 유신들도 "선왕(효종)께서 비록 왕통을 이었으나 다음 적자 서열이니 이번 국상에 대왕대비께서 입으실 복제는 1년을 넘을 수 없다"며 1년설을 지지하고 나섰다. 효종이 왕통을 이었더라도 장자가 아닌 차자이므로 자의대비는 3년복이 아닌 1년복을 입어야 한다는 주장이었다.

이렇듯 대신들과 유신들이 모두 1년복을 주장하고 나서자 자의대비의 복제는 1년복으로 굳어졌다. 이때 남인 논객 윤휴尹鑴가 1년설을 비판하며 3년설을 주장하고 나섬으로써 파란의 예송 논쟁이 시작되었다. 그리고 1년설을 주장한 대신들과 유신들은 대부분 서인이었는데, 남인 윤휴가 이를 비판하고 나서면서 예송 논쟁은 당파 간 논쟁의 성격을 띠게 되었다.

윤휴는 1년설을 찬성한 서인 이시백에게 편지를 보내 1년설에 반대하는 자신의 견해를 밝혔다.

"《의례주소儀禮注疏》 가씨 주에 '장자가 죽으면 적처嫡妻 소생의 둘째 아들을 대신 세워 역시 장자라 부른다'고 했습니다. 따라서 대왕대비께서는 당연히 3년복을 입으셔야 마땅합니다."

장자 소현세자의 뒤를 이은 효종은 차자가 아니라 장자가 된다는 주장이었다. 효종이 장자가 되면 자의대비의 복제는 당연히 3년복이 되어야 했다.

이 소식을 들은 영의정 정태화는 예론의 대가로 인정받던 이조판서 송시열에게 의논했다. 이 자리에서 송시열은 놀라울 정도로 과감한 견해인 문제의 '사종지설四宗之說'을 거론한다. 사종지설은 부모가 자식상에 3년복을 입지 못하는 네 가지 경우를 뜻하는데, 그 중에는 신하로서 발설할 수 없는 내용도 들어 있었다. 그 네 가지 경우란 첫째, 장자가 병이 있어 제사를 받들 수 없는 경우, 둘째, 서손庶孫이 후사를 이은 경우, 셋째, 서자를 세워 후사를 삼은 경우, 넷째, 적손嫡孫(손자)이 후사를 이은 경우를 말한다. 이 중에서 문제가 된 것은 셋째 '서자'를 세워 후사를 삼은 경우였다.

이를 '체이부정體而不正'이라 하는데 비록 후사(體)는 이었지만 서자이

대전 시내에 있는 송준길 생가

송준길은 자를 명보明甫, 호를 동춘당同春堂이라 했으며 이이와 김장생의 문인이었다. 송시열과 더불어 양송으로 불리며 한 시대를 풍미했다.

므로 정正이 아니라는 뜻이다. 정태화는 송시열이 '체이부정'이란 말을 입에 담자 모골이 송연함을 느꼈다. 국왕에게 서자 운운하는 것은 왕조 국가에서 목이 열 개라도 살아남기 힘든 발언이었다. 정태화가 놀라자 송시열은 여기서 말하는 '서자'란 첩의 아들이 아니라 맏아들 이외의 여러 아들, 즉 중자衆子를 뜻한다고 설명했으나 경위야 어쨌든 신하로서 국왕에게 '서자', '부정不正' 운운한 것 자체가 가져올 파장은 심각했다.

가슴이 서늘해진 정태화는 손사래를 치며 말렸다.

"예로부터 왕가의 일은 처음에는 아주 작은 데서 비롯되더라도 나중에는 큰 화를 이룬 것이 한둘이 아니오. 만일 훗날에 간사한 자가 나타나 '체이부정'이란 말을 가지고 화단禍端을 만든다면, 우리는 말할 것도 없거니와 우리가 화를 당한 후에도 나랏일이 어디에 이를지 알 수 없소."

정태화의 다음 말은 그의 두려움의 근저에 소현세자가 있음을 보여준다.

"예법이 그렇다 하더라도 지금 소현세자의 아들이 살아 있는데 어찌 감히 체이부정으로 예를 논하겠소? 《국제國制》(경국대전)에는 모든 아들의 상사에 부모가 다 1년복을 입었으니, 이를 근거로 1년복으로 의논해 결정하는 것이 좋겠소."

굳이 장자냐 차자냐를 따질 필요 없이 모든 아들의 상사에 1년복을 입기로 되어 있는 《경국대전》을 근거 삼아 1년복으로 결정하자는 절충안이었다. 이 주장에 대해 송시열은 《대명률大明律》에도 1년복으로 되어 있으니 《경국대전》과 《대명률》을 인용해 1년복으로 결정하자고 동의했다. 송시열은 '체이부정'을 내세우다가는 효종의 정통성을 부인한다는 공격을 받을 우려가 있었기 때문에, 《경국대전》과 《대명률》을 인용해 1년복을 주장하는 편법으로 한 발 후퇴한 것이다. 체이부정을 근거로 하든 《경국대전》을 근거로 하든 자의대비의 복제는 1년복이 되는 것이니 그 효과는 같았다.

임금의 예는 일반 사대부나 서민과 다르다

정태화와 송시열의 합의는 집권당인 서인의 당론으로 확정되었고, 당시 만 열여덟에 지나지 않던 현종으로서는 다른 의견을 낼 만한 확고한 이론이 없었기 때문에 1년복에 따를 수 밖에 없었다. 그러나 문제를 제기했던 남인 윤휴는 1년복에 동의할 수 없었다.

그는 다시 《의례주소》의 "내종은 외종과 같다(內宗猶外宗)"는 소疏를 인용해 송시열의 1년설을 반박했다.

"내종은 다 참최복斬衰服(3년복)을 입으니, 대비의 복은 마땅히 3년복이어야 합니다."

이제는 송시열도 물러설 수 없었다.

"내종(왕실)의 부녀는 모두 신하다. 따라서 임금에게 감히 촌수를 계산하지 못하고 모두 3년복을 입는 것이다. 하지만 지금의 대왕대비는 선대왕(효종)께서 신하로서 섬기던 분이다. 어찌 신하인 내종의 다른 부녀들처럼 참최복을 입는단 말인가? 당연히 1년복을 입어야 한다."

윤휴도 물러서지 않았다.

"주周나라 무왕武王은 어머니자 문왕의 비인 문모文母를 신하로 삼았다."

주 무왕이 어머니를 신하로 삼은 예가 있다는 말이었다. 윤휴가 무왕의 예를 들자 송시열은 주자의 말을 인용했다.

"주자께서 '아들이 어머니를 신하로 삼는 의리는 없다'고 말했다."

윤휴 또한 지지 않았다.

"임금의 예는 일반 사대부나 서민과 다르다."

국왕의 예는 일반 사대부가와 다르므로 자의대비의 복제는 3년이란 주장이었다. 논란이 계속되자 현종은 우선《경국대전》에 의거해 1년복으로 결정했고, 현종이 서인의 1년설을 지지함으로써 1차 예송 논쟁은 서인의 승리로 끝났다.

하지만 이에 대한 현종과 서인의 속마음은 각각 달랐다. 현종은《경국대전》에 장자와 차자의 구별이 없으므로 효종이 적통과 종통을 모두 이었다는 전제하에 1년복을 입는 것이라고 여겼다. 즉 적통에 따라 1년복을 입는 것이라고 자위했던 것이니, 내심으로는 미심쩍은 부분이 있었던 것이 사실이다.

그러나 송시열 등 서인은 효종이 차자기 때문에 1년복을 입는 것이라고 여겼다. 즉 현종과 달리 서인은 겉으로는《경국대전》을 인용했으나 실제로는 차자의 복인 고례古禮(《주례》 등 중국 고대의 예법)를 적용했다고 생각한 것이다. 같은 1년복을 놓고 이렇듯 서로 다른 생각을 한 것이 15년 후 2차 예송 논쟁의 발단이 되었다.

자의대비의 복제가 1년복으로 결정될 무렵 남인 논객 허목許穆이 또다시 3년설을 주장하고 나서면서 파란이 재연된다. 게다가 윤휴와 허목에 이어 3년설에 가세한 남인 문사 윤선도가 송시열을 역적으로 모는 상소를 올리면서 정계는 엄청난 충격에 휩싸인다.

"차장자次長子가 왕위를 이었다 해서 어찌 별도로 적통을 다른 곳에서 찾을 수 있겠습니까? 차장자가 아버지의 명〔父命〕과 하늘의 명〔天命〕을 받아 왕위를 계승했는데도 적통이 다른 사람(소현세자)에게 있다면, 이는 가짜 세자란 말입니까? 섭정 황제란 말입니까? 또 왕위에 오른 차장자는 이미 죽은 장자의 자손(석견)에게는 임금 노릇을 못하며, 이미 죽은 장자의 자손 역시 왕위에 오른 차장자에게 신하 노릇을 못한다는 말입니까?"

윤선도의 논리대로라면 송시열의 1년설은 효종의 종통과 정통성을 부인한 역적의 의논이었다. 효종을 적통으로 인정하지 않는다면 이것은 "이미 죽은 장자의 자손", 즉 소현세자의 살아 있는 3남 석견을 적통으로 인정하는 것이 아니냐는 주장이었다. 이는 서인들이 효종이 아니라 석견을 임금으로 여기고 있다는 주장이었으니, 곧 서인들이 역적이라는 말과 마찬가지였다.

"송시열이 종통은 종묘사직을 계승한 임금(효종)에게 돌리고, 적통은 이미 죽은 장자(소현세자)에게 돌리려는 것입니까? 그렇다면 종통과 적통이 갈라져 둘이 되는 것이니 천하에 어찌 이런 이치가 있겠습니까? 지

전남 완도군 보길도의 세심정

〈어부사시사〉로 유명한 윤선도가 송시열의 예론을 역모로 몰면서 당쟁은 극을 향해 치달렸다.

금 나라의 권력은 위의 임금에게 있지 않고, 신하(송시열)에게 있습니다."

윤선도의 이 과격한 주장에 송시열은 두말할 것도 없고 서인 전체가 크게 놀랐다. 이는 송시열을 역적으로 처단하라는 상소와 마찬가지였으므로, 그와 같은 당으로 1년설을 주장한 대신과 유신 모두를 역적으로 모는 것이었다.

이 상소로 서인들은 남인들의 거듭된 문제 제기가 단순한 예론의 차이에 있는 것이 아니라, 이를 이용해 정권을 잡으려는 정치 공세임을 분명히 알게 되었다. 여기서 밀리면 정권을 잃을 판이었다.

서인들은 당력을 집중해 윤선도를 공격했다. 당시 집권당이었던 서인의 집요한 공세에 결국 윤선도는 머나먼 삼수三水로 귀양길에 오르게 되었고, 자의대비의 복제는 서인들이 처음 주장한 대로 1년으로 결정되었다. 그리고 그것으로 파문은 일단락되었다. 하지만 사건이 완전히 끝난 것은 아니었다.

2년 후 심한 가뭄이 들자 현종이 내외에 널리 구언했는데, 이때 전 판중추부사判中樞府事 조경趙絅이 응지상소를 올려 이를 재론하고 나섰다. 그는 "윤선도의 죄라는 것은 적통 · 종통 논의에 있어 효종 대왕을 두둔한 것뿐"이라며 윤선도를 옹호하고 나섰다.

복제 문제로 또다시 시끄러워지자 현종은 비로소 단안을 내린다.

"차후에 다시 예론을 논하는 상소가 있으면 비록 많은 선비의 상소라 해도 용서하지 않고 중형으로 다스리겠다. 이 뜻을 널리 중외中外에 반포하라."

현종은 예론 자체를 재론할 수 없는 금법으로 만들었다. 현종으로서는 효종의 종통 문제가 재론되는 것 자체가 불편한 일이었다. 효종이 적통이 아니면 현종도 적통이 될 수 없었다. 현종은 예론 자체를 금법으로 만듦으로써 이 문제에서 벗어나고자 한 것이다. 그러나 예송 논쟁은 현종이 금지했다고 해서 금법이 될 수가 없었다. 다만 현종의 명에 따라 땅속에 묻혀졌을 뿐 엄청난 폭발성을 지닌 채 잠복해 있었으며, 누구든지 불씨만 붙이면 언제든 다시 터질 수 있는 상황이었다.

더구나 자의대비보다 6살 많은 현종의 모후이자 효종 비인 인선왕후가 생존해 있는 상황이었다. 자연적으로 보더라도 며느리 인선왕후보다 자의대비가 더 오래 살 가능성이 많았으므로 이 경우 1차 예송 논쟁 때와 똑같은 상황, 즉 효종 비가 장자부냐 아니면 차자부냐 하는 문제가 발생할 수 있었다.

1차 예송 논쟁 15년 후 실제로 그런 상황이 벌어졌다.

며느리상에 시어머니가 입어야 할 복제

현종 15년(1674) 효종 비인 인선왕후 장씨가 세상을 떠났다. 1659년 현종이 즉위하자 왕대비가 된 장씨는, 자신보다 6살 어린 시어머니 자의대비 조씨를 모시다가 쉰여섯의 나이로 세상을 떠난 것이다.

그때 50세의 자의대비 조씨가 생존해 있었기 때문에 예송 논쟁이 재연될 수 밖에 없었다.

1차 예송 논쟁이 아들 효종이 승하했을 때 계모인 자의대비의 상복 기간에 관한 논란이었다면, 2차 예송 논쟁은 며느리 인선왕후가 세상을 떠났을 때 시어머니인 자의대비의 상복 착용 기간에 관한 논란이었다.

이는 15년 전에 벌어졌던 1차 예송 논쟁과 불가분의 관계에 있었다. 즉 효종을 장자로 보면 인선왕후도 장자부이므로 1년복을 입어야 하지만 효종을 차자, 즉 중자로 보면 중자부이므로 9개월복을 입어야 했다. 예조에서는 처음에 1년복으로 의정해 올렸고 현종도 이의가 없어 그대로 시행하게 되었는데, 예조에서 다시 당초의 결정이 잘못되었다고 자인하고 나섬으로써 2차 예송 논쟁이 불붙게 되었다.

예조판서 조형趙珩과 참판 김익경金益炅은 자의대비의 복제를 1년으로 의정한 다음 날 스스로 문제를 제기하고 나섰다.

"신 등이 어제 상복에 관한 절목 중에서 대왕대비의 복제를 1년으로 올렸으나《가례복도家禮服圖》와 명나라 제도를 보니 큰며느리의 상복은 기년(1년)이고, 그 외 며느리의 복은 대공(9개월)으로 차이가 있었습니다. 효종 대왕 국상 때 대왕대비께서 이미 중자의 상복인 기년복을 입으셨으니 지금의 복제는 9개월이 맞는데, 경황이 없어 경솔하게 1년으로 아뢰었으니 황공합니다."

예조는 9개월복으로 절목을 고쳐 바쳤다. 현종이 대답했다.

"알았다. 성복成服 때에도 이런 잘못이 있을지 염려되니 담당자인 예조정랑을 잡아다가 죄를 정하라."

고증을 잘못한 탓으로 돌려진 이 사건은 사소한 해프닝으로 끝날 수도 있었다. 그러나 남인들은 이를 단순한 사건으로 여기지 않았다. 남인들에게 이는 효종의 장례 때와 마찬가지로, 서인들이 효종의 정통성을 부인하는 것으로 받아들여졌다. 남인들은 자의대비의 복제가 장자부의 1년복이 아닌 차자부의 9개월복이 된 데 대해 분개했다. 그러나 현종 2년의 금법이 살아 있었기 때문에 공개적으로 이의를 제기하지 못했고, 자의대비는 9개월복을 입게 되었다.

하지만 대구의 한 유생이 이 금법을 깨고 9개월복의 부당성을 제기하고 나섬으로써 예론이 재연되었다. 인선왕후 사후 5개월 만인 그해 7월, 대구의 유생 도신징都愼徵은 상소를 올려 서인들의 9개월복을 통렬히 비판하고 나섰다.

"대왕대비의 복제를 기년(1년)으로 정했다가 다시 대공(9개월)으로 고친 것은 무슨 전례에 의한 것입니까? 효종 대왕 국상 때 자의대비께서 입으신 1년복은《국제》에 따른 것입니다. 그런데 이제 갑자기《국제》에도 없는 대공이란 복제가 나왔습니다. 15년 전에는 효종 대왕을 장자로 여겨 1년복을 입었다면서 지금은 인선왕대비를 차자부로 여겨 대공복을 입으니 어찌 그 전후가 다릅니까?"

효종 상사 때 '체이부정'의 위험성 때문에 장자나 중자 모두 1년복으로 되어 있는《경국대전》을 인용해 1년복으로 정한 편법이 도마 위에 오른 것이다. 그때는 효종을 장자로 대우해 자의대비가 1년복을 입는 것이라고 하더니, 지금은 왜 효종비를 차자부로 대우해 9개월복을 입느냐는 반론이었다.

현종의 금법을 깨면서 집권당인 서인의 이론에 정면 도전한 이 상소는 일개 유생인 도신징으로서는 목숨을 건 상소였다. 만약 15년 전에 1년복을 의정한 서인의 이론과 9개월복을 의정한 서인의 이론이 같았다면 그는 목숨을 잃었을 것이다.

그런데 도신징의 주장은 서인의 이론적 모순을 정확히 지적하였고 현종도 이 점을 의문스러워했으므로, 금법은 자연히 사문화되고 논란이 재연되었다. 현종도 이제 34세의 장년이었고, 그동안 예론에 대한 연구를 계속해 스스로의 의견을 갖게 되었다. 현종의 생각에 자의대비의 복제를 1년복으로 정했다가 다시 9개월복으로 고친 것은 문제가 있었다. 이는 효종 비를 차자부로 여기고 있다는 명백한 증거였으며, 나아가 15년 전에도 서인들이 부왕 효종의 종통을 부인한 것인지 모른다는 의심을 갖게 했다.

현종은 좌부승지左副承旨 김석주金錫胄를 불렀다. 김석주는 현종의 장인 김우명의 조카로 현종과는 외사촌인 외척이었으며, 또한 효종 때 대동법 실시를 놓고 송시열·송준길과 치열하게 다툰 김육의 손자기도 했다. 그런데 김육을 장사 지낼 때 왕가 이외에는 사용할 수 없는 수도

隧道(밑바닥을 뚫어서 굴로 만든 길)를 썼다고, 송시열이 김석주의 부친 김좌명金佐明과 김우명을 공격한 일이 있어 두 집안은 구원舊怨이 있는 사이기도 했다. 이런 사연 때문에 김석주는 서인이면서도 남인과 가깝게 지냈다.

현종은 김석주에게 1차 예송 논쟁 당시의 각 의논에 대해 물었는데, 김석주는 허목의 상소와 윤휴가 3년설의 근거로 삼은 《의례주소》의 〈참최장〉 등을 정리해 보고했다. 이는 모두 남인들의 주장이었으므로 사실상 1차 예송 논쟁 때 남인들이 주장한 3년설이 맞다고 보고한 것이나 다름없었다. 부왕 효종을 장자로 규정한 남인들의 주장이 현종의 마음에 든 것은 당연했다.

현종은 서인들이 부왕 효종을 장자로 인정하지 않는다는 생각을 굳혔다. 현종으로서는 서인들의 내심대로 효종을 중자 자리에 두면 그 자신의 정통성도 불분명해질 뿐 아니라 만약의 경우 이들이 소현세자의 아들 석견을 추대해 쿠데타를

허목의 척주동해비 陟州東海碑

허목은 사상적으로 이황 · 정구鄭逑의 학통을 이어받아 이익李瀷에게 연결시킴으로써 기호 남인의 선구이며 남인 실학파의 기반이 되었다. 척주동해비는 허목이 삼척 부사로 있을 당시 세운 것으로 파도를 잠재우는 능력이 있다고 전해진다.

감행할 수도 있었으므로 이를 방치해 둘 수 없었다.

현종은 무슨 수를 써서라도 자의대비의 복제를 바꿔 놓기로 결심했다. 그것은 집권당인 서인과 한판 승부가 불가피함을 뜻하는 것이었다.

어찌 앞뒤가 서로 다른가?

현종은 침착한 성격의 인물이었다. 그가 대신들을 불러 복제에 대한 의견을 물은 것은 도신징이 상소한 1주일 후, 김석주의 보고를 꼼꼼히 검토하여 자신의 견해를 정리한 후였다. 현종은 먼저 영의정 김수홍에게 물었다.

"대왕대비의 복제를 1년복에서 갑자기 9개월복으로 바꾼 것은 무슨 곡절 때문인가?"

"기해년 선대왕 국상 때에 이미 1년복을 입으셨기 때문입니다."

"그때 이야기를 다 기억은 못하지만 고례가 아닌 《국제》를 써서 1년복으로 정했다고 기억한다. 그렇다면 오늘의 9개월복도 또한 《국제》에 따라 정한 것인가?"

김수홍이 대답했다.

"그때 송시열의 의견은 '고례는 마땅히 이렇지만 당시는 《국제》를 써야 한다'는 것이었습니다."

현종은 김수홍의 대답이 지닌 모순을 놓치지 않았다. 고례의 기년복은 장자가 아니라 중자의 복이었다. 반면 《국제》는 장자와 중자의 구분

없이 기년복으로 되어 있었다. 즉 고례를 사용한 것이라면 당시의 1년복은 장자가 아닌 차자, 즉 중자의 복이었던 것이다.

"기해년에 영상 정태화가 '마땅히 《국제》를 써야 한다'고 하여 판중추부사 송시열과 의논해 1년복으로 결정했었다. 이번 국상에 고례를 쓰면 대왕대비의 복제는 무엇이 되겠는가?"

답변이 궁색해진 김수흥이 겨우 대답했다.

"고례로 하면 9개월복입니다."

"기해년에는 《국제》를 쓰고 지금은 고례를 쓰니 어찌 앞뒤가 서로 다른가?"

"기해년에도 고금의 예법을 참고했고, 지금도 그렇게 했습니다."

"그렇지 않다. 그때는 《국제》를 썼는데, 그 뒤 문제가 되어 다툰 것은 고례대로 하자는 것이었다."

현종은 단호히 말했다. 더 이상 15년 전 경황없던 청년의 모습이 아니었다.

민유중閔維重이 김수흥을 지원하는 발언을 했다.

" 기해년에는 고례와 《국제》를 참고해 인용했습니다."

그러나 현종은 민유중의 발언을 무시하고 김수흥에게 다시 물었다.

"이번 복제를 《국제》대로 하면 어떻게 되는가?"

김수흥의 답변은 궁색했다.

"《국제》에 장자부의 복은 기년으로 되어 있습니다."

현종의 추궁이 점점 날카로워졌다.

"그렇다면 오늘의 복제가 《국제》와는 어떤 관계에 있단 말인가? 이는 놀라운 일이다. 기해년에 대비께서 1년복을 입은 것은 《국제》지 고례가 아니었다. 그대들은 기해년에 《국제》를 인용했다고 주장하지만 《국제》에서 무엇을 인용했는지 나는 알지 못하겠다."

서인들은 궁지에 몰리고 있었다. 조금 전에는 《국제》에 따르면 장자부의 복은 기년복이라고 말해 놓고, 지금의 대공복이 《국제》라고 말하는 모순에 빠진 것이다.

민유중이 나서서 김수홍을 구원하고자 했다.

"《국제》가 우연히 그러했습니다. 기해년에 대신들이 의논할 때도 이와 같았습니다. 그러나 그때 시행한 것은 고례였을 뿐입니다."

막중한 국사가 '우연히' 결정되었다는 민유중의 대답은 자기모순이었다. 이들은 1차 예송 논쟁 때 내부적으로는 고례의 '체이부정'에 따라 1년복을 주장했으나, 그 파장을 우려해 공식적으로는 《국제》에 따른다면서 1년복으로 정한 것이었다. 현종은 이제 이 모순을 인식하기에 충분한 연륜을 쌓은 국왕이었다.

"기해년에 조정에서 결정한 것은 《국제》를 좇은 것이다."

김수홍도 모순된 의견에 가세했다.

"그렇지 않습니다. 고례로 결정했으므로 다투는 사람이 저렇게 많았습니다."

김수홍이 1차 예송 논쟁 때 고례를 썼다고 주장하자 현종은 그 주장을 역습의 재료로 사용했다.

"고례대로 한다면 장자의 복은 어떠한가?"

영의정 김수홍은 헤어나기 어려운 늪에 빠졌음을 알았으나 국왕의 단도직입적인 질문에 답변하지 않을 수 없었다.

"참최 3년복입니다."

서인 영의정이 자신의 입으로 효종을 장자로 인정하지 않았음을 실토한 셈이다. 이는 곧 1차 예송 논쟁 당시 서인들이 겉으로는 《국제》의 장자복인 기년복을 적용해 효종을 장자 대접한 듯해 놓고, 속으로는 고례의 중자복인 기년복을 적용했음을 자인한 것이었다.

현종은 도신징의 상소를 대신들에게 보여주지 않고 있다가, 서인들이 자신들의 입으로 스스로 모순을 자백한 후에야 김수흥에게 내보였다. 김수흥은 집권당을 궁지에 빠뜨린 한 시골 유생의 상소를 상기된 모습으로 받아 읽었다. 김수흥이 다 읽고 나자 현종이 물었다.

"기해년에 과연 차자로 의논해 정했는가?"

이때 비로소 좌부승지 김석주가 나섰다. 그는 처음부터 송시열을 직접 겨냥했다.

"송시열의 수의收議(의견을 모음)에 '효종 대왕은 인조 대왕의 서자로 보아도 괜찮다'고 했습니다. 이 때문에 당시 허목이 논쟁한 것입니다."

현종은 예조판서 조형을 꾸짖었다.

"예조는 기해년의 일을 자세히 상고한 다음 증거를 대고 고쳤어야 하는데 함부로 대공복으로 고쳤다. 확실하게 알지 못하면서 어떻게 감히 이렇게 할 수 있단 말인가?"

조형이 대답했다.

"바빠서일 뿐만 아니라 며느리의 상에는 대공복을 입기 때문에 이렇게 고쳐서 들인 것입니다. 기해년에 왜 1년복으로 정했는지는 망각하고 상고하지 못했습니다."

김수흥은 일단 시간을 벌기로 했다.

"기해년의 일을 자세히 상고한 다음에 여쭈어 처리하는 것이 옳은 듯합니다."

현종은 서인들이 배후의 송시열과 논의해 당론을 정한 다음 공동 대처하려는 것이라고 판단해 시간을 재촉했다.

"사체事體(사태)가 중대하므로 예조만 단독으로 의논해서는 안 된다. 육경六卿(육조 판서)이 반드시 오늘 안으로 모여 의논해야 할 것이다."

민유중이 오늘은 너무 급한 것 같다며 시간의 촉박함을 말했으나, 현종은 "지연되면 안 되니 빨리 하라"고 양보하지 않았다.

그리하여 영의정 김수흥 · 판중추부사判中樞府事 김수항金壽恒 · 이조판서 홍처량洪處亮 · 병조판서 김만기金萬基 · 호조판서 민유중 등이 긴급히 모여 의논한 후 그날 밤 현종을 찾았다. 선왕을 어떻게 대접하느냐의 문제였으니 그만큼 민감하고도 중대한 사안이었다.

"기해년 복제를 정할 때 대신들이 전후 순서를 《실록》에서 상고해 보았더니, 정희왕후貞熹王后(세조의 비)는 덕종과 예종에게 모두 기년복을 입었고, 문정왕후文定王后(중종의 비)는 기록이 없었습니다. 《국제》에는 장자와 중자를 구분하지 않고 '기년복'으로 되어 있으며, 기해년에 처음 복제를 의논할 때도 장자와 중자를 구분하지 않았습니다. 그 후 3년복이란 반론이 나오면서 논의가 분분해졌으나 여러 번 회의한 끝에 《국제》에 따라 기년복으로 정했던 것입니다. 장자와 중자를 구별해 장자에게는 참최복을 입고 중자에게는 기년복을 입는 것은 중국의 고례요, 장자와 중자를 구별 않고 모두 기년복을 입는 것은 우리나라의 《국제》입니다. 기해년에 처음부터 《국제》를 쓰기로 했는데, 후에 고례를 주장하는 신하들이 있었지만 역시 《국제》대로 기년복으로 정했던 것입니다."

계사啓事(임금에게 일을 아룀)의 설명은 길었지만 정작 현종이 알고 싶어 하고 듣고 싶어 하는 내용은 빠져 있었다. 현종이 알고 싶은 것은 자의대비의 이번 복제가 기년복인가 대공복인가였다. 물론 듣고 싶은 대답은 "장자부의 복인 기년복을 입으셔야 합니다"는 것이었다.

서인들도 현종의 이런 마음을 알고 있었지만 15년 전 기년복으로 정한 원죄 때문에 기년복이라고 대답하지 못했다. 지금 기년복을 입어야 한다면, 15년 전의 기년복은 잘못된 것이 되고, 3년복이 옳은 것이 되기 때문이다.

서인 중신들이 진퇴양난에 빠진 가운데 현종의 추궁은 계속되었다.

"대왕대비께서 기년복을 입어야 하는지 대공복을 입어야 하는지 한 가지로 분명히 정하지 못한 것은 무슨 까닭인가?"

김수흥 등 서인 대신들의 답변은 궁색했다.

"신들은 다만 기해년 복제를 정할 때 어떤 전거典據를 썼는지 알아보라는 분부만 받았으므로, 지금 대왕대비의 복제에 대해서는 감히 아뢰지 못했습니다."

현종은 가장 중요한 지금의 복제를 빼놓은 이유를 납득할 수 없었다.

"대왕대비께서 대공복을 입으시는 것이 미안하여 의논하라고 하교한 것이다. 기해년 복제에 관한 것만 물을 것 같으면 예방승지禮房承旨에게 시켜 기록을 찾으면 될 것을 왜 대신들에게 의논하게 했겠는가?"

현종은 소신을 정리했으므로 뚜렷한 논리가 서 있었다. 반면 영의정 김수흥을 비롯한 서인들은 곤혹스러울 수 밖에 없었다.

"처음 하교받을 때, 그 뜻을 분명히 깨닫지 못하고 다만 기해년 복제만을 상고해 아뢰었던 것인데, 거듭 하교를 받으니 황공함을 이길 수 없습니다."

"내가 처음 하교했을 때는 내 뜻을 명확히 몰랐다 할지라도 지금은 알았을 터인데, 아직도 명백히 아뢰지 않는 뜻을 모르겠다. 《국제》대로 한다면 대왕대비께서는 무슨 복을 입어야 한다는 말인가?"

"지금 하교를 받았으나 너무 중한 예라 감히 입으로 아뢸 수 없으므로 글로 써서 아뢰겠습니다."

김수흥은 일단 자리를 모면해 서인들과 논의하는 수 밖에 없다고 생각했다. 이들은 현종이 자의대비의 복제를 9개월복이 아닌 1년복으로 바꾸고 싶어 한다는 사실을 잘 알고 있었다. 그러나 서인의 당론은 대공복이었고, 당시는 임금의 명령보다 당론이 더 중했던 당쟁의 시대였다.

현종은 김석주를 불렀다.

"내 의견으로는 기해년에 《국제》를 사용했으니 이번 회의 때는 이러이러하므로 대공복을 입어야 한다고 논의하든지, 아니면 저러저러하므로 기년복을 입어야 한다고 논의했어야 한다. 그러나 지금 재차 올린 계사를 보면 몇 마디 말로 그럭저럭 책임을 때우고 말았으니 매우 부당한 일이다. 또 대공복을 입어야 될 듯하다는 말을 어떻게 할 수 있단 말인가? 매우 이상스럽다. 예조에서 한 일은 아무런 근거가 없는데도 죄주기를 청하지 않았을 뿐만 아니라 도리어 비호하려고 하니, 빈청賓廳(삼정승 등 고위 관직자가 일하던 궁중 회의실)이 하는 짓도 놀랍다."

현종의 분노는 점점 커져 갔다. 서인들은 현종의 분노가 두려웠으나 물러설 수 없었다. 물러서기에는 이미 때가 늦었는지도 모른다.

영의정 김수흥과 민유중 등 서인 대신들이 현종에게 말했다.

"《국제》를 상고해 보니 아들 밑에는 다만 '1년'이라고 썼을 뿐, 장자와 중자를 구별하지 않았습니다. 그 아래 장자부에는 '1년'이라 쓰고 중자부에는 '9개월'이라고 썼을 뿐이며 승중承重(장손으로서 아버지나 할아버지를 대신해 조상의 제사를 받드는 일) 여부는 적지 않았으니, 대왕대비의 복제는 9개월로 하는 것이 옳은 것 같습니다. 하지만 지극히 중한 예를 함부로 단정할 수 없으니 춘추관으로 하여금 《실록》에서 예전의 경우를 고증하게 하십시오."

서인들은 여전히 대공복이란 당론을 변경하지 않았다.

"《국제》에 장자부와 중자부의 구분은 있으나 '중자부 9개월복'이란 말 외에 따로 승중했으면 기년복을 입는다는 말은 없으니, 이로 미루어 보면 대왕대비의 복제가 9개월복이란 것이 근거가 없다고 할 수는 없습니다."

신하가 되어 임금에게 박하니

결국 서인들은 '대왕대비께서 9개월복을 입으시는 것이 미안하다'는 현종의 바람을 무시했다. 이는 현종과 맞서 보자는 말에 다름 아니었으니 현종이 분노한 것은 당연했다.

"기해년 복제 때는 장자와 중자의 구별이 있다는 말을 듣지 못했는데, 이번에는 감히 중자부기 때문에 9개월복이 마땅하다고 하는구나. 《국제》에 '승중'에 대한 조목이 없는 것은 제도의 미비함인데, 《예경禮經》을 참조해 고칠 생각은 하지 않고 이를 빌미로 9개월복을 주장한다면 이런 회의는 무엇 하러 하겠는가? 다시 살펴 아뢰도록 하라."

현종은 분노했고, 서인들은 기로에 섰다. 현종의 분노를 달래기 위해 기년복으로 수정하든지, 아니면 기해년에 송시열이 제기했던 '체이부정'을 거론해 정면 승부를 해야 하는 상황이었다.

서인들은 결국 현종과 정면 대결하기로 결정했다. 서인 대신들은 15년 전 송시열이 거론했다가 정태화의 만류로 우회했던 문제의 사종지설을 거론했다.

"신들은 《국제》만 참고하고 고례는 참고하지 않았지만 이제 고례를 참고해 말씀드리겠습니다. 여기에 따르면 사종지설이 나오는데, 그 세 번째가 '체이부정'으로서 서자를 세워 가계를 잇게 한 경우입니다. 여기에 '서庶' 자를 쓴 것은 장자와 구별하기 위해서입니다. 엄밀히 말하면 서자는 첩의 아들이요, 적처가 낳은 둘째 아들은 중자인데, 여기서 둘을 함께 서자라고 이름한 것은 장자와 구별하기 위해 쓴 것입니다. 또 며느리에 관한 조항을 보면 '무릇 부모가 아들에게, 시부모가 며느리에게 적통을 전중傳重(선조의 제사를 후손에게 전하여 잇게 함)할 수 없는 것이니, 전중한 자는 적통이 아니어서 복제를 모두 서자 · 서부庶婦와 같이한다'고 되어 있습니다. 이 여러 조목을 상고해 본다면 지금 대왕대비께서 9개월복을 입는 것이 고례의 뜻에 어긋나지는 않을 것 같사오나, 그 정밀한 뜻은 신들의 짧은 견식으로는 감히 정할 바가 아닙니다."

'부모가 아들에게, 시부모가 며느리에게 적통을 전중할 수 없다'는 말은, 적통 계승의 권한이 종법에 있는 것이지 부모나 시부모에게 있는 것이 아니라는 말이었다.

이는 결국 인조가 효종을 선택해 적통을 물려준 것은 천하의 법칙에 어긋나는 것으로서, 효종이나 인선왕후는 장자·장부의 복을 입을 수 없으니 자의대비의 복제는 대공이 맞다는 말이다. 고례로 따져 봐도 효종과 인선왕후는 적통을 물려받을 수 없다는 이 말은 곧 효종과 현종의 정통성에 대한 정면 도전이었다.

이 계사에 현종이 격분한 것은 당연했다.

"이 계사를 보고 나도 모르게 무상無狀(예의가 없이 아무렇게나 행함)한 점에 매우 놀랐다. 경들은 모두 선왕(효종)의 은혜를 입었거늘, 지금에 와서 감히 '체이부정'이란 말로써 오늘의 예법을 결정짓는다는 말인가? 《의례儀禮》에는 '장자가 죽으면 적처가 낳은 차자를 세워 장자라 한다'고 했다. 경들은 이 조항은 무시하고 다른 조항을 꺼내어 이치에 맞지 않은 어그러진 말로써 예법을 정해 선왕을 '체이부정'이라고 지목하는구나. 신하가 되어 임금에게 박하고 어느 누구에게 후하게 한단 말인가?"

"임금에게 박하고 어느 누구에게 후하게 한단 말인가?"란 힐난에는 충성을 바쳐야 할 임금에게는 박하면서 대신인 송시열에게 후한 불충한 신하들이라는 꾸짖음이 함축되어 있었다.

현종은 드디어 결단을 내렸다.

"내 이를 심히 못마땅하게 여긴다. 막중한 예법을 자기 당의 영수(송시열)에게 붙은 의논으로 정할 수 없으니, 이번 복제는 처음 결정한 대로 《국제》에 있는 기년복으로 정하라."

신중하고 온화한 성격의 현종으로서는 이례적인 단안이었다. 현종은 조선의 임금 중 드물게 명성왕후明聖王后 김씨 외에 한 명의 후궁도 두지 않았고, 재위 기간 동안에도 신하들과 별다른 마찰이 없었던 온건한

충북 괴산군 화양 계곡에 있는 송시열의 암각 친필

노론의 영수로서 예론을 이끌었던 송시열은 훗날 경종이 원자로 책봉되자 이를 시기상조라며 반대하는 상소를 올렸다가 정읍에서 사사되었다.

임금이었다.

재위 15년 동안 대신들과 싸우며 자신의 의사를 관철시킨 것은 이번이 처음이었으며, 그만큼 힘겨운 싸움이기도 했다.

현종의 이례적인 조치

현종은 서인들이 의정한 9개월복을 1년복으로 바꾸는 단안을 내렸지만, 집권당인 서인은 1년복으로 바꾸려는 현종의 의사에 맞서 끝까지 싸웠다.

현종은 서인들이 임금이 아니라 자기 당의 영수인 송시열을 더 따른다는 것을 알고 있었기에, 신속한 후속 조치를 취했다. 먼저 예론의 주무 부서인 예조의 판서 · 참판 · 참의參議 · 정랑正郞 모두를 하옥하고, 9개월설을 주장한 영의정 김수홍을 춘천으로 귀양 보냈다.

신중한 현종으로서는 이례적으로 신속한 조치였으나 그렇다고 물러날 서인들이 아니었다. 서인들은 근 50여 년 이상을 집권한 정당이었다.

먼저 서인 승지 이단석李端錫과 교리 조근趙根이 입대를 청했다. 그러나 입대를 청한 이유를 짐작한 현종은 이들을 꾸짖었다.

"내 심기가 매우 불편한데 대면을 청한 것은 무슨 일 때문인가? 대신을 위해서가 아닌가? 군신의 의리가 매우 엄한 것인데 너희들은 이점을 전혀 생각해 보지 않았단 말인가?"

국왕을 지근거리에서 보좌하는 승정원의 승지와 홍문관 교리가 국왕이 아닌 자당自黨을 위해 국왕을 압박하는 지경이었다. 현종이 입대를 거부하는데도 이들은 물러서지 않고 차자를 올려 노론 영수 김수흥을 구하고 현종을 비난했다.

"장자와 중자에 관한 의논은 오늘 처음 나온 말이 아니고, 또 이 말이 옳지 않으면 채용하지 않으시면 그만인데, 이로써 대신을 귀양 보내는 것은 너무 과하지 않습니까?"

자신을 보좌해야 할 승지와 교리가 임금보다 당론을 추종하자 현종은 분노했다.

"차자의 말은 내가 매우 놀랍게 여긴다. 기해년에 갑과 을이 다투어 변론할 때 조정에서 《국제》를 사용하였으나 장자와 중자의 구별이 없으므로 그렇게 처리한 것이었다. 하지만 지금은 기해년에 갑과 을이 변론한 것들을 주워 모아 대왕대비의 복제를 강등하려고 꾀하였다."

승지와 교리의 차자가 효과를 거두지 못하자 이번에는 양사兩司(사헌부와 사간원)가 나서서 현종을 압박했다. 장령掌令 이광적李光適과 지평持平 유지발柳之發이 예조에 대한 심문과 김수흥의 중도부처를 취소하라고 요구한 것이다.

이에 현종은 분노하며 말했다.

"너희들의 계사에 내가 심히 놀랐다. 양사의 대간은 마땅히 엄한 말로 예론을 그릇 이끈 자들의 죄주기를 청해야 하는데도 도리어 죄인을 구하려고 하는구나. 지금의 양사는 직책을 다하지 못한 자들인데 어찌 낯을 들고 길거리를 다닐 수 있겠느냐? 이들을 함께 삭직削職해서 내쫓으라."

현종이 이처럼 강력히 나가는데도 서인들은 물러서지 않았다. 승정원과 삼사의 주청이 받아들여지지 않자 이번에는 좌의정 정지화鄭知和가 직접 나서 김수홍을 옹호했다. 지금껏 배후에서 젊은 서인들을 조종하던 중진이 직접 나선 것이다. 현종이 정지화의 청마저 거부하자 판중추 민유중 · 좌참찬 이상진李尙眞 · 김만기 등 서인 중진들이 줄줄이 나서서 김수홍을 옹호했다.

"임금에게 박하고 어느 누구에게 후하게 한단 말인가?"란 현종의 힐난이 이유 있는 비난임을 보여주는 장면이 아닐 수 없다. 게다가 이 와중에 서인 대사간 남이성南二星이 현종에게 직접 도전하는 상소를 올리기도 했다.

"예론에 있어 을의 설(1년설)을 주장하는 자가 모두 나라에 충성스러운 것도 아니고, 갑의 설(9개월설)을 주장하는 자가 모두 임금에게 박한 것도 아닙니다. 만일 전하께서 노여움을 잊고 용서하신다면 지금 대신들이 무슨 죄가 있겠습니까?"

뿐만 아니라 남이성은 '사종지설'을 인용하여 자의대비는 대공복을 입어야 한다고 주장했다. 효종과 인선왕후의 적통을 부인하고 나선 것이다. 이렇듯 조정을 장악한 서인들이 모두 당론을 따르면서 현종은 고립되었다. 왕권에 도전한 대신들을 탄핵해야 할 대간의 장관이 대신들을 편들고 국왕에게 대드는 판이었다. 현종이나 서인 모두 물러설 수 없는 지경이 되었다. 현종은 대사간 남이성이 올린 상소의 맹점을 공박했다.

"갑과 을의 설이 절충되지 못했을 때에는 그 후한 의논(1년복)을 좇는 것이 옳겠는가, 박한 의논(9개월복)을 좇는 것이 옳겠는가? 감히 박한 의논을 좇아 대신에게 아부하였으니, 이는 임금이 없는 자의 말이다. 멀리 절도로 귀양 보내라."

현종이 남이성을 진도로 귀양 보내자 삼사에서 일제히 들고 일어나 남이성을 옹호했다. 15년 전 윤선도가 "나라의 권력은 위의 임금에게 있지 않고, 신하(송시열)에게 있습니다"고 주장한 것이 현실임을 깨닫는 순간이었다.

현종은 서인들을 데리고는 아무것도 할 수 없음을 깨닫고, 서인의 빈자리를 남인들로 채우기로 결심했다. 현종이 당시 향리인 충주에 있던 남인 허적을 영의정으로 삼은 것은 곧 집권당을 교체하겠다는 승부수를 던진 것이었다.

남인을 영의정으로 삼은 이 조치에 서인들은 놀라지 않을 수 없었다. 다른 자리도 아닌 영의정 자리를 남인이 차지한 것이었다. 이번 사건으로 현종이 서인에게 극도의 반감을 품은데다 남인들이 정권마저 차지한다면 서인들의 처지는 어떻게 변할지 알 수 없었다.

현종의 복통과 병상을 지키는 사람들

이런 와중에 이변이 발생한다. 서인들을 다그치던 현종이 갑자기 병석에 누운 것이다. 현종의 병명은 음식에 의한 독살의 혐의가 있을 때 흔히 나타나는 복통이었다. 재위 15년 7월 24일 이후 현종은 침과 뜸을 맞았는데, 8월 7일부터는 극심한 피로까지 느끼게 되었다. 현종은 기운이 없어 대신들의 접견을 연기하는 상태까지 이르렀으나, 그 와중에도 영의정 허적이 언제 오는지를 물었다.

현종이 사망하기 이틀 전 서울에 도착해 약방 도제조를 겸하게 된 허적이 승지를 시켜 왕비에게 전한 말은 현종의 증세에 대한 남인 측의 의심을 그대로 보여준다. 허적은 현종의 곁에 있는 사람이 환관들뿐이어서 증세를 알 수 없다며 현종의 장인 청풍부원군 김우명과 남인 예조판서 장선징, 그리고 같은 남인이자 왕실의 외척인 청평위 심익현에게 병상을 지키도록 했다.

허적은 현종 곁의 환관들이 서인들에게 매수당했을 가능성을 의심하여 이런 주청을 한 것이다. 복통이나 극심한 피로 등은 독약이나 몽혼약曚昏藥(마취약)에 의한 증세일 가능성이 높았다. 만 33살의 건장한 청년이 갑자기 극심한 피로를 느낀다는 것은 일반적인 상황은 아니었다.

허적의 이런 주청은 적절했으나, 이미 때는 늦었다. 현종은 심익현이 냉약에 타서 올린 인삼차를 조금 드는 듯하더니 그날 밤 10시경 창덕궁에서 세상을 떠났다.

이런 갑작스런 사태로 현종이 사망하지 않았다면, 이후 조선의 정세는 달라졌을 것이다. 현종같이 온건한 성격의 인물이 단호한 조치를 취할 때는 분명한 확신이 있기 때문이었다. 그 확신은 더 이상 조선이 '서인들의 나라'가 되어서는 안 된다는 것이었다.

또한 조선은 국왕과 백성들의 나라이지 서인이란 특정 당파의 나라가 아니라는 확신이었다. 혼수상태 속에서도 거듭 허적이 언제 오느냐

동구릉 내에 있는 현종의 숭릉崇陵

현종은 왕위의 정통성을 놓고 벌어진 예송 논쟁으로 인해 재위 기간 내내 서인과 남인의 당쟁에 시달려야 했던 불행한 임금이었다.

고 물었던 것은, 현종의 이런 확신이 뇌수 깊숙이 뿌리박힌 하나의 사상이 되었음을 말해 주고 있다.

그러나 현종 역시 부왕 효종처럼 큰 일을 추진하던 와중에 뜻을 이루지 못하고 세상을 떠나고 말았다. 조선은 아직도 '서인들의 나라'였던 것이다.

3장

이복형제의 비극

제20대 경종

1688~1724년, 재위 1720~1724년

《경종실록》 4년 8월 21일(사망 3일 전)

여러 의원이 임금에게 게장을 진어하고 이어서 생감을 진어한 것은
의가醫家에서 매우 꺼려하는 것이었다

게장과 생감, 그리고 인삼차

경종이 재위에 있은 기간은 불과 4년 2개월밖에 되지 않는다. 그러나 그 4년 세월은 격동의 시대였다. 부왕 숙종 대를 거치면서 서인과 남인의 대립이 더욱 심해졌고, 그 정쟁의 결과 서인이 승리하였다. 또 100여 년을 집권한 서인이 몸집이 비대해져 송시열의 노론과 윤증의 소론으로 자체 분열한 시기도 숙종 때였다.

같은 사림이 동인과 서인으로 갈린 후 서로 대립했듯이 노론과 소론도 대립했다. 심지어 노론과 소론은 옷차림도 달라 멀리서 봐도 당색을 알 수 있었다. 노론은 저고리 깃과 섶을 둥글게 접었으나 소론은 모나게 접었고, 노론 아녀자의 치마 주름은 굵고 접은 수가 적었으나 소론 아녀자의 치마 주름은 가늘면서 접은 수가 많았다.

남인과 싸울 때는 다 같은 서인이었으나 노론과 소론으로 갈라져서 싸울 때는 오히려 소론이 남인 편을 들 정도로 한 번 갈라지면 적이었고, 적의 적은 동지라는 등식이 성행하던 시절이었다.

무려 45년 10개월 동안 재위에 있었던 숙종은 이런 당쟁을 왕권 강화의 기반으로 이용했고, 이를 통해 27명에 이르는 조선의 어느 임금보다도 강력한 왕권을 행사할 수 있었다. 그러나 그의 강력한 왕권은 제도적인 틀로서 마련된 것이 아니라 당시의 상황을 적절히 이용하는 정치력에 의한 것이란 한계가 있었다. 숙종이 당쟁을 이용해 각 당파를 때에 따라 올려치고 내려치는 동안 각 당파는 서로를 저주하게 되었다. 숙종의 이런 당쟁 이용과 당파 간의 싸움은 끝내 한때 왕비였던 희빈禧嬪 장씨를 죽이는 지경에 이르렀는데, 바로 그 장씨의 아들이 숙종의 뒤를 이은 경종이었으니 비극은 이미 싹튼 셈이었다.

남인이란 당적이 붙은 아이

15세의 어린 나이에 즉위한 숙종은 무려 15년 동안이나 후사를 보지 못했다. 숙종은 외아들인데다가 몸도 건강하지 못했으므로 자칫하면 대가 끊길 판이었다. 당시에는 어느 누구도 숙종이 46년이란 기나긴 기간 동안 재위에 있을 거라고 예상하지 못했다. 외아들인 숙종의 몸이 약하니 궁내에서는 종친 복창군福昌君 형제와 궁녀와의 스캔들인 홍수紅袖(궁녀)의 변 등 숙종의 후사를 둘러싼 사건이 잇달아 일어났다.

숙종의 가장 큰 바람은 후사를 얻는 것이었다. 숙종은 10살 때인 1670년 세자의 신분으로 서인 김만기의 딸을 맞아들였으나, 김씨는 딸만 셋을 낳았을 뿐 아들은 낳지 못했다. 게다가 그 딸들도 모두 어릴 때 죽어 버렸고, 인경왕후仁敬王后 김씨마저 1680년 스무 살의 나이로 세상을 떴다. 숙종은 다음 해 역시 서인 민유중의 딸을 왕비로 맞아들였으나, 민씨는 혼인한 지 7년이 지나도록 아들은커녕 딸도 낳지 못했다. 그녀가 인현왕후仁顯王后 민씨다.

후사가 없자 숙종은 불안했다. 이 불안감을 파고든 여인이 그 유명한 궁녀 장옥정張玉貞, 바로 희빈 장씨다. 그러나 자의대비 조씨의 시종으로 있으며 숙종과 교제하던 희빈 장씨는 숙종의 모후인 명성왕후의 미움을 받아 궁 밖으로 쫓겨났다. 장씨는 숙종 9년(1683) 명성왕후가 사망한 후에야 다시 궁에 들어와 후궁이 될 수 있었다.

흔히 인현왕후 민씨와 희빈 장씨 사이의 싸움을 숙종을 차지하기 위한 애정 다툼으로 생각하지만 그 이면에 감추어진 면면은 그리 간단하지 않다. 인현왕후 민씨와 희빈 장씨는 단순히 애정 문제로 싸운 것이 아니라, 한 정치가로서 권력을 다툰 정적 사이였다.

인현왕후 민씨가 속한 정당은 숙종 6년(1680)의 경신환국으로 정권을 장악한 서인이었고, 희빈 장씨가 속한 정당은 권력 장악을 위해 절치부심하던 야당 남인이었다. 그런데 인현왕후가 7년째 아이를 낳지 못하는 상황에서 희빈 장씨의 배가 불러오자 서인들은 긴장했다. 숙종 14년(1688) 10월에 있었던 한 사건은 희빈 장씨의 배 속에 든 아이를 서인들이 어떻게 생각했는지 잘 보여준다.

궁중 안에 8인이 메는 옥교玉轎가 들어왔는데, 그 옥교를 탄 여인은 지체 높은 왕가나 사대부가의 여인이 아니라 천인이었다. 이를 본 사헌부 지평 이익수李益壽와 이언기李彦紀가 사헌부 금리禁吏를 불러, 감히 천인이 탄 옥교를 궁중에 출입시켰다고 호통을 쳤다. 꾸중을 들은 사헌부 금리들은 여인을 끌어내린 후 옥교를 메고 온 노비들을 치죄하고 옥교마저 빼앗아 버렸으며, 나아가 옥교를 탄 여인을 꾸짖었다.

그런데 모욕을 당한 그 천인은 바로 장옥정의 모친, 즉 귀인貴人 장씨의 어머니였다. 그녀는 딸 장옥정이 왕자를 낳자 친정어머니로서 산후 조리를 돕기 위해 입궁하던 중이었다. 귀인은 내명부 종1품의 품계로, 후궁 중에서는 대개 왕자의 어머니가 받는 빈 다음의 품계였다. 따라서 장씨의 모친은 일개 천인의 신분으로 옥교를 탄 것이 아니라 종1품 후궁의 어머니로서 국왕의 외아들을 생산한 딸의 산후 수발을 위해 옥교를 타고 입궁하던 중 이런 수모를 당한 것이었다. 왕조 국가에서 이는 국왕의 장모가 수모를 당한 것과 마찬가지였으니 이 소식을 들은 숙종이 화를 내는 것은 당연했다.

"귀인의 모친이 전교를 받고 궁중에 들어올 때 사헌부에서 이처럼 모욕했다는 말을 들은 적이 없다. 귀인의 내외 족당이 요직에 웅거한 집안이어서 그들의 세력이 두렵다면 사헌부에서 이렇게 하지 못했을 것이다. 이번 입궁은 귀인의 본가에서 잠시 와서 귀인을 보게 한 것과는 다르다. 또 후궁에 산실을 설치하는 것은 궁중의 관례일 뿐 아니라, 본가에서 와서 간호할 수 있게 옥교를 타고 출입하는 것은 내가 허락한 바이며 이 또한 전부터 있어온 관례다. 더구나 천인인 궁녀들도 상궁이 되면 옥교를 타는데, 하물며 왕자의 외가에서 전교를 받고 출입하다가 이 같은 모욕을 당했는데도 대간의 상소는 혹은 천인이라 하고 혹은 걸어다니라고 하니, 어찌 그런 말을 할 수 있단 말인가?"

숙종의 말대로 옥교를 탄 여인은 비록 천인이지만 한 명뿐인 왕자의 외할머니였다. 숙종은 왕자의 외할머니에 대한 사헌부의 이런 처사를 왕권에 대한 신하들의 도전으로 생각했다. "귀인의 내외 족당이 요직에 웅거한 집안이어서 그들의 세력이 두렵다면 사헌부에서 이렇게 하지 못했을 것"이란 숙종의 말은 근거 없는 말이 아니었다. 전 영의정 김수항의 증손녀인 귀인 김씨의 모친 또한 예사로 옥교를 타고 궁궐에 출입했던 것이다.

숙종은 이 사건을 갓 태어난 왕자에 대한 서인들의 위협으로 받아들였다. 이 무렵 숙종은 자신을 도와주던 쟁쟁한 척신들이 잇달아 사망하는 바람에 외로운 처지에 빠져 있었다. 현종과 숙종의 대표적인 외척이었던 청성부원군 김석주는 4년 전인 숙종 10년(1684)에 사망했으며, 첫 번째 장인 김만기도 한 해 전 사망했다.

김석주의 사망은 척신과 서인의 연합 정권이었던 조정을 서인의 단독 조정으로 만드는 결과를 낳았다. 숙종은 이렇듯 거대 정당 서인에게 둘러싸여 있었다. 그런 숙종의 첫 왕자를 생산한 귀인 장씨의 친정어머니를 서인 사헌부 관리들이 모욕했던 것이다.

서인들이 장씨의 친정어머니를 모욕한 이유는 분명했다. 서인들은 귀인 장씨를 남인 당인으로 보았다. 장옥정이 한창 숙종의 총애를 받던 재위 12년(1686)에 부교리 이징명李徵明이 올린 상소는 이를 잘 보여준다.

"폐하의 총애를 받고 있는 궁인 중의 한 사람이 역관 장현張炫의 친척이라 하는데, 현 부자는 허견許堅의 옥사 때 사사당한 복창군 정楨에게 붙었던 자이옵니다. 이제 그 친족을 가까이 하다가는 차후 말할 수 없는 우려가 있을 것입니다. 바라옵건대 장녀張女를 추방하소서."

장옥정의 종숙 장현이 남인과 가까이 지내다 서인의 음모에 걸려 사사당한 복창군과 가까웠으니 장옥정도 남인이라는 논리였다. 서인들은 장옥정이 왕자를 생산하게 될까 두려워했는데, 바로 그런 사태가 벌어졌으므로 왕자의 외조모를 끌어내리는 과잉 반응을 보인 것이다.

비록 후궁 소생이지만 다른 왕자가 없는 상황이었으니, 자칫하다가는 이 아이에게 보위가 돌아갈 수 있었다. 서인으로서 이는 당의 사활이 걸린 문제로, 어떻게든 막아야 할 사태였다. 만약 이 아이가 장씨가 아닌 인현왕후 민씨의 소생이라면 서인들은 경하하면서 투옥된 죄수들을 사면하자고 나섰을 것이다. 그러나 이 아이는 민씨 소생이 아니라 장씨 소생이었고, 그렇다면 이 아이 역시 남인일 것이었다. 아직 젖도 떼지 못한 아이에게 당적이 붙는 상황이었다. 이렇듯 태어나자마자 남인이란 당적이 붙은 이 아이가 바로 조선의 20대 임금 경종이다.

반대하려면 물러가라

그토록 고대하던 왕자가 태어났는데도 진하進賀(경사가 있을 때에 신하들이 축하를 올리던 일)는커녕 왕자의 외할머니를 모욕하는 것을 보고 숙종은 비상한 조치를 취해 놓지 않으면 갓 태어난 왕자의 미래를 기약할 수 없다고 판단했다. 숙종은 일단 결심이 서면 과감하게 실천하는 임금이었다.

숙종은 왕자가 태어난 지 3개월이 채 안 된 재위 15년(1689) 1월 초 갑자기 시·원임 대신과 육조 및 삼사의 장관을 불렀다. 정오까지 오지 않는 신하가 있으면 담당 승지를 엄벌에 처하겠다는 단서까지 단 명령이었다. 대신들이 모이자 숙종은 단호하게 말했다.

"국본(세자)이 정해지지 않아 민심이 갈피를 잡지 못하고 있다. 오늘의 계책은 다른 데 있는 것이 아니라 신생 원자의 명호名號를 정하는 데 있다. 만약 이에 머뭇거리거나 관망하거나 감히 이의를 제기하려는 자가 있다면 관직을 내놓고 물러가라."

이는 곧 장희빈 소생의 아이를 원자로 책봉하겠다는 선언이었다. 조선의 후사는 '왕자→원자→세자→국왕'의 순서를 밟게 되어 있었으므로 원자로 책봉되면 별다른 이변이 없는 한 즉위까지 이어지게 마련이었다. 숙종은 집권당인 서인들이 당연히 반대할 것이라 생각하고 '반대하려면 물러가라'는 배수진을 쳤다. 예상대로 서인이 반대하고 나섰다.

이조판서 남용익南龍翼의 반대 이유는 "지금 중궁(왕비)의 춘추가 한창"이라는 것이었다. 인현왕후의 나이가 아직 젊기 때문에 후사를 낳을 수도 있다는 논리였다. 호조판서 유상운柳尙運 · 공조판서 심재沈師도 인현왕후를 거론하며 반대했다. 즉위 14년 만에 낳은 왕자의 앞날을 축복해 주는 신하는 한 명도 없었다. 이는 숙종의 위기감을 더하게 했다.

"내 나이 서른에 겨우 아들을 얻었는데 다시 무엇을 바라겠는가? 국세國勢가 위태롭고 옆에는 강한 이웃이 있으니, 종사의 중대한 계획을 늦출 수 없다."

숙종의 결심은 확고했으나 반대하는 서인의 당론도 확고했다. 숙종은 재차 반대하는 이조판서 남용익을 중죄로 다스린 후에야 원자 책봉을 강행할 수 있었다. 숙종은 이 문제를 처음 거론한 지 닷새 만에 장씨 소생의 왕자를 원자로 봉하고 종묘사직에 고했다. 실로 전광석화 같은 조치였다. 조선시대에 종묘에 고묘告廟하면 사태는 종결된 것이었다. 숙종의 의지가 워낙 강경하자 서인들도 더 이상 문제를 제기하지 못했다. 그런데 이미 끝난 원자 정호를 정면에서 비판하고 나선 인물이 있었다. 바로 서인의 영수 우암尤庵 송시열이었다.

송시열은 향리인 충청도 회덕에 은거해 있었으나, 영의정 김수흥이 사사건건 그의 지시를 받아 일을 처리할 정도로 원로 대접을 받고 있었다. 당시 그의 지위가 어떠했는가는 '대로大老'라는 경칭이 잘 말해준다. 그런 대로 송시열이 상소를 올려 숙종의 원자 정호를 정면에서 비판하고 나선 것이다.

"송나라 철종哲宗은 10살이 되도록 번왕藩王(토후국土侯國을 지배하던 왕)으로 있다가 신종神宗이 병이 난 뒤에야 비로소 태자에 봉해졌습니다. 당시 가왕嘉王과 기왕岐王의 핍박이 있었는데도 이처럼 천천히 태자

여주에 있는 대로사의 모습

대로는 송시열을 높이는 경칭으로서 당시 그가 사대부들 사이에서 어떤 위치에 있었는지를 말해 준다.

로 봉한 것은 제왕은 큰 일을 할 때 항상 여유 있게 하는 것을 귀하게 여기기 때문입니다. 하물며 지금은 핍박의 염려도 없지 않습니까?"

송시열은 이처럼 중국 송나라의 예를 들어, 원자 정호가 성급한 조치였다고 비판하고 나섰다. 송나라 철종은 신종의 아들이었다. 신종은 28세의 늦은 나이에 철종을 얻었으나 후궁 소생이었기 때문에 원자가 아닌 번왕으로만 책봉하였다가, 정비가 끝내 왕자를 생산하지 못하자 그때서야 비로소 태자로 책봉했다. 송시열은 이 고사를 빗대 인현왕후가 끝내 왕자를 생산하지 못하면, 희빈 장씨의 아들을 원자로 책봉하라고 주장한 것이다. 당시 인현왕후의 나이 23세였으므로, 송시열이나 서인들이 보기에 충분히 후사를 낳을 수 있는 나이였다.

송시열의 상소 소식을 들은 서인들은 대로만이 할 수 있는 일이라고 감탄했다. 그러나 이 상소는 송시열 자신과 서인의 수명을 단축시키는 결과를 낳았다. 이 상소를 계기로 서인이 몰락하고 남인들이 정권을 잡는 기사환국(1689년)이 일어난 것이다. 서인들이 경신환국으로 정권을 잡은 지 9년 만이었다.

이 상소를 본 숙종은 격노했다. 설령 그의 말이 맞더라도 이미 종묘에 고묘한 사안을 재거론하는 것은 왕권을 능멸하는 행위로 해석될 수 있었다. 상소를 받은 날 이미 날이 어두워졌음에도 숙종은 승지 이현기李玄紀와 교리 남치훈南致熏 · 수찬修撰 이익수李益壽 등을 불렀다.

"명나라 황제도 왕자 탄생 넉 달 만에 봉호封號한 일이 있다. 송시열의 주장은 이와 상반되지 않은가? 송시열의 뜻이 어디에 있는지 몰라 그대들에게 물어보려 부른 것이다."

숙종의 말대로 원자 정호 문제는 송시열의 주장과 다른 예도 얼마든지 있었다. 다시 말해 이 문제는 그렇게 해도 되고 하지 않아도 되는 가변적인 일이었다. 그러나 상대는 다름 아닌 송시열이었다. 현종이 일찍이 "임금에게 박하고 누구에게 후할 것이냐?"면서 신하들이 임금이 아닌 송시열에게 충성한다고 꾸짖었던 그 인물이었다.

숙종의 물음을 받은 승지, 교리 중에서 오직 남인 승지 이현기만 송시열이 틀렸다고 발언했던 데서 당시 당인들의 분위기를 알 수 있다. 숙종은 송시열을 끝까지 옹호하는 서인 수찬 이익수를 파직한 후 송시열을 삭탈관작하고 문외출송門外黜送(관작官爵을 빼앗고 한양 밖으로 추방하던 형벌)시켰다. 그리고 송시열을 구하는 상소는 받지도 말라고 승정원에 명했다.

숙종은 송시열의 상소에 대한 대처 여부에 원자의 미래가 걸려 있다고 믿었다. 서인이 집권한 상황하에서는 원자의 미래를 기약할 수 없다고 생각한 숙종은, 집권당인 서인을 축출하고 반대 당인 남인을 등용하는 것만이 원자를 보호하는 길이라고 믿었다.

숙종은 정권을 남인에게 주기로 결심하고 서인 영의정 김수흥을 파직한 후 남인인 목내선睦來善·김덕원金德遠을 좌의정과 우의정에 임명하였다. 이것이 남인이 정권을 잡는 기사환국이다. 그러나 숙종은 여기에 만족하지 않았다.

숙종은 서인가 여인인 인현왕후 민씨가 왕비로 있는 한 원자의 앞날을 기약할 수 없다고 생각하고 민씨를 내쫓기로 결심했다. 결국 인현왕후 민씨는 서인으로 강등되어 사저로 쫓겨나고 희빈 장씨가 왕비로 책봉되었다.

정권을 잡은 남인들은 서인들에게 정치 보복을 단행했다. 그간 서인

충북 괴산군 청천면에 있는 송시열의 무덤

송시열은 죽은 이후에도 노론 사대부들에게 지대한 영향을 미쳐서 송자宋子로 불리기까지 했다.

들로부터 받은 정치 탄압을 그대로 돌려주기로 한 것이다. 남인들의 보복의 칼끝은 당연히 서인 영수 송시열과 김수항에게 향했다.

남인들이 계속해서 송시열을 공격하자 숙종은 일단 그를 제주도로 유배 보냈다가 위리안치시켰다. 그러나 송시열이 살아 있다는 사실 자체를 불안해한 남인들은 그를 국문해야 한다고 주장했다. 당시 83세였던 송시열에게 국문 자체는 곧 죽음의 길이었다.

숙종이 송시열의 국문을 허락함에 따라 송시열이 뭍으로 올라오자 수많은 문도가 그를 맞이했다. 서인들에게 그는 죄인이 아니라 정치범이자 확신범이었다. 송시열이 국문받을 경우 벌어질 소동이 두려워진 숙종과 남인은 그를 서울까지 끌어올리지 않고 정읍에서 사사시켰다.

전 영의정 김수항은 이미 사사된 뒤였다.

송시열이 죽는 현장을 수많은 서인 문도가 눈물로 지켜보았다. 그 눈물은 남인을 향한 복수의 눈물이었고, 새로 왕비가 된 장옥정과 그녀 소생인 원자에 대한 증오의 눈물이었다. 장옥정 소생의 원자와 서인 사이의 군신 관계는 애당초 없었던 것이다.

만일 이후 남인이 계속 집권했거나 서인과 화해 정책을 실시했다면, 희빈 장씨와 원자의 운명은 그다지 비참하지 않았을지도 모르며, 죽고 죽이는 살육전 또한 없었을지 모른다.

그러나 남인과 서인은 서로를 적당敵黨으로 규정하고 상대방을 쓰러뜨리기 위해 방법을 가리지 않았다. 남인들은 집권 초반 송시열과 김수항·이사명李師命·홍치상洪致祥 등 무려 100여 명의 서인을 사형·유배·삭탈관작시키는 정치 보복을 단행했다. 그러나 그로부터 5년 후인 숙종 20년(1694) 상황은 반전되었다.

두 모자의 운명

왕자 연잉군延礽君(훗날의 영조)을 낳아 새로 숙종의 총애를 얻기 시작한 숙원淑媛 최씨의 도움을 받아 서인들이 남인들을 무너뜨리고 정권을 장악한 것이다. 이것이 바로 갑술환국이다. 이로써 영의정 권대운權大運·우의정 민암閔黯·판의금부사判義禁府事 유명현柳命賢 등 20여 명의 남인 중신이 대거 삭탈관작·문외출송되고, 그 자리는 서인들로 채워졌다.

서인 남구만南九萬이 영의정이 된 데 이어 서문중徐文重이 병조판서, 신여철申汝哲이 훈련대장을 차지해 의정부와 군사권을 서인들이 모두 차지했으며, 인사권을 지닌 이조판서도 서인 유상운이 차지했다.

갑술환국은 두 가지 점에서 이후 정치 향방에 중요한 계기가 되었다. 하나는 남인들을 완전히 몰락하게 해 재기할 수 없게 했다는 점이고, 다른 하나는 숙원 최씨 소생의 왕자와 서인들이 결합한 것이다. 즉 서인들도 희빈 장씨 소생의 원자에 맞서 지지할 왕자를 갖게 된 것이다.

서인들은 5년 전에 당한 정치 보복을 잊지 않고 있었다. 먼저 서인들에게 강경책을 폈던 우의정 민암과 그 아들 민장도閔章道를 사형시키고, 훈련대장 이의징李義徵과 전 참판 조사기趙嗣基 등 남인 중진들도 대거 사형시켰다. 조사기는 과거 송시열을 공격했다는 죄목으로 사형당했으니, 그야말로 집권이 정의가 되고 실권이 불의가 되는 당쟁의 시대였다. 갑술환국 후 1년 동안 사형·유배·삭탈관작된 남인 인사만 무려 130여 명에 달했다. 그러나 이보다 더 중요한 공격은 왕비 장씨에 대한 공세였다. 먼저 왕비 장씨의 친신親信 궁녀 정숙正淑이 간독하다는 모호한 죄명으로 사형당했는데, 이는 왕비에게 공격의 화살이 날아올 것임을 예고하는 것이었다.

정권을 서인으로 바꾼 숙종은 이제 서인으로 강등된 민씨를 복위시키기 위한 준비에 착수했다.

숙종은 첫 조치로 민씨를 별궁으로 옮겨 늠료廩料(조선시대에 벼슬아치들에게 주던 봉급)를 주라고 명령하고, 그 며칠 후 왕비 장씨를 희빈으로 강등시켜 별당으로 물러나게 하였다.

서인들은 민비를 다시 세우려는 숙종의 뜻을 간파하고 왕비 장씨의 오빠 장희재張希載에게 시선을 돌렸다. 왕비 장씨를 직접 공격할 수는 없었으므로 대신 오빠 장희재를 공격하고 나선 것이다.

공격의 명분은 장희재가 포도대장으로 있을 때 사사로이 권력을 남용했다는 것이었다. 장희재는 이 죄목으로 유배되었다가 끝내 국문에 처해지게 되었다. 과거 폐위된 민씨가 복위를 도모하려 한다는 편지를 보내 국모를 모해했다는 죄목이었다. 장희재는 이 죄목으로 사형을 당할 처지가 되었다.

그런데 이를 두고 서인들의 입장이 둘로 갈라진다. 영의정 남구만과 일부 서인은 장희재가 세자의 외숙이므로 죽여서는 안 된다는 온건론을 펼친 반면, 대다수의 서인은 사형시켜야 한다고 나섰다. 이는 노론과 소론의 분열을 가속화시키는 계기가 되기도 하였다.

장희재의 사형을 주장한 노론과 장희재의 처형을 반대한 소론의 차이는 얼핏 단순해 보이지만 그 의미는 결코 작지 않다.

소론은 어쨌든 장씨의 아들인 세자가 다음 왕위에 오를 인물임을 인정했으나 노론은 이를 인정하지 않은 것이다. 대신 노론은 숙빈淑嬪 최씨의 아들 연잉군을 지지했다. 즉 소론이 대남인 온건파라면 노론은 대남인 강경파였던 것이다.

왕비 장씨는 끝내 쫓겨나 다시 후궁인 희빈으로 떨어졌다. 여러 의미에서 세자의 운명은 모친 장씨의 운명과 동전의 양면이었다. 서인이 정권을 장악한 이상 남인인 희빈 장씨의 운명은 순탄할 수 없었다. 장희재는 상황을 반전시키려고 부친 장형張炯의 묘갈墓碣을 파괴하고 봉분 속에 흉물을 묻는 사건을 조작했다가 들통이 나 다시 사형당할 뻔했으나 소론의 도움으로 겨우 살아남았다. 장씨가 왕비의 자리에서 쫓겨난

2년 후였다.

그런데 쫓겨난 장씨가 별당에서 쓸쓸한 나날을 보내고 있을 때인 숙종 27년(1701) 8월, 인현왕후 민씨가 34살을 일기로 세상을 떠났다. 민씨는 끝내 아들을 낳지 못하고 죽었으므로 장희빈과 남인이 복귀를 꿈꿀 수 있는 단서가 열린 셈이었다. 그러나 대남인 강경파인 노론은 이를 방관하지 않았다.

노론은 조정에서 장희재의 구명을 주장했던 소론을 공격하는 한편, 연잉군의 어머니인 숙빈 최씨와 결탁해 희빈 장씨를 압박했다. 숙빈 최씨는 민비가 요절한 것은 희빈 장씨가 민비를 무고했기 때문이라고 숙종에게 밀고했고, 이에 격분한 숙종은 비망기를 내렸다.

"중전이 병든 지 2년이나 되었으나 희빈 장씨는 한 번도 문병하지 않았다. 또 중전을 중궁전이라 부르지 않고 반드시 민씨라 칭하였으며, 민씨를 요망하다고 하였다. 희빈 장씨는 남몰래 취선당就善堂 서쪽에 신당을 설치하고 매일 두세 종년과 더불어 중전을 저주했으니, 이를 누가 참을 수 있으랴? 우선 제주에 위리안치되어 있는 장희재를 빨리 처단하라."

민비의 죽음이 장희재에게는 재기의 시작이 아니라 더 깊은 몰락의 시작이었던 것이다. 이틀 후 숙종은 또다시 비망기를 내려 장희빈에게 자진할 것을 명령했다. 소론 영의정 최석정崔錫鼎이 명을 환수해 줄 것을 요청했으나 결국 장씨는 사약을 마실 수 밖에 없었다. 중인가의 서녀로 태어나 국모의 자리에까지 올랐던 한 여인의 운명이 비극으로 마감된 것이다.

장희빈이 사약을 마시게 되자 세자는 대신들을 붙잡고 호소했다.

서오능 내에 있는 장희빈의 무덤

서녀로 태어나 국모의 자리에까지 올랐던 장희빈은 결국 비극적인 최후를 맞이했다. 남인 계열이었던 장희빈의 존재는 훗날 경종이 노론 측에 독살되었다는 의혹까지 이어진다.

"어머니를 살려 주오."

14살 어린 세자의 이 호소에 소론 영의정 최석정은 눈물을 흘리면서 답했다.

"신이 감히 죽기로써 저하의 은혜를 갚지 않으리까?"

그러나 노론 좌의정 이세백李世白은 옷자락을 붙잡고 매달리는 세자를 외면하며 피해 버렸다. 노론에게 세자는 낭인이자 소론 당원일 뿐이었다.

연잉군과 연령군을 부탁한다

이 당시만 해도 숙종은 세자를 바꿀 생각이 없었다. 숙빈 최씨 소생의 연잉군은 이제 여덟 살이었고, 명빈榠嬪 박씨 소생의 연령군延齡君은 세 살의 어린아이였다. 숙종이 인현왕후 민씨의 빈 자리를 노론이 아닌 소론 김주신金柱臣의 딸로 채운 것은 이런 숙종의 의도가 반영된 것이다.

그러나 노론은 이를 받아들일 수 없었다. 노론에게 세자는 정적일 뿐이었다. 200여 년 전 연산군이 생모의 원수를 갚는다며 일으킨 갑자사화가 남의 일이 아니었다. 노론은 세자가 왕위에 오르는 것을 막기 위해 전력을 다했다.

노론이 연잉군을 지지하는 이상 세자의 운명은 유동적일 수 밖에 없었다. 드디어 재위 43년(1717) 숙종과 노론 영수 이이명李頤命은 독대 자리를 마련했다. 이 해가 정유년이기 때문에 '정유독대'라고 불린다. 이 자리에서 숙종은 이이명에게 이런 부탁을 한다.

"연잉군과 연령군을 부탁한다."

세자를 부탁한다는 말은 없었다. 이는 사실상 세자를 바꾸라는 말이었다. 연잉군과 연령군이 성장하자 숙종은 노골적으로 세자를 싫어해 조금만 잘못해도 크게 꾸짖었다.

"누구의 자식인데 그렇지 않겠는가?"

생모를 죽인 아버지의 꾸짖음에 세자는 두려워 떨며 어찌할 바를 몰랐다. 야사에는 사약을 받은 장씨가 세자의 하초下焦를 잡아당겨 세자가 병을 얻게 되었다고 했으나, 사실 세자의 병은 열네 살에 목도한 어머니의 비참한 죽음과 이후 계속된 숙종과 노론의 공격이 초래한 것이었다.

숙종과 이이명은 일단 세자에게 대리청정을 시킨 후 꼬투리를 잡아 쫓아내는 세자 축출 프로그램을 세웠다. 보통 국왕이 대리청정을 명하면 모든 신하가 일제히 반대하는 것이 관례이자 국왕에 대한 예의임에도, 숙종의 대리청정 명에 노론 대신들이 환영하고 나선 것만 보아도 사전 모의가 있었음을 알 수 있다.

대리청정이 세자를 제거하려는 음모의 소산임을 안 소론은 대리청정에 반발했다. 심지어 향리에 은거 중이던 소론 영수 영중추부사領中樞府事 윤지완尹趾完은 세자 대리청정 소식을 듣자 82세의 노구로 병든 몸을 이끌고 널을 짊어지고 와서 상소를 올렸다.

"동궁께서는 총명한 성품을 타고나셨고, 또 효성이 지극하셔서 생모의 변을 당하시고도 인원왕후仁元王后를 섬기는 데 조그만 기미도 얼굴에 나타낸 적이 없었습니다. 이처럼 덕을 쌓은 지 30년에 온 나라 백성이 세자를 사모하게 되었습니다. 그런데 갑자기 오늘날 세자께 대리청정을 시킨다 하오니, 이는 반드시 음흉하고 간사한 무리가 사이에 끼어 나라를 망치려는 것인데, 전하는 어찌하여 이를 생각하지 않으십니까? …… 말이 이에 미치니 온몸이 뼛속까지 떨립니다. 독대한 일은 상하가 모두 잘못한 일이옵니다. 전하께서는 어찌 상신相臣(삼정승)을 사사로운 사람으로 삼을 수 있으며, 상신 역시 어찌 감히 임금의 사사로운 신하가 될 수 있습니까?"

그러나 이런 반발에도 불구하고 당시 집권당은 노론이었기에 결국 숙종 43년(1717) 8월부터 세자는 대리청정을 하게 되었다. 노론은 세자 대리청정을 찬성하면서도 막상 대리청정을 종묘에 고묘하는 것은 반대했다. 종묘에 고묘하면 대리청정한 세자를 바꾸기 어렵기 때문이었다.

숙종과 노론은 일단 대리청정을 시킨 후 실책을 유도해 '즉위할 자격이 없다'고 폐출시킬 생각이었으나, 숙종의 건강 악화와 소론의 반발, 그리고 세간의 의혹 때문에 쉽지 않았다. 만약 숙종이 건강했다면 세자 폐출은 실현되었을지도 모른다. 하지만 숙종은 병석에 있었고, 약방의 입진에도 효과를 보지 못했다.

드디어 1720년, 장장 46년을 집권한 숙종은 60세의 나이로 세상을 떠나고 말았다. 환국과 재환국, 폐출과 복위로 점철된 한 시대가 간 것이다. 그리고 그 뒤를 이어 어머니 장씨가 비명에 가는 것을 목격한 세자가 즉위했다. 파란의 경종 시대의 서막이었다.

왕세제를 책봉하소서

노론이 쫓아내려던 경종이 즉위했으니 그간 탄압받던 소론이 가만히 있을 리 없었다. 경종이 즉위하자마자 소론계 유학 조중우趙重遇는 사사당한 희빈 장씨를 숭보崇報해야 한다고 상소했다. 하지만 아직 집권당은 노론이었다. 노론은 당력을 경주해 조중우를 장살해 버렸다. 심지어 노론계 태학생 윤지술尹志述은 숙종이 희빈 장씨를 사사시킨 사실을 숙종의 행장에 써서 그 옳음을 증거하자고 주장하기까지 했다.

"선왕의 행적에 신사년 처분(희빈 장씨를 사사한 것)이 애매하게 표시

되어 있는데, 이는 예전 역사에도 드문 옳은 행적이니 행장에 기재하여 만고불변의 조처로 삼아야 합니다."

이렇듯 현왕의 모후를 사사한 것을 "역사에도 드문 옳은 행적"이라고 주장하는 신하들이 노론이었다. 그러나 경종은 자신의 생모를 죽인 것이 잘한 일이라며 도전한 태학생 한 명도 처벌할 수 없었다. 김창집金昌集 같은 노론 대신들과 삼사에서 "선비들의 사기를 꺾을 것이 아니다"며 윤지술을 옹호했기 때문이다. 이렇듯 국왕의 생모를 숭보하자고 주장한 사람은 장하杖下의 귀신으로 만들고, 잘 죽였다는 주장은 선비의 사기라고 옹호하는 노론에게 둘러싸인 임금이 경종이었다. 이와 같이 경종 즉위 초 권력의 중심은 경종이 아니라 노론이었다.

하지만 노론은 불안했다. 비록 허수아비 같은 임금이지만 살아만 있으면 훗날 힘을 지닐 수 있었다. 장희빈의 죽음과 관련이 있는 노론으로서는 경종의 존재 자체가 불안했다. 경종을 몰아내지 않는 한 언젠가는 자신들이 당할 수도 있다고 생각한 노론은 이런 사태를 방지하기 위해 몇 가지 정치 일정을 세웠다.

그 중 첫 번째 일정이 '왕세제王世弟'를 책봉하는 것이었다. 왕세제는 임금의 아들이 아닌 동생을 후사로 삼는 것으로, 비상한 정치 상황이 아니면 존재할 수 없었다. 이방원李芳遠이 왕자의 난으로 정권을 장악한 후 형인 정종을 허수아비 왕으로 세우고 자신이 왕세제로 있다가 즉위한 것이 대표적인 예다. 이런 비정상적 정치 일정이 경종 축출을 향한 노론의 제일보였다. 노론 지도부는 당인인 사간원 정언正言 이정소李廷熽에게 왕세제 책봉 문제를 공론화하는 역할을 맡겼다.

"전하의 춘추가 한창이신데도 후사가 없어 나라의 형세가 위태롭고 인심이 흩어져 있습니다. 이를 수습하려면 후사를 빨리 정하는 길밖에 없습니다."

경종 원년(1720) 8월이었다. 왕위를 이을 후사를 빨리 정하라는 상소였으니 말인즉 옳았지만, 문제는 경종에게 아들이 없다는 점이었다. 아들 없는 국왕에게 후사를 정하라는 것은 만약 숙종 때였다면 삼족이 멸족당할 일이었다. 그러나 이정소는 믿는 구석이 있었다. 노론이 당력을 기울여 후사로 미는 의중의 인물, 즉 경종의 이복동생이자 숙빈 최씨 소생인 연잉군이 있었던 것이다.

당시 경종의 나이 서른셋, 경종의 계비 선의왕후宣懿王后 어씨는 열여섯의 어린 나이였다. 장희빈이 아들을 낳았을 때 "중궁의 춘추가 한창"이라며 원자 정호에 반대하던 마음이 남아 있었다면 노론은 이런 주청을 하지 못했을 것이다.

노론이 이런 주청을 한 이유는 경종과 선의왕후가 양자를 들이려 했기 때문이다. 후사가 없을 경우 동생이 아니라 양자가 뒤를 잇는 것이 조선의 상속법이었으므로, 선의왕후가 양자를 들이면 노론은 끝장이었다. 상황이 이렇게 돌아가자 다급해진 노론은 선의왕후가 양자를 들이기 전에 연잉군을 세제로 만드려고 왕세제 책봉을 주청한 것이다.

이정소가 상소한 바로 그날 밤 노론 소속의 영의정 김창집과 좌의정 이건명李健命이 입대를 요청했다. 밤늦은 시간의 청대는 국가에 위급한 일이 있을 때만 이루어질 수 있는 이례적인 일이란 점에서 이정소의 상소와 노론 대신들의 한밤 입대는 잘 짜여진 정치 각본이었다.

드디어 새벽 2시 경종과 대신들이 만나게 되었는데, 이때 참여한 대신들은 앞의 두 정승과 판중추부사 조태채趙泰采 · 호조판서 민진원閔鎭

遠·병조판서 이만성李晩成·형조판서 이의현李宜顯, 공조판서 이관명李觀命·판윤 이홍술李弘述·대사헌 홍계적洪啓迪·대사간 홍석보洪錫輔·승지 조영복趙榮福 등 노론 일색이었다. 이들이 한밤에 청대한 이유는 소론 우의정 조태구趙泰耉를 배제하기 위해서였다. 명분 없는 일을 강행하려다 보니 소론 정승을 배제한 채 자당끼리만 일을 추진할 수 밖에 없었던 것이다.

영의정 김창집이 경종에게 말했다.

"후사를 정하는 일은 한시도 늦출 수 없으니 빨리 허락해 주시옵소서."

아들 없는 임금에게 빨리 후사를 정하라는 희한한 요청이었다. 병권을 쥔 병조판서 이만성까지 가세해 재가를 요청한 이 행위는 사실상의 쿠데타였다. 국본을 정하는 문제는, 일개 정언이 요청하고 그날 밤 대신들이 임금을 윽박질러 결정할 문제가 아니었다. 그럼에도 이들이 그날 밤 우르르 몰려와 재가를 요청한 것은 소론 몰래 일을 처리하기 위해서였다. 이 엄청난 요구에 경종은 머뭇거릴 수 밖에 없었다. 판중추부사 조태채가 다시 다그쳤다.

"이는 종사의 대계를 위한 것이니 허락해 주십시오."

경종인들 이 주청이 종사의 대계가 아니라 노론의 대계를 위한 것임을 모를 리 없었다. 그러나 노론은 집권당이었다. 경종은 물러섰다.

"그렇게 하라."

드디어 노론은 하루 만에 후사 책봉이란 쿠데타를 성공시켰다. 그러나 노론은 국왕의 윤허만으로 끝낼 수 없었다. 영의정 김창집과 좌의정 이건명은 이 행위가 자칫 잘못하면 자신들을 죽음으로 몰아갈 수도 있음을 알고 있었다. 그들은 대비 인원왕후 김씨를 거론했다.

"이 일은 너무도 중요한 일이니, 자전(대비)의 수결手決(서명)을 받은 뒤에야 봉행할 수 있겠사옵니다."

국왕이 미성년이 아닌 한 대비의 수결은 필요 없었다. 그럼에도 노론이 대비의 수결을 요구한 것은 이 일이 대비와도 사전 합의한 사항이었기 때문이다. 뿐만 아니라 노론은 대비와 연잉군을 임금으로 추대하기로 밀약하고 이 사실을 연잉군에게도 통보했다. 연잉군에게 그 사실을 통보한 인물은 연잉군의 부인 서씨의 조카 서덕수徐德修였다.

이때 연잉군은 국왕을 시켜 주겠다는 노론의 제의를 거부하지 않았다. 이것은 훗날 두고두고 연잉군의 발목을 잡으면서 경종 독살설과 사도세자의 죽음 등 조선 왕가의 비극의 씨앗이 된다.

경종이 대비의 수결을 받으러 대비전에 들어간 후, 노론 대신들은 합문閤門 밖에서 대비의 윤허가 떨어지기만을 기다렸다. 대비는 자신이 미리 노론과 합의했음을 감추기 위해 일부러 시간을 끌었다. 그런데 수결이 늦어지자 갑자기 두려운 마음이 든 민진원이 전정殿庭에 나가 대비를 만나려고 했다. 한 발만 잘못 디뎌도 역적으로 몰리는 고공 외줄타기였다. 민진원은 조태채의 만류로 조금 더 기다리기로 했으나 그만큼 마음은 다급해졌다.

그때 대비전에서 부르는 소리가 들렸다. 대신들이 나아가니 경종이 봉서를 책상 위에 놓았다.

"여기 있다."

김창집과 이건명이 읽었다. 한글 교서 한 장과 한문 교서 한 장이 있었는데, 한글 교서에는 연잉군이 왕세제로 책봉되어야 하는 이유가 적혀 있었다.

"효종의 혈맥과 선왕(숙종)의 골육은 금상과 연잉군이 있을 뿐이니 어찌 다른 사람이 있겠는가?"

한문 교서에는 "연잉군"이라고 쓰여 있었다. 노론의 의도대로 연잉군이 세제로 책봉된 것이다. 그야말로 전광석화 같은 쿠데타였다. 그러나 이런 비상한 쿠데타가 그냥 넘어갈 수는 없었다. 자신들도 모르는 사이 왕세제가 책봉되었음을 안 소론은 물론이고 온 나라가 경악했다. 별 흉흉한 소문이 다 돌았다. 소론 강경파인 사직司直 유봉휘柳鳳輝는 상소를 올려 노론을 규탄했다.

"건저建儲(세자 책봉)란 것이 얼마나 중요한 일인데, 시임 정승들이 듣지도 못하고 여러 신하가 참여치 못한 채 깊숙한 집 속에서 한밤중에 결정되었다니 놀랍습니다. 이미 결정되었으니 다시 의논할 수는 없지만 임금을 농락하고 협박한 대신들의 죄를 묻지 않을 수 없습니다."

노론은 여기서 밀리면 끝장이란 사실을 잘 알고 있었다. 임금을 협박한 죄목으로 논죄되면 사형 이외에 다른 형벌이 있을 수 없었다. 노론은 모두 들고일어나 반박했다.

"저군儲君(세자)을 논박하는 일이 어디 있는가?"

노론의 입으로 전락한 삼사의 대사헌 홍계적 등은 오히려 유봉휘를 국문하자고 청하였다. 연잉군은 상소를 올려 자신의 심경을 표현했다.

"유봉휘의 상소에 쓰여 있는 말이 너무 위험해 심장이 떨립니다."

소론 우의정 조태구가 유봉휘를 옹호하자 삼사는 조태구마저 공격했다. 노론은 건저 문제를 논박한 유봉휘를 사형에 처하려 하였다. 이 문제에 강력하게 대응하지 못하면 역모로 몰릴 개연성이 충분했으므로 강경하게 나간 것이다. 그러나 유봉휘를 사형시키면 노론이 연잉군

연잉군 시절 영조의 초상

영조는 이복형인 경종을 독살했다는 콤플렉스에서 평생토록 벗어나지 못했다. 이것은 훗날 사도세자의 비극이 일어나는 씨앗이 된다.

을 임금으로 삼기 위해 임금을 윽박질렀다는 흉흉한 소문이 퍼질 수도 있었다. 연잉군이 다시 상소를 올려 중재에 나섰다.

"유봉휘를 너무 심히 다루면 신의 마음이 편치 못합니다."

결국 유봉휘는 사형에서 한 등급 낮은 유배형에 처해졌고, 이로써 왕세제 책봉 파문도 서서히 가라앉았다.

그런데 이번에는 청으로부터 왕세제를 책봉받는 과정이 문제가 되었다. 부자 상속이 아닌 형제 상속은 드문 예기 때문에 구구한 설명이 필요했다. 청의 사신이 왕자가 몇 명인지 묻자, 노론 영의정 김창집은 연잉군의 작호와 그 부인의 성관姓貫을 자세히 써서 보여주었다. 그런데 이를 본 청 사신이 연잉군을 만나게 해 줄 것을 요구했다. 이에 소론 우의정 조태구가 상소를 올려 반발했다.

"청국에서 열국列國의 임금을 보면 그만이지 배신陪臣인 동생까지 보자는 것은 예에 없는 것입니다. 청국에서 행하는 것도 실례요, 배신이 이를 받는 것도 혐의스러운 일이옵니다. 예에 없는 것을 왜 써서 보여줍니까?"

김창집의 변명은 궁색했다.

"나는 다만 사신이 연잉군에 대해 써 보여 달라고 강청하기에 그리했을 뿐입니다."

뿐만 아니라 왕세제 책봉을 요청하러 청나라에 사신으로 간 이건명은 청의 대신들이 경종의 병에 대해 묻자 이렇게 대답했다.

"위痿입니다."

중국어로 양위陽痿 또는 음위陰痿는 발기불능을 뜻한다. 이는 남자로서 치욕스러운 일이었고 확인된 사실이 아님에도, 노론은 이처럼 국왕 경종을 모욕하면서까지 연잉군을 추대하려 했다. 어쨌든 노론의 이런 기도는 성공해 연잉군은 세제가 되었다. 그러나 노론은 연잉군이 왕세제로 책봉된 것에 만족하지 않았다.

노론이 알지 못했던 경종의 진심

경종을 권좌에서 끌어내려야만 안심할 수 있었던 노론 수뇌부는, 두 번째 정치 일정을 실행에 옮기기로 결정했다. 두 번째 정치 일정은 왕세제 연잉군을 정사에 참여시키는 것, 즉 경종을 사실상의 상왕으로 밀어내는 것이었다. 이번에도 노론 수뇌부는 종3품 사헌부 집의執義 조성복趙聖復으로 하여금 상소를 올리게 해 왕세제의 정사 참여를 주청했다.

"세제가 정사에 참여해야 하옵니다."

이는 사실상 정사에서 손을 떼라는 요구였으며, 동시에 신하가 국왕에게 권력을 나누라고 한 것이나 다름없었다. 태종 때 같았으면 당장 국청 뜰에 피비린내가 진동할 주장이었지만, 경종은 화내지 않고 선선히 받아들였다.

"내가 병이 있어 회복의 기미가 없고 만기萬機를 친람하기 어려우니, 모든 정무를 세제가 처리토록 하라."

이는 노론이 주장한 세제 참정보다 한 발 더 나아간 것이었다. 어쩌면 경종은 이런 일을 예견하고 있었는지도 모른다. 노론의 임금은 자신이 아니라 연잉군임을 알고 있었던 것이다. 승지 이기익李箕翊이 명의 환수를 요청했으나 경종은 거절했다.

이는 사실상의 양위 선언이었다. 더 이상 지켜볼 수 없다고 생각한 소론은 노론과 정면 승부를 하기로 결심했다. 소론 거두 최석정의 아우인 참찬 최석항崔錫恒이 한밤에 급히 입대를 청했다. 밤중에는 임금의 특명이 아니면 입궐할 수 없었으나 소론계 포도대장 이삼李森이 총부에서 숙직하고 있다가 문을 열어 주어 입궐할 수 있었다.

최석항은 승지 이기익이 밤이 늦어 입대할 수 없다고 거절했으나 물러나지 않고 청대를 강청하였다. 경종은 최석항의 입대를 승낙하고 문을 자물쇠로 채우라고 명령했다. 경종은 한밤의 이 입대가 무엇을 뜻하는지 알고 있었으며, 또한 노론이 자신을 몰아내려 한다는 사실도 알고 있었다.

소론 영수 최석항은 엎드려 울면서 명의 환수를 청했다. 최석항의 눈물을 본 경종이 한 발 물러났다.

"내 다시 생각해 보겠다."

하지만 최석항은 여기서 그치지 않았다. 지금 명을 거두지 않으면 내일 노론이 다른 수를 쓸 것이 분명했기 때문이다. 이날 중으로 명을 거두어야 한다고 생각한 최석항은 계속 명을 환수해 달라고 요청했다. 시간은 흘러 새벽이 되었다. 경종은 드디어 결심했다.

"환수하는 것이 옳겠다."

그러나 노론이라고 가만있지는 않았다. 자체 정보망을 통해 최석항의 입궐 소식을 들은 노론의 이건명과 병조참판 김재로金在魯가 궐하闕下로 달려왔다. 하지만 경종이 이미 명을 환수한 뒤였다. 이건명은 승지 이기익을 힐난했다.

"한 재신宰臣에 지나지 않은 최석항이 한밤중에 입대하기를 청하였으면 승지가 들이지 말았어야 할 것 아닌가?"

하지만 이미 엎질러진 물이었고, 노론은 공포에 휩싸였다. 그런데 이 시점에서 뜻밖의 일이 벌어진다. 명을 환수한 지 3일 후 경종이 시·원임 대신과 2품 이상 고위 관료 그리고 삼사 장관을 소집해 다시 세제의 대리청정을 명한 것이다. 이 의외의 명령에 소론은 물론 노론도 혼란에 빠졌다. 경종의 진정한 의중이 무엇인지 알 수 없었던 것이다. 어쩌면 경종은 그대로 왕위에 있다가는 목숨이 위험하겠다고 생각해 차라리 왕위를 내놓으려고 했는지도 모른다.

그러나 이번의 명은 노론이라 해도 그대로 받을 수 없었다. 결국 노론도 명의 철회를 요청하는 정청庭請에 참여했으나 경종은 명을 철회하지 않았다. 3일 동안 정청하면서 명의 철회를 요청해도 경종이 허락하지 않자, 노론은 대리청정 명이 경종의 진심이라고 생각했다.

이에 김창집 등 노론 수뇌부는 구수회의鳩首會議를 통해 정청을 중지하고 세제 대리청정을 받아들이기로 결정했다. 김창집·이건명 등 노론 4대신은 숙종 때의 고사에 따라 세제에게 대리청정케 하라고 요청하는 연명 차자를 올렸다. 숙종 때 경종이 왕세자로서 용인用人·용병用兵·형인刑人을 제외하고 대리청정한 전례에 따라 세제 연잉군에게도 그렇게 하자는 것이었다.

숙종 때의 대리청정이 세자 경종을 내쫓기 위한 것이었다면 이번의 대리청정은 국왕 경종을 무력화시키기 위한 것이었다. 이는 사실상 세제 연잉군과 집권당 노론이 손을 잡고 경종을 권좌에서 내모는 것과 같았다.

소론 최석항은 즉각 이를 비난하는 상소를 올리고 이태좌李台佐 등 다른 소론 대신들과 만나 대책을 협의하였다. 또한 당시 대간들의 탄핵을 받은 소론 우의정 조태구도 즉각 입대를 요청했다. 승정원에서는 탄핵중인 신하는 청대할 수 없다며 면담 주선을 거부했으나, 조태구는 물러서지 않고 승정원과 옥신각신하며 다투었다. 그러던 차에 경종의 전교가 내려왔다.

"우상이 들어왔다 하니 곧 인견케 하라."

관례를 무시하고 조태구를 만나겠다는 말이었다.

노론은 당황했다. 이는 곧 세제 대리청정 명령이 경종의 진심이 아니란 뜻이었기 때문이다. 경종이 조태구를 만나고 있다는 소식을 들은 노론 대신들은 서둘러 대궐로 달려갔다. 영의정 김창집 · 영부사 이이명 · 좌의정 이건명 등이 지름길로 내달려 청대했으나 이미 때는 늦었다. 소론 조태구가 대리청정 명을 철회하라고 요청하고 있는데, 노론 김창집이라고 세제에게 정권을 주라고 청할 수는 없었다. 그것은 "나는 역적입니다"라고 자인하는 것과 같았다. 결국 대리청정 명은 다시 환수되었다.

이에 분노한 노론은 경종에게 따지기까지 했다. 대간 홍석보는 "오늘 우상이 온 것을 어떻게 아셨습니까?"라고 물었다. 이는 사전에 조태구와 교감이 있지 않았느냐는 비난이었다. 승지 홍계적은 한 술 더 떴다.

"승정원의 법이 이렇게 무시되니 더 이상 승정원을 둘 필요가 없습니다."

자신들의 주선 없이 마음대로 대신을 만나는 법이 어디 있냐는 반발이었으니, 이 무렵의 승정원은 임금을 위해서가 아니라 소속 정당을 위해 존재하는 셈이었다. 양사 대간들의 장계는 이보다 더했다.

“조태구가 내관과 사귀어 임금을 가만히 만나기를 꾀하였으니, 이는 중종 대왕 때 남곤南袞이 밤중에 북문을 몰래 연 일과 같습니다. 여러 내관 중에 조태구와 내통한 자를 잡아서 심문해야 합니다.”

탄핵을 맡은 대간들이 국왕의 권력을 뺏으려는 대리청정 명에는 분노하지 않고, 오히려 대리청정 명을 환수하라는 요청에 분개하는 판국이었다. 그러나 경종은 이에 대해 변명해야 할 정도로 고립된 임금이었다.

“내가 진수당進修堂에 앉아 있는데 합문 밖의 길 인도하는 소리를 듣고 우상이 들어오는 것을 알았다. 내관들은 아무 잘못이 없다.”

“이 역적 놈들아!” 하고 분개할 일에 오히려 변명을 해야 했으니 국왕이란 이름이 무색한 지경이었다.

세제 대리청정을 둘러싸고 반전에 반전을 거듭한 이 소동은 소론에게 좋은 공격의 명분이 되었다. 이 소동을 통해 노론이 경종을 임금으로 여기지 않는다는 사실이 입증되었기 때문이다. 이미 결정된 사안에 대한 노론의 이의 제기는, 소론으로 하여금 극단적인 조치를 취하게 하는 구실을 제공했다. 분개한 소론 강경파는 경종 1년(1721) 거듭된 천재지변으로 구언한 것을 기회로 여겼다. 이들은 이 구언을 이용해 김일경金一鏡을 소두疏頭로 삼고, 서종하徐宗廈 · 박필몽朴弼夢 · 이명의李明誼 · 이진유李眞儒 · 윤성시尹聖時 · 정해鄭楷 등 7인이 연명으로 상소를 올려 노론을 역적으로 규탄하고 나섰다. 대반격의 시작이었다.

“삼강 중 군위신강君爲臣綱이 으뜸이며 오륜의 첫머리도 군신유의君臣有義인데, 이것들이 오늘날같이 무너진 적이 없었습니다. 주상(경종)의 형세는 날로 어려워지고 흉한 무리는 점점 성하여 군신을 나누는 구분과 의리가 없어졌습니다. 공자는《춘추春秋》를 지어 임금을 섬기는 의를 엄하게 하고 신하의 분수를 한결같이 지키도록 했습니다. 오늘날 조정 신하가 목숨을 걸고 대리청정의 명을 중지시켜야 했는데, 정청으로 책임이나 회피하고 3일 만에 연명 차자를 올려 '유사有司로 하여금 절목을 정하여 세제 대리청정을 거행하도록 하소서'라고 하였으니, 이것이 어찌 신하로서 감히 입 밖에 낼 수 있는 말이겠습니까? 조성복이 상소로 시험하고 차자로 끝을 맺었습니다. 엄한 법과 형벌이 어찌 가난하고 천한 자에게만 엄하고 권세 있는 자에게는 시행되지 않는 것입니까? 엎드려 원하건대 세제 참정을 주장한 적신 조성복과 4흉四凶(노론 4대신)을 모두 법으로 처단하여 용서하지 마소서. 임금을 업신여기고 무엄했던 승정원과 삼사의 죄를 징토하소서."

노론 4대신을 4흉으로 지목하는 대담한 상소였다. 이 상소에 노론은 경악했다. 자당의 영수들을 '흉凶'이라 지칭하였으니 경악하지 않을 도리가 없었다. 노론은 경종이 이 상소를 내치리라고 예상했다. 그러나 경종의 비답은 노론의 예상을 완전히 비웃는 것이었다.

"응지應旨하여 진언한 것을 내가 깊이 가납한다."

노론은 놀라지 않을 수 없었다. 자당의 영수들을 '4흉', '적신'으로 공격한 상소를 가납한다는 것은, 경종이 자신들을 역적으로 여긴다는 뜻이었다. 노론계 승지 신사철申思喆 · 이교악李喬岳 · 조영복趙榮福 등이 김일경을 처벌하라고 요청했다. 이 상소에 경종은 "나의 속마음을 떠본다"며 화를 내고 승지와 삼사 전원을 파직시켰다.

경종은 상소 당일 김일경을 이조참판으로 제수하는, 그로서는 아주 드문 전격적이고 파격적인 조치를 취했다. 그리고 병조판서 이만성, 예

김일경의 단소

경종의 충신이었으나 영조에게는 역적인 되었던 김일경은 죽음의 국문장에서도 영조를 향해 "시원하게 나를 죽이라"고 조롱하는 등 저항하다 끝내 목숨을 잃었다.

조판서 이의현, 호조판서 민진원, 형조판서 홍치중洪致中 등 노론 판서들을 대거 경질하고, 소론 최석항을 병조판서, 이광좌李光佐를 예조판서, 이조李肇를 형조판서, 김연金演을 호조판서로 임명했다.

대전환의 시작이었다. 이로써 내내 노론에게 밀리던 소론이 일거에 정권을 장악했다. 이 해가 신축년(1721)이라 하여 김일경 등의 상소를 '신축소'라 하고, 이 정권 교체를 '신축환국'이라 부른다.

이에 대한 사신의 평을 보자.

"주상께서 즉위하신 이래 과묵하고 방관하는 듯하다가 하룻밤 사이에 건단乾斷(하늘을 가를 정도로 과단성 있게 다스림)을 크게 휘둘러 군흉群凶을 물리치고 사류士類를 올려 쓰니, 천둥이 울리고 바람이 휘몰아치며 하늘과 땅이 뒤집히는 듯하였으므로, 사람들이 비로소 주상이 재덕才德을 숨기어 감추고 있었음을 알았다."

조정을 뒤흔든 목호룡의 고변

노론은 경종을 만만하게 보다가 전격적으로 당했다. 그러나 이것이 끝은 아니었다.

신축환국 다음 해인 1722년(임인년), 목호룡睦虎龍이 노론을 역모로 몰면서 엄청난 파문이 발생했다. 목호룡은 노론이 경종을 살해하려 했다고 고변했는데 그 구체적인 내용을 보면, 자객을 보내 살해하는 대급수大急手, 궁녀를 통해 어선御膳(임금의 음식)에 독약을 넣게 하는 소급수小急手, 숙종의 유조遺詔를 위조해 경종을 폐출하는 평지수平地手를 쓰려고 했다는 것이었다. 이를 3급수라 하는데, 그 중 가장 온건한 방법인 평지수의 예를 들면, 노론이 숙종의 국상 때 상궁 지씨와 환관 장세상張世相을 시켜 "세자(경종)를 폐위시켜 덕양군德讓君으로 삼는다"는 내용의 위조된 유조를 내리려 했다는 것이다. 말하자면 평지수는 숙종43년(정유년) 숙종과 이이명 사이의 밀약인 '정유독대'의 내용을 실현하려 했던 셈이다.

이 사건에는 이이명의 아들 이기지李器之 · 이사명李師命의 아들 이희지李喜之 · 김창집의 손자 김성행金省行 · 김춘택金春澤의 종제 김용택金龍澤 · 정발鄭撥의 손자 정인중鄭麟重 등 노론 4대신의 자제들이 대부분 관련되었다. 이 사건은 정국에 엄청난 충격과 여파를 가져왔다. 노론에서는 이 사건이 소론의 정치 공작이라고 주장했고, 목호룡의 출신 성분을 문제 삼기도 했다.

남인가의 천얼賤孽로서 종친 청릉군青陵君의 가노였던 목호룡은, 뛰어난 머리로 풍수를 익힌 후 지관으로 이름을 날려 세제 연잉군 사친私親의 장지를 정해 주고, 그 대가로 속신되어, 왕실 소유의 장토庄土를 관리하는 궁차사宮差使까지 올라 부를 축적한 입지전적인 인물이었다.

그러나 고변 자체가 목호룡의 완전한 창작품은 아니었다. 노론 일각에서 경종을 임금으로 여기지 않은 것은 사실이었다. 따라서 목호룡의 고변으로 시작된 임인옥사는, 노론 일부의 행동이 노론 전체의 행위로 확대된 것이었다. 목호룡이 김용택 · 이천기李天紀 · 이희지 등을 통해 역모를 알았다고 고변한 것이 이를 반증한다. 즉 목호룡은 노론이 임금으로 추대하려는 연잉군 사친의 장지를 정해 준 인물이므로, 이들이 믿고 발설했을 가능성은 충분히 있다.

역모로 몰린 노론 명문가의 자제들은 자칫 말 한마디에 멸문지화를 당할 수 있음을 알았으므로, 자백을 거부하고 고문 속에서 죽어갔다.

김용택 · 이천기 · 이기지 · 이희지 · 백망白望 · 장세상 · 홍의인洪義人 · 홍철인洪哲人 등 20여 명이 심한 고문에도 혐의를 부인하다 죽었다. 이처럼 중요 혐의자 대부분이 장하의 귀신이 되었으나 소론은 여기서 만족하지 않았다. 소론의 목표는 노론 명문가 자제들이 아니라 노론 4대신이었다. 대사간 이사상李師尙 · 헌납獻納 윤회尹會 · 장령 이경열李景說 등 대간 등은 합계하여, "4흉의 자제들이 역모에 얼키설키 관련되었으니 이들을 처형"하라고 주청하고 나섰다. 노론 4대신은 궁지에 몰렸다.

심지어 노론 4대신 중 이사명의 동생 이이명은 이들에 의해 임금으로 추대되었다는 혐의를 받기도 했다. 그리고 이 사건에 깊숙이 관련된 김성행의 조부 김창집은 숙종 때 세자 대리청정을 종묘에 고묘하는 것을 반대한 것이 역심이란 혐의를 받았고, 그 아들 김제겸金濟謙은 목호룡을 죽이려 했다는 혐의를 받았다. 또한 이건명은 대리청정 철회를 청한 최석항을 비판했던 일이 죄목으로 지적되었으며, 조태채는 세제 대리청정을 받아들이는 연명 차자에 서명했다는 혐의를 받았다.

이 중 이이명이 임금이 되려 했다는 것은 조작의 의혹이 짙지만, 이미 정권은 소론에게 넘어간 상황이었다. 노론 4대신은 끝내 이 공세에서 벗어나지 못하고 모두 사형당하고 말았다. 그나마 참형에서 사사로 감형되어 시체에 목이 붙어 있는 것을 다행으로 여겨야 할 판국이었다.

목호룡의 고변, 즉 임인옥사로 인한 노론의 피해는 극심했다. 사형당한 인물이 20여 명, 국문을 받다 장살된 이가 30여 명, 그 밖의 이들 가족이거나 관련이 있다는 이유로 교살된 이가 13명, 유배된 이가 114명이었다. 여기에 집안의 몰락을 보다 못해 목숨을 끊은 부녀자가 9명이었고, 연좌된 인물이 173명이었다. 역모로 연좌되면 남자는 죽이고 여자는 노비로 삼는데, 그 치욕을 견디지 못한 명문가의 부녀자들이 자진의 길을 택한 것이다.

장희빈 사사에서 임인옥사에 이르는 일련의 사건들은, 상대 당을 소멸시켜야 할 정적으로 보게 할 정도로 노론과 소론 모두에게 뼛속 깊은 원한을 갖게 했다. 그런데 이보다 더 심각한 문제는 노론은 국왕 경종에게, 소론은 세제 연잉군에게 깊은 원한을 갖게 되었다는 점이다. 정조 때 노론 윤구종尹九宗이 경종이 묻힌 의릉懿陵 앞을 지나가다 "노론은 경종에게 신하의 의리가 없다"며 말에서 내리기를 거부한 사건은 경종에 대한 노론의 깊은 불신을 말해 준다.

그러나 무엇보다 임인옥사가 지닌 가장 큰 문제는, 사건 판결문인 〈임인옥안壬寅獄案〉에 세제 연잉군의 이름이 역적의 수괴로 등재되었다는 사실이다. 국문 과정에서 연잉군이 서덕수와 김만기의 손자 김복택金福澤을 통해 노론이 자신을 임금으로 선택한 사실을 통보받았다는 내용이 서덕수의 입을 통해 나옴으로써 공초에까지 기록된 것이다. 연잉군이 그 제의를 거부하지 않은 것은 곧 신하가 임금을 선택하는 '택군擇君'을 수락한 것이었다. 이는 사형에 해당하는 중죄였다. 만약 경종이 보호하지 않았다면 연잉군은 사형당했을 것이다.

이 사건 이후 세제 연잉군의 처지는 급박해졌다. 김일경 같은 소론 강경파는 연잉군을 더 이상 세제로 인정하지 않았다. 소론 강경파는 예전에 노론이 그랬던 것처럼 연잉군을 세제 자리에서 끌어내리려 했다. 게다가 정권을 소론이 지니고 있었으니, 연잉군의 처지는 바람 앞의 촛불이었다.

적발하여 사형에 처하라

경종과 선의왕후 어씨의 양자 영입 움직임에 놀란 노론은 세제 책봉을 성공시켜 이를 저지하고 대리청정까지 나갔으나 왕조 국가에서 이는 무리수였다. 그 무리수가 김일경을 중심으로 한 소론 강경파의 극단적 반발을 낳았고, 그 반발은 목호룡의 고변으로까지 이어져 결국 노론 4대신이 사형당하고 말았다.

소론은 임인옥사로 노론을 몰락시켰으나 문제는 살아남은 연잉군이었다. 정권을 잡은 소론 강경파로서는 연잉군을 세제로 놔둘 수 없었다. 훗날 연잉군이 즉위하면 자신들이 죽을 것은 불문가지였다. 더구나 연잉군은 옥사의 공초에 이름이 거론된 인물이었다. 조선의 종친 중 역안에 이름이 거론되고도 살아남은 예는 극히 드물었다. 역모에 관련되면 혐의만으로도 죽게 마련이었으니, 연잉군처럼 구체적인 증거가 드러난 경우는 말할 것도 없었다.

〈임인옥안〉에 역적의 수괴로 등재된 세제 연잉군의 처지는 아주 궁색해졌다. 소론 강경파는 연잉군을 폐위시키려 했고, 소론 강경파의 권유를 받아들인 선의왕후 어씨는 다시 양자를 들이려 했다. 양자를 들일 경우 연잉군은 보위는커녕 목숨조차 보존할 수 없었다.

선의왕후 어씨가 보기에 연잉군은 얼굴로는 복종하는 척하지만 뱃속으론 배신하는 두 마음을 가진 음흉한 시동생이자 경종을 몰아내려 한 역적일 뿐이었다.

김일경은 박상검朴尙儉·석열石烈·필정必貞·문유도文有道 등 세제궁의 궁인들을 시켜 연잉군 제거 작전을 개시했다. 이들은 대궐 곳곳에서 연잉군을 압박했다. 심지어 대궐 안의 여우를 잡는다는 구실로 덫을 놓아 연잉군이 경종을 만나러 가는 길을 차단하기도 했다.

위기감을 느낀 연잉군은 대비 인원왕후 김씨에게 눈물을 흘리며 호소했으나 정권이 소론에게 있는 이상 대비도 다른 방법이 없었다. 대비가 경종에게 가서 고하라고 물러서자, 연잉군은 경종에게 자신이 겪고 있는 박해를 설명하며 도움을 요청했다. 비록 이복형이긴 했지만 경종은 지상에 단 둘뿐인 숙종의 아들이자 형제였다.

그런데 연잉군의 호소를 들은 경종은 아주 뜻밖의 거조를 보인다. 경종은 박상검 등을 잡아들이라고 명령을 내렸다가 돌아서자마자 이 명령을 거두어 버렸다. 이는 경종의 속마음이 세제 폐위에 있음을 뜻하는 것이었다. 연잉군에게 있어 세제 자리에서 쫓겨난다는 것은 곧 목숨을 잃는 것을 뜻했다. 왕비 어씨가 들인 양자가 즉위하면 한때 세제였던 그를 살려 두지 않을 것이기 때문이다.

다급해진 세제 연잉군이 다시 환관 박상검 등을 처벌할 것을 주청하자 경종은 벌컥 화를 내며 연잉군을 꾸짖었다. 《경종실록》에 "갑자기 감히 듣지 못할 하교를 내리셨다"고 기록되어 있을 정도로 심한 꾸짖음이었다. 경종은 연잉군을 버린 것이었고 따라서 연잉군의 폐위는 기정사실이었다. 두려움에 휩싸인 연잉군은 마지막 수단으로 세제궁의 궁관 김동필金東弼 등을 통해 세제 사부를 비롯한 조정 대신들에게 도움을 요청했다. 그러나 당시 조정을 장악하고 있던 소론이 노론인 연잉군을 도와줄 리는 없었다.

그런데 뜻밖에도 소론 온건파가 연잉군 편을 들고 나섰다. 소론 온건파인 영의정 조태구는 경종에게 박상검 등을 처벌하라고 주청했다.

"옛사람은 환관을 집안의 종에 비유하였으니 박상검 등을 시험 삼아 사가私家의 예로 말한다면, 지금의 형세는 종의 말을 듣고 형제가 화합하지 못하는 것입니다. 이러면 그 집안이 흥하겠습니까, 망하겠습니까? 전하께서는 어찌 집안의 종을 아끼셔서 동궁의 마음을 위로하지 않으십니까?"

역시 소론 온건파인 최석항도 이에 가세했다.

"선왕의 골육은 단지 전하와 동궁만이 계십니다. 이제 세제를 세워 국본이 안정되었는데 한두 환관이 감히 이간하여 동궁을 불안하게 했습니다. 종사가 보존되느냐 망하느냐가 호흡 사이에 달려 있으니 빨리 국청을 설치하여 법을 바로잡으소서."

하지만 경종은 이들의 주청에 아무런 답도 하지 않았다. 한참 지난 후에야 무슨 말을 했는데, 입 속에서만 중얼거렸기 때문에 알아들을 수가 없었다. 조태구가 다시 나섰다.

"잘 듣지 못했으니 옥음을 자세히 듣기 원합니다."

경종이 조금 크게 말했다.

"적발하여 정법正法(사형)하라."

연잉군이 던진 승부수가 효과를 발휘해 폐위의 위험에서 벗어나는 순간이었다. 그러나 이것으로 모든 일이 끝난 것은 아니었다. 소론 강경파는 여전히 연잉군을 인정하지 않았고, 기회만 생기면 언제라도 내쫓으려 시도할 것이었다. 김일경과 소론 강경파는 여전히 강성했다.

이제 연잉군이 믿는 바는 소론 온건파밖에 없었다. 그런데 경종 3년(1723) 소론 강경파인 김일경과 온건파인 이광좌 · 조태억趙泰億 사이에 내홍內訌(내분)이 발생했다. 대제학 자리를 둘러싼 싸움 때문이었다.

'문형文衡'이란 별칭으로도 불리는 대제학은 당대 제일의 학자가 맡는 것이 관례였으므로 문신이라면 누구나 탐내는 자리였다. 당시 후임자 추천의 임무를 맡은 전 대제학 강현姜鋧이 김일경을 으뜸 후보인 수망首望으로 추천하자 부교리 정수기鄭壽期가 강현을 탄핵하고 나섰고, 이에 김일경이 이사상에게 정수기를 비판하는 편지를 보낸 것이 문제가 되어 이광좌 · 조태억과도 사이가 벌어진 것이다.

정수기가 김일경이 자신을 무함한다며 상소를 올리자 김일경도 상소를 올려 대응했다.

"신은 어리석어 자신을 위한 계책은 생각하지 않고 망령되게 임금의 원수는 꼭 토죄하고 나라의 역적은 반드시 죽여 종사를 안정시킬 것을 기약했습니다. 한편 명문가에 죄를 얻을 것을 염려하지 않은 것이 오늘의 화가 생긴 원인이 되었습니다."

김일경은 이렇듯 자신이 공격당하는 원인이 역적을 강하게 토죄한 것과 명문가와 부딪친 것 때문이라고 주장하며 사직을 청했다. 그러나 경종은 김일경의 사직을 허용하지 않았다. 김일경은 재차 상소를 올려 사직을 청했다.

"삼가 살펴보건대 전하께서는 위에 고립되어 계시고 국세는 아직도 위태로운 지역에 처해 있는데, 흉역의 남은 무리는 아직도 위세가 왕성합니다. 아! 4흉을 주토誅討한 것은 모두 전하의 위단威斷이 아닌 것이 없는데, 나라 안에서는 신이 한 것이라 하여 거실巨室(명문가)의 미움을 사고, 원수처럼 여겨 덫을 만들고, 함정을 파 신을 기다린 것이 하나 둘로 세기가 어렵습니다."

노론 4대신을 사형시킨 것은 경종인데 사람들이 자신을 지목한다며 사직을 청한 것이다. 그러나 경종은 이 상소에도 사직을 허락하지 않고, 오히려 두 달 후인 재위 3년 6월에 그를 도승지로 삼아 최측근에 두었다. 그리고 이어 유봉휘를 이조판서, 김연을 호조판서, 김일경을 형조판서로 삼고, 김일경과 같이 상소했던 이진유李眞儒를 대사헌으로 삼음으로써 소론 강경파를 전진 배치했다.

이런 공방이 계속되던 와중인 경종 4년(1724) 4월, 김씨 성을 가진 궁인이 임금의 어선에 독을 탔다는 혐의를 받게 되었다. 삼사에서 입대하여 이 사건을 철저히 조사하자고 하였으나 경종은 "원래 그런 일이 없었다"며 조사 자체를 거부했다.

임금의 어선에 독을 탄 사건은 자칫 엄청난 파문을 일으킬 수도 있었다. 그런데 경종이 조사 자체를 거부한 이유는 대비 인원왕후 김씨가 무마에 나섰기 때문이었다. 대비 김씨는 숙명공주淑明公主의 며느리인 이진유의 고모를 불러 이렇게 말한다.

"김성金姓 궁인이 정말 의심스럽다면 주상께서 어찌 윤허하지 않겠는가? 나 역시 분명히 조사해 내고 싶지 않으랴만 궁중에 실제 그런 인물이 없기 때문에 찾아내지 못하고 있는 것이다."

목호룡의 고변에서 소급수로 분류된 어선에 독을 넣은 사건은 철저히 조사해 그 진위를 가려내야 했다. 그러나 대비는 오히려 조사 자체를 중지시키려고 했다. 대비 김씨가 이진유의 고모를 부른 것은 사건 조사의 책임을 지고 있던 대사헌 이진유를 움직여 조사를 무산시키려는 의도였다. 이진유는 고모의 설명을 듣고 다시 이 논의를 주장하지 않았으나 김일경 · 신치운申致雲 · 박필몽 같은 다른 소론 강경파는 사건을 계속 확대하려 하였다. 사건 3개월이 지난 경종 4년 7월에는 삼사에서 재이災異가 발생하는 것은 김씨 궁녀를 사형시키지 않은 탓이라고 주청하기도 했으나 경종은 끝내 들어주지 않았다.

경종의 독살을 확신한 소론

경종은 이렇듯 어선에 독을 넣은 사건에 관한 조사 여부로 공방이 계속되는 와중에 병석에 눕게 되었다. 그의 병환에 실제로 독약 등의 외력이 작용했는지 여부는 알 수 없으나, 우의정 이광좌는 내의원의 입진으로 계언을 올리면서 다시 김씨 궁인에 대한 조사를 주장했다.

"독약을 쓰는 것이 얼마나 큰 죄악인데, 전하를 모해한 사람이 궁중에 있는데도 조사해 법대로 처리하지 못한다면, 어찌 이런 신자臣子가 있겠습니까? 그 사람은 계집종에 불과한데 전하께서는 무엇이 어려워 이렇게 해이하고 완만하게 하십니까?"

그러나 이때도 경종은 "그런 일이 없다"고만 대답했다. 물론 이는 대비를 의식한 행동이었다. 이런 공방이 계속되는 와중인 재위 4년 8월 2일 경종의 병이 갑자기 위급해졌다. 한열寒熱의 징후가 심해진 것이다. 경종의 병환이 심해지자 왕세제가 전면에 나서 병구완을 총지휘했다.

약방에서 시진탕柴陳湯과 우황육일산牛黃六一散, 곤담환滾痰丸 등의 약제를 올리고, 어의 이공윤李公胤이 도인승기탕桃仁升氣湯을 올렸지만 모두 효험이 없었다.

경종은 8월 6일 창경궁 환취정環翠亭으로 옮겨 몸조리를 했는데, 다음날 설사 기운이 있는데다 한열까지 겹쳐 약방에서 시호백호탕柴胡白虎湯을 지어 올리고, 약방제조가 본원에서 숙직하였다. 그런데도 경종이 한열 때문에 수라를 거의 들지 못하자 우선 복약服藥을 정지하도록 청하고, 소변이 잘 나오지 않으므로 시령탕柴苓湯과 육군자탕六君子湯을 올렸으나 환후가 허하고 피로가 중첩되었다.

이런 와중에 두고두고 문제가 되는 결정적인 사건이 발생한다. 8월 20일 대비전에서 게장과 생감을 보낸 것이다. 어의 이공윤은 물론이고 다른 어의들 모두가 게장과 생감은 의가醫家에서 꺼리는 음식이라며 올리지 말라고 권유했으나, 세제 연잉군은 어의들의 반발을 누르고 이를 진어했다. 경종은 연잉군이 올린 게장 덕택에 입맛을 조금 되찾아 평소보다 많은 수라를 들었다. 그러자 세제는 어의들의 반발을 무릅쓰고 다시 생감을 권했다.

바로 그날 밤부터 경종의 가슴과 배가 조이는 듯 아파왔다. 어의들은 낮의 게장과 생감이 원인이라며 두시탕豆豉湯과 곽향정기산藿香正氣散을 처방했다. 그러나 복통과 설사가 더욱 심해졌고, 약방에서는 황금탕黃芩湯을 지어 올렸으나 설사 증후가 그치지 않아 정신이 혼미해졌다. 이에 내의원에서는 탕약을 정지하고, 인삼과 좁쌀로 끓인 죽을 올렸다.

이런 혼돈 속에서 다음 날 또다시 연잉군과 어의들이 경종에 대한 처방을 놓고 심하게 대립한다. 경종의 상태가 호전되지 않자 세제 연잉군이 "인삼과 부자附子를 급히 쓰도록 하라"는 명을 내린 것이다. 이 처방에 어의 이공윤은 강하게 반발했다.

"삼다蔘茶를 쓰면 안 됩니다. 제가 처방한 약을 진어하고 다시 삼다를 올리면 능히 기를 돌리지 못할 것입니다."

즉 이공윤은 조금 전 자신이 올린 계지마황탕桂枝麻黃湯과 삼蔘이 서로 상극이란 이유로 반발한 것이다. "능히 기를 돌리지 못할 것"이란 말은 세상을 떠날 것이란 극언으로, 함부로 내뱉을 수 있는 말이 아니었다. 그러나 세제 연잉군은 도리어 이공윤을 꾸짖고 나섰다.

"사람이란 본시 자기의 의견을 세울 곳이 있기는 하나, 지금이 어느 때라고 자기 의견을 세우려고 인삼을 못 쓰게 하는가?"

세제는 결국 어의의 반대를 무릅쓰고 인삼과 부자를 올렸다. 조금 후 경종의 눈동자가 조금 안정되고 콧등이 다시 따뜻해졌다. 그러자 세제 연잉군이 말했다.

"내가 의약의 이치는 알지 못하나 인삼이 양기를 회복시키는 것은 안다."

그러나 '의약의 이치'를 모르면 전문가의 말을 따라야 했다. 경종의 눈동자가 조금 안정되고 콧등이 따뜻해진 것은 꺼져 가는 촛불의 마지막 산화였을 뿐이다. 결국 경종은 그날을 넘기지 못하고 새벽 3시경 환취정에서 승하하고 말았다. 재위 4년 8개월, 만 36세의 한창 나이였다.

대비가 극구 조사를 막았던 김씨 궁인의 독약 사건, 대비전에서 나온 게장과 생감, 그리고 어의와 다투어 가며 올린 삼다, 이 세 가지 사건은 모두 경종의 죽음과 관련이 있었다.

대비와 연잉군이 경종을 살리기 위해 게장과 생감, 인삼차를 올렸는

서울시 성북구 석관동에 있는 경종의 의릉

재위 기간 동안 노론 측으로부터 심각한 정치적 압력을 받았던 경종은 갑작스레 죽음을 맞았다. 그리고 대비전에서 보낸 게장과 생감, 그리고 연잉군이 올린 삼다는 경종 독살에 대한 의혹을 증폭시켰다.

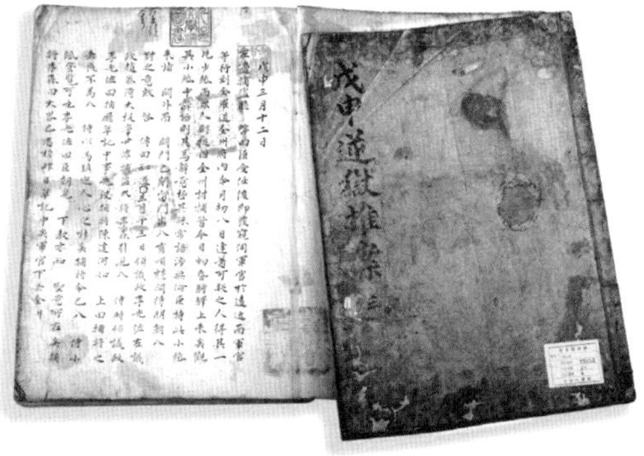

이인좌李麟佐의 난 관련자들을 국문한 기록을 담고 있는 《무신역옥추안戊申逆獄推案》

이인좌의 난을 주도한 이들은 경종이 독살되었다고 믿어서 군중에 경종의 위패를 걸어 놓고 조석으로 곡을 했다고 한다.

지 아니면 죽이려고 올렸는지는 그들만이 알 것이다. 하지만 경종의 병환을 둘러싼 대비와 연잉군의 이런 행적은 분명 문제가 있었다. 당대 제일의 의사였던 이공윤의 반대를 무릅쓰고 올린 게장과 생감, 그리고 자신의 처방과 상극이라고 진단한 의원을 윽박질러 가며 올린 인삼차는 대비와 연잉군의 과거와 관련되어 무수한 뒷말을 낳기에 충분한 소재들이었다.

노론과 결탁해 경종을 죽이려 한 혐의로 〈임인옥안〉에 이름이 올라 있던 연잉군은, 처방을 가지고 어의와 다툴 처지가 아니었다. 더구나 이공윤은 강한 처방을 주로 사용해 명성을 얻은 의원이었다. 졸지에 임금을 잃은 소론이 대비와 연잉군을 의심할 것은 분명했다. 특히 소론 강경파는 경종이 독살되었다고 확신했다.

이런 의심 속에서 세제 연잉군이 즉위했으니 그가 바로 영조다. 노론에 의해 세제로 추대된 전력이 있던 그가 소론 임금의 뒤를 이어 즉위한 것이다. 소론 강경파는 영조를 임금으로 인정하지 않았다.

영조 4년(1728) 선왕 경종을 독살한 역적들에 대한 복수를 외치며 일어난 이인좌의 난은, 단순한 반란이 아니라 경종의 죽음을 둘러싼 이런 의혹의 소산이었다.

또한 영조 31년(1755) 나주 벽서 사건 때 신치운이 국문을 당하면서 "나는 갑신년(경종 4)부터 게장을 먹지 않았소"라고 말한 것은 경종 독

나주 객사의 금성관

이곳에 영조의 치세를 비방하는 벽서가 붙으면서 나주 벽서 사건이 발생한다.

살설이 얼마나 뿌리 깊은 의혹인지를 보여준다. 신치운은 경종이 죽은 갑신년에 숙종의 계비 인원왕후와 세제 영조가 공모해 경종을 죽이지 않았느냐고 직접 따진 것이다.

영조는 신치운과 그 가족을 이괄李适의 예에 의거해 처리할 정도로 이 말에 민감하게 반응했다. 신치운이 삼족이 멸족당할 것을 알면서도 영조의 면전에서 사실상 "당신이 선왕을 죽인 것이 아니냐"고 토해 낼 정도로, 남인과 소론에선 경종 독살설을 사실로 받아들이고 있었다.

경종 독살설은 나주 벽서 사건에서 끝나지 않고 나아가 조선 왕실 사상 최대의 참변인 사도세자思悼世子의 비극과도 연결된다. 그야말로 비극이 비극을 낳고, 죄가 죄를 낳은 악순환의 고리가 경종 독살설이었다.

4장

개혁 군주의 좌절

제22대 정조

1752~1800년, 재위 1776~1800년

《정조실록》24년 6월 28일(사망 당일)

왕대비(정순왕후)가 "내가 직접 받들어 올리고 싶으니 경들은 잠시 물러가시오"라고
분부하므로, 심환지 등이 명을 받고 잠시 문 밖으로 물러나왔는데,
조금 뒤 방 안에서 곡하는 소리가 들렸다

화병과 연훈방

경종 시대부터 조선의 당쟁은 새로운 국면에 접어들었다. 이전의 당쟁은 신하들 사이의 투쟁이었다. 적어도 임금 자체를 적으로 삼지는 않았다. 임금은 신하들 사이의 분쟁에서 최종적인 판결자였다. 그러나 경종 때부터 신하들은 임금에게도 당적을 붙이고 당이 다를 경우 적으로 돌렸다. 임금도 당색에서 자유롭지 못하게 된 것이다.

경종이 소론 군주였다면 영조는 노론 군주였다. 그리고 그런 영조 밑에서 반노론의 기치를 들었던 사도세자는 부왕 영조와 노론에 의해 비참하게 뒤주 속에서 죽어 갔다. 사도세자의 비극은 그가 영조의 외아들이란 점에서 극대화된다. 만약 영조에게 다른 아들이 있었다면 그가 영조의 후사를 이으면 되었다. 그러나 영조의 핏줄은 사도세자가 낳은 네 아들밖에 없었고, 따라서 아버지가 비참하게 뒤주 속에서 죽는 것을 목격한 아들이 즉위할 수 밖에 없었다. 사도세자의 네 아들 중 세손世孫인산祘(정조)만이 세자빈 혜경궁惠慶宮 홍씨 소생이고, 나머지는 모두 세자의 후궁인 양제良娣가 낳은 아들이었다.

사도세자를 죽인 영조는 세손을 일찍 죽은 맏아들 효장세자孝章世子의 아들로 입적시켰다. 세손을 법적으로 사도세자의 아들이 아닌 효장세자의 아들로 만듦으로써 세손의 지위를 보장하려는 의도였다.

그러나 사도세자를 죽음으로 몬 노론 강경파의 생각은 달랐다. 노론 강경파는 세자의 아들이 보위에 오르는 것을 결코 용납할 수 없었다. 또한 불가피하게 사도세자의 아들이 보위에 오른다 해도 그 대상이 세손일 수는 없었다. 사도세자가 죽을 때 영조에게 살려 달라고 울면서 호소했던 그 비참한 유년의 기억을 고스란히 지니고 있을 세손이 즉위한다면, 세자를 죽음으로 몬 노론 강경파에게 어떤 일이 있을지 알 수 없었다. 반드시 삼종의 혈맥을 이은 사도세자의 아들이 즉위해야 한다면, 그 대상은 세손이 아니라 양제 박씨의 아들인 은전군恩全君이어야 했다. 나인 시절 빙애彬愛라고 불렸던 양제 박씨가 사도세자에게 죽음을 당했으므로, 그 아들 은전군은 아버지 사도세자에게 좋지 않은 감정을 갖고 있을 것이기 때문이었다.

이런 판단을 한 노론 강경파는 세손 제거에 나섰다. 사도세자가 죽었을 때 세손의 나이 겨우 열한 살이었다. 10년 이상 대리청정한 스물여덟 살의 세자를 멀쩡한 대낮에 뒤주에 가두어 죽였던 노론의 공세를 겨우 열한 살의 세손이 막기는 쉽지 않았다.

만약 세손의 처리를 놓고 혜경궁 홍씨의 친정인 홍봉한洪鳳漢 집안이 분열되지 않았다면 세손은 즉위하기 어려웠을 것이다. 세자의 장인이자 세손의 외할아버지인 홍봉한은 세자의 죽음에 결정적인 역할을 한

무인 복장을 한 정조의 모습

정조는 즉위 후 장용영壯勇營을 설치하여 노론 세력을 배제한 군권을 확립하였다.

영조의 초상

영조는 즉위 후 탕평책을 펼치며 다양한 정치적 세력을 등용하려 애썼으나 태생적 한계로 인해 노론의 임금으로 전락하게 된다.

인물이었다. 이 시기에는 이처럼 장인이 사위를 죽음으로 몰 만큼 당론이 모든 것을 압도했다.

사도세자가 죽은 3개월 후 사헌부 집의 박치륭朴致隆은 홍봉한이 세자를 죽음으로 몬 장본인이라고 공격하는 상소를 올렸다. 영조는 이 상소에 분노해 박치륭을 서인으로 강등시킨 후 귀양 보냈다. 이때 박치륭의 공격에 반박하여 올린 홍봉한의 상소는 사도세자의 비극에서 그가 맡았던 역할과 세손에 대한 그의 속생각을 잘 말해 준다.

"기사년의 여당餘黨(남인)과 무신년의 여당(소론 강경파)들이 훗날 '생부生父(사도세자)를 위한다'는 말로 (세손을) 부추긴다면 그 추세를 막기 어려울 것이고 그 말에 마음이 쏠려들기 쉬울 것이니, 오늘날 전하의 신하들은 일망타진당하지 않는 자가 없을 것입니다."

외할아버지가 외손자가 즉위했을 경우 '일망타진'당할 것을 걱정하는 이 상소는 당시의 비정상적인 왕조 국가 체제를 단적으로 말해 준다.

이런 홍봉한이 세손의 즉위를 반대했을 것은 불문가지다. 홍봉한의 동생 홍인한洪麟漢도 마찬가지였다. 하지만 혜경궁 홍씨가 부친과 숙부의 이런 정치관을 극력 반대하고 나섬에 따라 정치 일정에 차질이 생긴다.

세손은 세 가지를 알 필요가 없다

혜경궁 홍씨는 자신의 아들인 세손이 즉위해야 한다고 주장했다. 혜경궁 홍씨 덕분에 정승의 지위에 오른 홍봉한은 딸의 눈치를 보지 않을 수 없었다. 이는 세손의 처지에서 볼 때 다행스러운 일이었다. 혜경궁 홍씨의 반대로 홍씨 가문이 분열되었고, 홍씨 형제의 분열은 곧 노론의 분열이었기 때문이다. 홍봉한은 세손에 대해 표면상 침묵했으나 동생 홍인한은 적극적으로 세손의 즉위를 반대하고 나섰다.

홍인한의 세손 제거 방침은 '세손은 세 가지를 알 필요가 없다'는 논리에 집약되어 있다. 재위 51년(1775) 11월 영조는 시 · 원임 대신을 불러 모았다. 세손에게 대리청정시킬 것을 결심한 후 대신들의 동의를 얻기 위해서였다.

"신기神氣가 피곤하니 공사公事를 펼치기가 어렵다. 내가 국사를 생각하느라고 밤에 잠을 설친 지가 오래되었다. 어린 세손이 노론 · 소론 · 남인 · 소북을 알겠는가? 국사와 조사朝事(조정의 일)를 알겠는가? 병조판서와 이조판서를 누가 할 만한지 알겠는가? 나는 세손에게 '전선傳禪(임금 자리를 물려줌)'하고자 하나 어린 세손의 마음이 상할까 두려우므로 대신 대리청정을 시키려 하는데 경들의 생각은 어떠한가?"

세손에게 대리청정을 시키겠다는 뜻이었다. 당시 영조는 82세의 고령이었으므로 언제 세상을 떠날지 알 수 없었다. 국왕이 사망하면 대리청정하던 세자나 세손이 즉위하는 것이 조선의 국법이었으니, 만일 세손이 대리청정하고 있을 때 영조가 급서한다면 노론은 그의 즉위를 막을 방법이 없었다.

그러나 대리청정하는 상황이 아니라면 영조의 계비인 정순왕후貞純王后 김씨의 하교로 세손을 폐위시키고 은전군이나 다른 종친을 즉위시킬 수도 있었다. 15세의 나이로 66세의 영조와 혼인한 정순왕후는 노론 김한구金漢耈의 딸로서 사도세자의 죽음에 큰 공을 세운 인물이었으니 당연히 세손의 즉위를 반대했다.

노론으로서는 세손의 대리청정을 막아야 했다. 이때 좌의정 홍인한이 세손의 대리청정을 반대하며 내세운 논리가 '세손은 세 가지를 알 필요가 없다'는 것이었다.

"동궁은 노론이나 소론을 알 필요가 없고, 이조판서나 병조판서를 누가 할 수 있는지 알 필요가 없으며, 더욱이 국사나 조사도 알 필요가 없습니다."

한마디로 세손은 정사를 알 필요가 없다는 말이었다. 그때 세손의 나이 24세, 숙종이 즉위할 당시보다 무려 아홉 살이나 많은 나이였으니, 홍인한의 이 말은 곧 세손을 제거하겠다는 노골적인 선포였다.

노론이 영조와 세손을 적대적인 관계로 만들었다면 이때 세손은 제거되었을 것이다. 그러나 세손은 현명했다. 그는 결코 영조의 권력을 위협하지 않았다. 영조는 이런 세손을 흡족하게 여겼다. 영조는 사도세자를 죽인 후 이 사건에 대한 자신의 평가를 담은 '금등비서金縢秘書'를 작성했다. 금등이란 쇠줄로 단단히 봉하여 비서를 넣어 두는 상자를 말하는데, 이는 주공周公이 무왕의 병을 낫게 해 주고 대신 자신을 데려가라고 하늘에 빌었던 데서 유래한 것으로, 신하가 임금을 위해 목숨을 바친 것을 비유하는 말이다. 즉 신하인 사도세자가 국왕인 영조 자신을 위해 목숨을 바쳤다는 내용이니, 사도세자 사건에 대한 일종의 후회인 셈이다. 이 후회가 영조에 대한 세손의 효도와 맞물리면서 영조와 세손의 대립을 방지해 주었던 것이다. 영조는 시종일관 세손을 옹호했다.

홍인한의 '세 가지를 알 필요가 없다'는 발언이 있은 며칠 후 영조는 세손과 춘방春坊(세자궁) 관원들을 입시케 해 말했다.

"요즈음 돌아가는 것을 보니 대신을 믿을 수가 없다. 나는 심법心法을 손자에게만 전하고 싶어서 이렇게 부른 것이다."

영조는 세손에게 보위를 넘기기로 결심했다. 사도세자가 죽은 지 13년이나 지났으니 더 이상 권력에 미련을 가질 나이도 아니었다. 어쩌면 13년 세월의 무상함이 세손에게 권력을 넘기기로 결심하게 한 것인지도 몰랐다. 그 열흘 후인 11월 30일, 영조는 갓[笠子]을 쓰고 세손에게 기대어 앉아 상참常參(편전에서 임금을 뵙고 정사를 보고하던 일)을 행했다. 영조는 통례원通禮院 관원이 왕과 신하가 만나는 의식을 다 행하기도 전에 돌아가 침상에 누웠다.

"조정 일이니 나랏일이니 하는 것이 오히려 하찮다. 지금 이후에도 대신들이 다투겠는가? 나의 기력이 이와 같으니 전례前例가 있던 일을 나는 생각한다."

영조가 익선관이 아닌 갓을 쓰고 나온 것은 임금 노릇을 그만하겠다는 뜻이었다. 즉 숙종 때 전례가 있는 대리청정과 정종 때 전례가 있는 선양을 하겠다는 뜻이었다.

역시 반대의 선봉에 선 인물은 홍인한이었다.

"이것이 어찌 신하된 자가 받들 수 있는 일입니까? 이는 죽는 한이 있더라도 신하들이 받들 수 있는 하교가 아닙니다. 전하께서 만기를 돌보셨지만 조금도 지체됨이 없었습니다. 신은 차마 들을 수 없습니다."

홍인한뿐 아니라 여러 대신이 반대했다. 그러나 영조는 이미 결심한 일이었다.

"급하지 않은 공사는 동궁에게 들여보내고, 상소에 대한 비답이나 시급한 공사는 내가 세손과 상의하여 처리하겠다. 며칠 기다려 세손의 일처리 솜씨가 익숙해지면 마땅히 여기에 추가하는 하교가 있을 것이다."

대리청정에 "추가하는 하교"는 선위禪位(왕위를 물려줌)일 수 밖에 없었다. 이는 홍인한으로서는 묵과할 수 없는 일이었다. 세손의 즉위는 곧 자신의 죽음을 의미하는 것이었다. 영조가 승지 이명빈李命彬을 불러 전교를 쓰게 하자 홍인한은 승지를 가로막고 앉아, 영조의 하교를 쓰지 못하게 방해하면서 하교를 들을 수 없게 하였다.

신하가 임금의 전교를 못 쓰게 방해하는 행위는 임금의 권위, 나아가 임금의 존재 자체를 무시하는 것으로 목숨을 걸지 않으면 할 수 없는 행위였다. 어차피 세손을 죽이지 못하면 자신이 죽는 제로섬 게임이었다. 영조는 승지에게 써 놓은 전교를 읽으라고 명했다. 그러나 이 하교에 대답한 인물은 승지가 아니라 홍인한이었다.

"감히 들을 수 없는 전교를 신자된 자가 누가 감히 읽겠습니까?"

이미 성년이 된 세손이 지켜보고 있는 자리였다. 세손은 홍인한이 자신의 즉위를 저지하는 데 목숨을 걸었음을 알고 있었다. 세손은 일단 홍인한에게 타협책을 제시했다.

"이 일은 내가 간여할 수 있는 일이 아니지만 사세가 급박하게 되었으니 마땅히 상소하여 사양하려 합니다. 그러나 두서너 글자라도 문적文跡(문서로 된 글)이 있어야 상소를 올릴 수 있으니, 두서너 글자라도 전교를 받아 내가 사양 상소를 할 수 있는 길을 열어 주오."

대리청정을 사양하는 상소를 할 수 있는 근거를 만들어 달라는 타협책이었다. 영조의 하교는 대단히 중요한 내용을 담고 있었다. 대리청정과 "추가하는 하교"는 곧 세손에게 보위를 주겠다는 선언이었으므로, 세손으로서는 이를 반드시 문서로 만들어 두어야 영조가 급서했을 때 즉위할 수 있는 법적 근거가 되는 것이다.

그러나 홍인한은 세손의 말에 아무런 응답도 하지 않고 승지를 돌아보며 손을 저어 중지하도록 하였다. 이미 신하가 아닌 행동이었다. 영조도 물론 홍인한의 이런 의중을 알고 있었다. 그러나 80줄에 들은 영조로서는 더 이상 옥사를 일으킬 기력이 없었다. 대신 영조는 세손에게 천군만마와 같은 조치를 취해 주었다. 바로 그날 세손에게 순감군巡監軍을 수점受點하도록 한 것이다. 고립무원의 처지에 있던 세손에게도 이제 군사가 생겼다. 이 조치에 놀란 노론 대신들이 대거 입궐해 일제히 반대했다. 그러나 영조는 한 발 더 나아가는 조치를 취했다.

"순감군을 동궁이 수점하는 것은 300년 된 고사다. 상군廂軍(임금의 거둥 때 호위하는 군사)과 협련挾輦(임금의 연을 호위하는 군사)을 대령시켰다가 정시正時가 되면 들어오게 하라."

호위군을 동원하겠다는 말을 들은 대신들은 두려움에 싸여 한 발씩 물러났다. 영부사 김상복金相福은 "신 등은 전혀 몰랐습니다. 지금 분명히 전례가 있음을 삼가 들었으니 어찌 감히 다시 진달하겠습니까?"라며 물러섰고, 홍인한과 영돈녕領敦寧 김양택金陽澤, 그리고 판중추부사 김상철金尙喆도 전례가 있는 것을 몰랐다고 하며 물러섰다.

아무리 늙었어도 영조는 51년 동안 왕 노릇을 한 노련한 임금이었다. 영조는 순감군 수점에서 한 발 더 나아갔다.

"다만 순감군을 수점하는 것뿐만 아니라 무릇 공사도 모두 궐내에서 세손에게 대신하게 하려 한다."

뒤에 호위 무사가 대기하고 있는 상황이었다. 영조가 명령만 내리면 상군과 협련이 들어와 대신들을 주륙낼 수도 있었다. 홍인한의 다음 말은 상군과 협련을 동원하겠다는 영조의 위협에 대신들이 느낀 두려움을 말해 준다.

"성교가 이와 같고 이미 궐내에서 하도록 하교하셨으니, 이는 신 등이 알 만한 것이 아닙니다. 조금 전 거동하겠다고 하교한 후 군병이 반드시 대령하고 있을 터이니, 삼가 하념下念(아랫사람을 생각함)하여 주소서."

영조가 대답했다.

"지금 시 · 원임 대신들이 타협하였으니 거동을 그만두게 한다."

홍인한이 말했다.

"거동을 그만두게 하신다는 허락을 받고 신 등은 기쁨을 견디지 못하겠습니다."

대신들은 천세千歲를 부르고 차례로 물러나왔다. 세손이 승리한 것이다. 그러나 이는 시작에 불과했다. 노론 강경파의 공세는 그치지 않았다. 사도세자를 모함했던 방법이 다시 동원되었다. 이들은 세손이 몰래

민간에 돌아다니며 금주령 중에 술을 마셨다는 소문을 조직적으로 퍼뜨리고, 김중득金重得에게 시켜 한문과 한글로 세손을 모함하는 익명서를 써 존현각尊賢閣에 투서하기도 했다.

어차피 세손은 노론과 한판 승부를 벌여야 했다. 그러나 노론에 비해 세손은 너무 약했다. 세손에게는 홍국영洪國榮 · 정민시鄭民始 등 동궁 소속의 소수 관원밖에 없었다. 이때 한 강직한 인물이 상소를 올려 세손을 편들고 나섬으로써 전기를 마련한다. 행부사직行副司直 서명선徐命善이었다.

"신이 삼가 듣건대, 지난달 대신이 입시했을 때 좌의정 홍인한이 감히 '동궁이 알게 할 필요가 없다'는 말을 함부로 진달했다고 합니다. 그 무엄하고 방자함이 매우 심합니다. 그리고 상참 때에 전 영상 한익모韓翼謩의 '좌우(신하)는 걱정할 것이 없다'는 말은 또 무슨 망발입니까? 수상의 자리에 있는 몸으로 내시들이나 할 맹세의 말을 한 것이니 옛날의 대신 가운데도 이런 일이 있었습니까? 삼가 비옵건대 성상의 밝으신 지혜를 떨쳐 펴시어 빨리 대신의 죄를 바로잡아 국가의 대사가 존중되는 지경으로 돌아가게 하소서."

영조는 원임 대신들과 양사, 그리고 상소문의 장본인인 서명선을 부른 후, 서명선에게 상소문을 읽으라고 명했다. 서명선은 임금과 원임 대신들, 그리고 자신을 탄핵할지도 모를 양사 앞에서 상소문을 읽었다. "알게 할 필요가 없다"는 구절에 이르자 영조가 물었다.

"무슨 말인가?"

"신이 듣건대 성상께서 '누구는 무슨 당이고 어떤 사람은 무슨 관직에 맞는가를 마땅히 세손에게 알게 하여 조정의 일을 익숙히 알게 해야 한다'고 하교하셨는데, 홍인한이 대답하기를 '이런 일들은 동궁께서 알게 할 필요가 없습니다'고 하였다 합니다. 이것이 과연 말이나 되며, 아랫사람이 감히 이런 말을 할 수 있습니까?"

"맞다. 내가 들을 때도 의아했었다."

영조는 서명선이 상소를 읽어 내려가자 꼬치꼬치 캐물었다. 한익모가 했다는 "좌우는 걱정할 것이 없다"는 말은 신하들이 잘 보필하고 있으니 굳이 대리청정을 시킬 필요가 없다는 뜻이었는데, 이는 얼핏 보면 정상적인 말 같지만 세손과 신하들을 일 대 일로 대칭시켰다는 점에서 문제가 많은 말이었다. 서명선은 이 말도 강하게 비판했다. 읽기를 마친 서명선이 일어났다가 다시 엎드려 말했다.

"이 일은 관계된 바가 큰데, 신이 말하지 않는다면 누가 거실(명문대가)의 미움을 받으며 솔선하여 진달하겠습니까? 신이 이러한 줄을 알면서도 눈치를 보고 진달하지 않는다면 이는 전하와 동궁을 저버리는 것이니, 그렇다면 어떻게 죽어서 신의 아비를 뵐 수 있겠습니까? 일신의 이해를 돌보지 않고서 진달한 것은 어리석은 충심이 터져 나온 것인데, 특별히 남은 생각을 다 진달하게 하시니 비록 물러가 골짜기에 빠져 죽더라도 여한이 없게 되었습니다."

서명선은 소리 내어 눈물을 흘렸다. 영조가 말했다.

"우는 소리를 들으니 강개함이 마음속에 맺혀 있음을 알 수 있다."

영조가 이 상소문에 대해 대신들에게 물으니 모두 모호하게 대답했다. 영조는 "옳은지 틀린지" 양단간에 하나를 선택하라고 말했다.

그러나 대신들은 계속 모호하게 말을 돌리며 시비 여부를 판정하지 않았다. 대신들은 영조는 서명선의 상소를 들으며 몇 번이나 "옳다"를 반복했다. 영조가 이 상소를 옳게 여기고 있다는 사실을 모르는 대신들은 없었다. 그러나 이들은 옳다는 말을 하지 않은 채 모호한 말로 자리를 모면하려고 하는 것이었다. 이에 영조가 분노했다.

"서명선은 내가 안 지 오래인데 털끝만큼도 남을 해치는 마음이 없었다. 이번의 일도 나는 결단코 한결같은 혈충血忠에서 나온 것이라고 여긴다. 그러나 여러 원임 대신과 대사헌은 '모른다'며 흐지부지하려 하고 있다."

분노한 영조는 김상복과 판중추부사 이은李溵 · 김양택을 해임하고 대사헌은 삭직했다. 그리고 한익모와 홍인한은 사판仕版에서 이름을 지우도록 했다. 한 부사직이 목숨을 걸고 올린 상소 한 장이 정국을 뒤바꾼 것이다. 영조는 동궁을 모해하려는 대신들의 행위를 한탄했다.

"아! 세도가 이러한데 83세의 임금이 어느 때에 강개한 직언을 듣겠는가? 굽어보고 우러러보며 길게 탄식하는 이 마음을 어디에 비유하겠는가? 내 마음을 아는 것은 오직 저 높고 높은 푸른 하늘뿐이다."

영조의 이런 조처는 매우 시의 적절했다. 영조는 이런 조처를 내린지 3개월 만인 재위 52년(1776) 3월 세상을 떠났는데, 만일 세손의 대리청정과 대신에 대한 문책을 하지 않은 채 그냥 세상을 떠났으면 세손의 즉위는 쉽지 않았을 것이다. 세손은 영조가 적절한 시기에 대리청정과 순감군 수점을 지시하고 대신들을 문책했기 때문에 즉위할 수 있었다.

열한 살 때 아버지의 비참한 죽음을 목도한 소년이 스물다섯의 장년이 되어 왕위에 오른 것이다. 그가 바로 조선 후기의 마지막 개혁 군주 정조였다.

사도세자의 아들 정조에 대한 살해 위협

어렵게 왕위에 오른 정조는 즉위 당일 빈전殯殿 문 밖에서 대신들을 소견하며 이렇게 선언했다.

"아! 과인은 사도세자의 아들이다."

노론 대신들은 공포에 휩싸였다. 영조에 의해 효장세자의 양자로 입적된 정조가 즉위 당일 그 사실을 부인하며 스스로를 사도세자의 아들로 자리매김한 것이다. 효장세자의 아들로 입적된 영조 40년(1764) 이후 장장 12년간을 가슴속에 묻어 둔 한마디였다. 정조의 이 즉위 일성은 무덤 속의 사도세자를 다시 살려내는 말이자, 14년 전의 비극적 사건이 잠복한 불씨에 지나지 않음을 분명히 한 선언이기도 했다.

정조는 열흘 후 사도세자의 존호를 '장헌莊獻', 묘호를 '영우원永祐園', 사당은 '경모궁景慕宮'으로 높이는 숭모崇慕 사업을 단행했다.

그러면서 자신을 축출하려 했거나 사도세자의 죽음과 관련이 있는 인물들에 대한 전격적인 숙청 작업을 개시했다. 먼저 홍인한과 결탁해 자신을 내쫓으려던 화완옹주和緩翁主의 양자 정후겸鄭厚謙을 경원으로 귀양 보내고, 뒤이어 화완옹주를 서녀로 강등시켰다. 화완옹주는 이후 정치달鄭致達의 부인이란 뜻의 정처鄭妻란 이름으로 불리게 된다.

정조는 즉위 다음 달 '세손은 세 가지를 알 필요가 없다'며 자신을 제거하려 한 홍인한을 여산으로 귀양 보냈다. 그러나 대간에서 거듭 치죄를 청한 홍봉한의 경우는 혜경궁 홍씨의 친정 아버지였기 때문에 어려움이 있었다. 혜경궁 홍씨가 단식까지 하면서 반대했기 때문이다. 만일 혜경궁 홍씨의 이런 적극적인 항의가 없었다면 홍봉한은 거듭된 공세를 견디지 못했을 것이다. 즉위년 8월 형조판서 이계李溎가 홍봉한을 처단할 것을 청했고 성균관과 사학의 유생들도, "전하께서는 홍봉한 도당徒黨이 대략 제거되어 근심할 것이 없다고 말씀하시지만 신 등은 '홍봉한의 한 가닥 목숨이 끊어지기 전에는 군신 상하가 편히 먹고 잘 수 없다'고 생각합니다"라면서 홍봉한의 처형을 주장했다.

또 한 명의 여인인 대비 정순왕후 김씨도 단식하면서 친정가의 치죄에 항의했다. 그녀의 아버지 김한구는 이미 영조 45년(1769)에 세상을 떠났으나, 당시 오라비 김귀주金龜柱가 공격을 받고 있었다. 정조보다 7살 위인 대비 김씨는 법적으로는 정조의 할머니였으나 피가 섞인 사이는 아니었으므로 정조는 김귀주를 흑산도로 유배 보냈다가 위리안치시켰다.

또한 정조는 김상로金尙魯와 결탁해 사도세자를 죽음에 모는 데 일조한 영조의 후궁 숙의淑儀 문씨의 작호를 박탈해 사저로 내쫓고, 그 오라비 문성국文聖國을 사형시켰으며, 그 가족도 연좌시켜 어미를 제주도로 보내 여종으로 삼았다. 그리고 사저로 내쫓긴 숙의 문씨는 삼사의 거듭된 주청으로 결국 사약을 마시고 말았다.

정조가 즉위하자마자 노론 강경파와 외척들을 공격하자 노론도 반격에 나섰다. 이들은 경종 때 목호룡이 고변했던 '3급수 사건'과 비슷한 방법으로 정조를 살해하려 한 3대 모역 사건이 그것이었다. 정조 살해 계획에 앞장선 가문은 사도세자 죽음의 주범 중 한 명인 홍계희洪啓禧 집안이었다. 그는 김상로처럼 정조가 즉위하기 전인 영조 47년(1771)에 죽었지만 그의 아들들이 정조 즉위 후 숙청당하자 정조 암살의 길로 나선 것이다.

이 사건의 주모자인 홍계희의 아들 홍지해洪趾海는 홍인한과는 스승, 제자 사이기도 했다. 그 첫 번째 사건은 홍계희의 손자인 홍상범洪相範이 암살단을 궁중에 난입시켜 정조를 살해하려 한 엄청난 것이었다. 조선 개국 이래 대궐에 암살단을 난입시켜 국왕을 살해하려 한 사건은 이번이 처음으로, 이는 조선의 국가 체제가 갈 데까지 갔음을 보여주는 것이었다. 국왕 암살에 대한 명분도 없었다.

홍상범은 천민 출신 장사 전흥문田興文을 돈과 여자로 포섭해 행동책으로 삼은 후, 궁성 호위군관 강용휘姜龍輝를 포섭하고 그를 통해 20명의 동조자를 규합했다. 이들은 정조 즉위년(1776) 7월, 칼과 철편을 들고 대궐 담을 넘어 정조가 머무는 경희궁 존현각 지붕까지 올라가 정조의 목숨을 노렸으나 한 호위 무사에게 발각되어 도주했다. 이들은 대담하게도 다음 달 경계가 강화된 대궐 담을 재차 넘다가 포군에게 체포되었다. 국왕 암살단이 대궐에까지 난입한 이 사건의 충격은 매우 컸다.

이 사건에 대한 대대적인 조사가 진행되는 와중에, 홍계희의 조카인 홍술해洪述海의 아내 효임孝任이 주술을 이용해 정조와 홍국영을 살해하려 하였다. 홍술해는 이전에 무려 돈 4만 냥과 조組 2,500석, 소나무 260그루를 도둑질했다 사형당할 위기에 처한 것을 정조가 한 등급 감해 유배시킨 인물이었다. 효임은 영험하다고 소문난 무당 점방占房과 함께 정조와 홍국영을 저주하여 죽이려 했으나 현실 사회에서 이런 미신적 방법이 통할 리 없어서 이들은 검거되고 말았다.

세 번째 사건은 정조를 쫓아내고 사도세자의 서자인 은전군을 추대하려 한 사건이다. 이 사건은 홍계희의 8촌 홍계능洪啓能과 홍상범의 4촌 홍상길洪相吉이 주도하고 혜경궁 홍씨의 오빠인 홍낙임洪樂任도 참여했으나 사전에 발각되어 실패하였다.

결국 정조를 살해하려는 기도는 모두 실패로 돌아갔다. 이제 왕조 국가 조선에서는 국왕에 대한 충성이란 기본 원칙은 간 곳 없고 당론만이 모든 것에 우선하는 상황이었다. 국왕은 전 조선의 국왕이 아니라 한 당파의 당인으로만 인정되었으며, 특히 노론은 자파의 국왕이 아닐 경우 국왕으로 인정하지도 않았다. 정조와 노론은 이미 군신 관계가 아니라 정적 관계였다. 이런 정치 체제를 혁명적으로 개혁하지 않는 한 정조의 미래, 아니 조선의 미래는 없었다. 정조는 대대적인 개혁에 나섰다.

규장각과 장용영, 그리고 새로운 수도 화성

이 사건을 겪은 정조는 당시의 정치 체제에 대한 근본적인 개혁의 필요성을 느꼈다. 백주 대낮에 대리청정하는 세자를 뒤주에 가두어 죽이고, 대궐에 난입해 국왕을 살해하려는 이들을 제거하지 않으면 아무 일도 할 수 없었다. 정조가 홍술해를 유배 보내며, "기강이 땅을 들어버린 듯 없어지고 백성들은 거꾸로 매달린 듯한 고통이 하루하루가 다르게 심해지고 있다"고 말한 대로 국가 기강과 백성들의 생활은 파탄 지경에 이르렀다.

정조는 새로운 세력을 육성해 이들 세력을 대체해야겠다고 결심했다. 정조가 즉위년 9월에 '규장각奎章閣'을 설립한 것은 이런 인식의 소산이었다. 설립 당시 규장각은 왕실 도서관을 표방했으나 이는 새 조직에 대한 노론의 의혹을 완화시키려는 수사였고, 실제로는 당론에 물들지 않은 문신들을 양성해 개혁 정치 세력을 형성하려는 것이 진정한 설립 의도였다.

규장각에 소속된 사람은 각신閣臣 6명과 각신을 보좌하는 잡직인 각감閣監 2명, 검서관檢書官 4명 등 35명의 관리와 이속吏屬 70여 명을 포함해 모두 105명에 이르렀는데, 이는 홍문관의 84명보다도 많은 수였다. 이 중 검서관은 각신 못지않은 중요한 직책이었는데, 정조는 여기에 서얼들을 등용했다. 능력 있는 서얼들을 등용함으로써 경직된 신분제에 경종을 울리고 보다 개방된 사회로 나아가려 한 것이다.

규장각은 왕실 도서관의 기능과 각종 서적의 수집 편찬 등을 기본 임무로 하였으나, 그 외에도 관료들의 재교육과 원자의 강학講學도 담

정조가 개혁 문신들을 양성하기 위해 설립한 규장각

정조는 규장각을 만들어 새로운 정치 세력들을 등용하는 한편 서얼들에게도 벼슬길을 열어 주었다.

당했다. 심지어 지방에 흉년이 들면 각신이 진휼사賑恤使로 파견될 정도로 규장각은 정조 개혁 정치의 상징적인 기구였다.

규장각이 이렇듯 왕권 강화와 개혁적 문신을 양성하기 위한 조직이었다면, 장용영은 왕권 강화와 개혁적 무신을 양성하기 위한 조직이었다. 정조는 재위 9년(1785) 장용위壯勇衛를 만들어 국왕을 호위하게 했는데, 이 조직을 재위 17년 하나의 군영으로 확대시킨 것이 장용영이었다. 정조는 동궁 시절 홍인한 등의 대신들이 대리청정 명을 받기를 거부할 때 상군과 협련을 동원해 대신들을 제압하는 것을 목도한 터였다.

장용영은 크게 내영과 외영으로 나누어지는데, 내영은 서울이 중심이었고, 외영은 수원 화성이 중심이었다. 한편 장용외영의 중심이 수원 화성인 것은 정조의 생부 사도세자와 관련이 있었다.

정조는 사도세자의 시호를 장헌세자로 바꾸고 위패를 창의궁彰義宮으로 옮겨 봉안한 것에서 만족하지 않았다. 사도세자를 죽음으로 몰고 간 정치 체제에 대한 근본적인 조치가 필요하다고 느꼈다. 그 조치의 일환이 사도세자 묘의 이장과 이와 연계된 새로운 도시의 건설 계획이었다. 서울은 이미 80여 년 이상을 집권한 노론의 수도로서 장안에 즐비한 솟을대문들은 대부분 노론의 것이었다.

재위 13년(1789) 정조는 노론의 반대를 무릅쓰고 양주 배봉산에 있던 사도세자의 묘를 옮기기로 결정했다. 사도세자의 묘를 옮긴 곳은 백성들이 꽃산이라고 부르던 수원 용복면의 '화산花山'이었다. 정조는 화산에 사는 백성들을 팔달산 아래의 현 수원으로 이주시키고 사도세자의 시신을 이장한 후, 그곳을 현륭원顯隆園이라 불렀다. 현재의 융건릉隆健陵이 바로 그곳인데 현륭원과 관계 있는 군사가 장용외영이었다. 장

경기 화성시 사도세자의 융릉隆陵

정조는 사도세자의 묘를 화성으로 옮기고 그곳을 새로운 정치적 거점으로 삼으려 했다. 융릉 옆에 정조의 건릉健陵이 있다.

정조 대왕 능행도

정조의 능행은 단순한 참배가 아니라 국왕의 위엄을 보이고 백성들과 직접 대면하는 행사였다. 능행도 가운데 휘장이 처진 부분이 혜경궁 홍씨의 연이다.

용외영은 정조 22년(1798) 모두 2만여 명의 군사를 거느리고 있었다.

사도세자와 현륭원, 그리고 장용영을 하나로 묶는 행사가 바로 정조의 능행이었다. 정조는 틈만 나면 현륭원을 찾았다. 현륭원 이장 이듬해인 재위 14년(1790) 2월부터 정조가 사망하는 24년(1800)까지 정조가 현륭원을 찾은 횟수는 무려 12차례였다.

정조의 능행은 단순히 참배만을 위한 것은 아니었다. 왕실의 권위를 극대화시킬 수 있는 합법적인 행사이자, 백성들과 직접 접촉할 수 있는 기회였다. 정조의 능행 때 어가를 따르는 인원이 6,000여 명이 넘었고, 동원된 말만도 1,400여 필이나 되었으니, 별다른 구경거리가 없던 전통시대의 백성들에게 국왕의 행차는 대단한 구경거리일 수 밖에 없었다. 정조의 능행 때면 백성들은 구름같이 몰려나와 행차를 구경하고 자신들의 억울함을 호소하기도 했다. 임금의 행차 때 직접 징을 쳐 억울함을 호소하는 것을 '격쟁鄭埈'이라고 하는데, 정조 19년 능행 때는 창원의 한 여인이 부사 이여절李汝節에게 억울한 죽음을 당한 남편 정준鄭埈의 사연을 호소해 이여절을 유배 보내기도 했다.

정조는 이처럼 규장각과 장용영, 사도세자와 현륭원, 그리고 능행을 적절히 한 고리에 묶음으로써 노론 강경파를 무력화시키려 했다.

정조와 남인, 그리고 사도세자

정조는 탕평책을 표방해 노론도 여전히 등용했으나 노론에 대한 불신은 뿌리 깊은 것이어서 이들을 대신할 수 있는 정치 세력을 찾았다. 그들이 바로 남인이었다. 사대부들만 놓고 보았을 때 조선 후기에 차별받은 지역은 영남이었다. 남인들의 근거지가 영남이었던 것이 이를 잘 말해 준다. 숙종 20년(1694) 갑술환국 이후 남인들은 정권에서 소외되었고, 영조 4년(1728)에 일어난 이인좌의 난은 영남 지역 전체를 반역향으로 낙인찍어 출사길 자체를 봉쇄케 했다. 이인좌의 난이 평정된 후 영조와 노론은 대구 입구에 '영남을 평정한 비'란 뜻의 '평영남비平嶺南碑'를 세워 영남 전체를 반역향으로 규정했다.

그 이후로는 사실상 노론의 일당독재가 계속되었다. 노론 집권이 계속되는 한 남인의 조정 진출은 요원했다. 영남 남인은 비노론 국왕이 등장해야 자신들이 조정에 진출할 수 있다고 믿었다. 그러나 기대를 걸었던 사도세자가 비참한 죽음을 당하자 실망했던 영남 남인들은 그 아들 정조가 즉위하자 환호했다. 그들의 기대대로 정조는 재위 12년(1788)에 채제공蔡濟恭을 우의정에 임명했다. 80여 년 만에 남인이 정승 자리에 오른 것이다.

남인들은 드디어 자신들의 세상이 다가오고 있다고 믿고 조직적으로 움직이기 시작했다. 남인들은 정조와 하나가 되기를 희망했는데, 그 연결 고리가 바로 사도세자였다.

채제공이 우의정이 된 그해 이진동李鎭東을 대표로 하는 영남 유생들은 《무신창의록戊申倡義錄》과 상소문을 갖고 상경했다. 《무신창의록》은 무신난, 즉 이인좌의 난 때 이인좌 군에 저항한 영남 사대부들의 행적을 기록한 책이었다. 이 책은 영남 사대부 모두가 이인좌의 난에 가담하지는 않았고, 안동 등 13개 고을의 사대부들은 서로 편지와 격문을 주고받으며 이인좌 군에 맞서 싸웠다고 주장하는 내용이었다.

이들은 정조 12년에 꼭 이 책자를 올릴 결심이었다. 이 해(1788 : 무신년)가 난이 일어난 영조 4년(1728 : 무신년)에서 한 간지干支(60년)가 되는 해였기 때문에 이 해에 영남이 반역향이 아니란 판정을 받아 자신들을 신원하려는 것이었다.

이들은 그해 8월 서울에 도착했으나 승정원에서 봉입하기를 거부했기 때문에 상소문과 책자를 올릴 수 없었다. 이들은 계속 기회를 보다가 그해 11월, 경희궁으로 거둥하던 정조가 종로 상인들을 만나는 틈을 타 이 책자와 상소문을 올릴 수 있었다. 예조에서는 이를 받지 말도록 권했으나 정조는 오히려 밤을 새워 이 책자를 다 보았다.

정조는 채제공에게 《무신창의록》 간행과 대상자 포상을 명한 다음, 유생의 상소로는 이례적으로 소두 이진동 등을 친히 접견해 돈유敦諭(교지를 내려 유학자나 정승이 되도록 하던 임금의 말)했다.

"당黨이 한 번 생긴 후 취미가 각기 달라져 근래에는 조정에서 영남을 거의 다른 나라 사람처럼 보니 진실로 개탄스럽다. 인재가 부족한 이때에 영남 사람들 중에도 반드시 등용할 만한 사람이 많을 터이니 함께 등용해 조정에 늘어서게 한다면 치우치지 않고 공평하게 하는 도道에 부합할 것이다."

정조의 이런 돈유에 영남 남인들은 환호했으나 승지 이민채李敏采는 《무신창의록》을 반포할 수 없다며 명령을 거부했다. 《무신창의록》에 노론 대신 김창집을 논박하다 죽은 조덕린趙德鄰과 황익재黃翼再 등이 뒤섞여 기록되어 있는 것이 지극한 협잡이란 이유였다. 조덕린 등은 노론 대신 김창집 등을 논박하다 죽은 인물들인데도 《무신창의록》 '별록別

錄'에 실렸다는 것이 노론 승지 이민채가 주장하는 협잡의 내용이었다.

그러나 정조는 이들의 반발을 무시하면서 조덕린과 황익재를 모두 사면시키고, 이진동에게 교서를 내려 주며 격려했다. 나아가 정조는 재위 16년 3월 남인의 종주 퇴계 이황李滉을 모신 도산서원에서 별시別試를 실시하는 이례적인 조치를 취했다. 이는 영남 사대부들을 끌어들이려는 정치적 계산에서 나온 조치였다.

도산서원 별시는 오랜 세월 노론의 일당 전횡에 눌려 왔던 영남 사대부들의 잔치였다. 이날 별시장에 입장한 유생은 7,200여 명이 넘었고, 거둔 시험 답안지만 3,600여 장이 넘었다. 구경꾼을 합쳐 1만여 명 이상이 운집하는 인산인해를 이루어, 이때 "영남에 유생이 만 인"이라는 말이 생기기도 하였다. 정조는 직접 채점에 나서 강세백姜世白과 김희락金熙洛을 합격시켰다. 이렇듯 도산서원 별시는 정조와 영남 남인을 하나로 묶어 주는 행사였다.

또한 그 직후 발생한 '영남 만인소萬人疏' 사건도 이 도산서원 별시가 있었기에 가능한 것이었다. 만 명 이상이 연명한 상소문이라 하여 만인소라 불리는데 그 직접적인 계기는 별시 다음 달인 정조 16년(1792) 4월 노론 유성한柳星漢이 상소를 올려 정조가 "경연은 참석하지 않고 유흥만 즐겨 여악女樂(여악사)들이 금원禁苑(비원)에까지 들어오고, 광대가 대가大駕(임금의 어가) 앞에 외람되이 접근했다"고 공격한 데 있었다.

유성한은 이런 사건들이 별시 합격자를 발표하는 날 발생했다고 비판했다. 이는 도산서원 별시에 대한 노론 측의 불편한 심기를 대변하는 상소였다.

그러나 유성한의 상소는 명분이 약한 것이었다. 당시 국왕의 행차는

도산서원 앞의 시사단

정조가 영남 별시를 베푼 기념으로 세운 비이다. 영남의 유림들은 사도세자 사건의 진상을 밝힐 것을 요구하는 등 정조의 정치적 후원 세력이 되었다.

백성들의 잔치였다. 국왕이 행차하면 백성들이 구름같이 몰려들어 구경했으며, 그 뒤를 광대들이 따르며 흥을 돋우었다. 조선 국왕 중에서도 특히 정조는 이런 행차를 즐긴 임금이었다. 이를 통해 백성과 일체가 되기를 원했던 것이다. 게다가 여악을 불러들인 것은 정조가 아니라 3영三營의 장수들이었으며, 그 장소도 금원이 아니라 궁중 건너편의 방마원放馬苑이란 점에서 유성한의 상소는 사실 관계를 왜곡한 것이었다.

유성한의 이 상소는 경종의 능 앞을 지나며 "노론은 경종에게 신하의 의리가 없다"며 말에서 내리기를 거부한 윤구종 사건과 맞물려 커다란 파문을 일으켰다. 그리고 바로 이 유성한의 상소에 대한 영남 사대부들의 조직적 대응이 영남 만인소였다. 실제로 만 명이 넘는 1만 57명이 이 상소에 서명했다.

그러나 영남 만인소는 정조에게 전달되기까지 많은 우여곡절을 겪어야 했다. 관료가 아닌 유학의 상소는 성균관 장의掌議로부터 찬동을 받는 '근실謹悉'이란 과정을 거쳐야 했는데, 노론인 성균관 장의가 동의해 주기 않았기 때문이다. 노론인 성균관 장의는 상소가 담고 있는 내용에 놀라 근실을 거부했다. 그러나 영남 남인들은 좌절하지 않았다. 이들은 전 · 현직 관료들의 상소인 진신소搢紳疏는 근실 과정이 필요 없다는 점을 이용해 전 교리 김한동金翰東에게 상소케 하였다. 이런 우여곡절 끝에 '영남 만인소'는 정조의 손에 닿을 수 있었다.

노론에서 영남 만인소의 봉입 자체를 막으려 한 것은 그 내용이 노론의 아킬레스건인 사도세자 문제를 정면에서 거론했기 때문이다.

"아! 신들은 하나의 의리(사도세자의 신원)를 마음속에 간직한 지 30여 년이 되었으나 감히 입을 열지 못해 가슴을 치면서 죽고만 싶다가 감히 발을 싸매고 문경새재를 넘어 피를 쏟는 정성으로 대궐 문에 부르짖으니 전하께서는 굽어 살펴 주소서."

이어서 이들은 사도세자가 영명한 것을 우려한 "조정의 권력을 잡은 당여黨與(노론)"들이 세자를 무함했다고 주장했다.

"무인년(영조 34) 이후 5년 동안 그들은 각종 재주와 수단을 부려, 심지어 상소로 세자를 욕하는 자도 있었고, 급서急書로 고자질하는 자도 있었습니다. 세자께서 수심에 차고 우울하면 이를 이야깃거리로 삼아 안팎에서 선동하고 교묘하게 참언하고 소문을 퍼뜨려 끝내 차마 말할 수 없는 변고를 일으켰습니다."

또한 이들은 영조 말 세손을 제거하려 했던 일도 비판했다.

"세자께서 변을 당하신 후 이제 전하의 영명함을 걱정하여 이미 사용했던 기술로 병신년(홍인한이 '세손은 세 가지를 알 필요가 없다'고 한 영조 52년)에 다시 추악하게 뭉쳤으니, 동방 사람들 중 누가 이 무리와 같은 하늘 아래 사는 것을 한스럽게 여기지 않겠습니까? 전하께서 영남을 돌보아 주시고 예로 대우해 주시니 영남인들은 모두 전하를 위해 목숨을 바쳐 보답하겠다는 뜻을 갖고 있는데, 선세자(사도세자)를 신원함이 제일의 의리니 신들은 한 번 죽을 각오로 이를 진달합니다. 선세자에게 불충한 자(유성한)가 위로 경종에게까지 그 불충이 미친 것(윤구종)은 그 형세상 필연적인 것이니, 이는 참으로 하나면서 둘이고 둘이면서 하나입니다. 빨리 노적孥籍(본인을 극형에 처하고 그 처자까지 연좌하는 것)의 율을 사용해 귀신과 사람들의 분을 풀어 주시기를 빕니다."

이때는 정조가 어느 정도 왕권을 강화시킨 뒤였다. 정조는 즉위 직후 사도세자 문제를 과격하게 거론한 이덕사李德師와 조재한趙載翰을 사형에 처한 적이 있었으나 그때는 사도세자의 신원까지 나아갈 수가 없었다. 이는 영조의 처사를 부인하는 것으로 노론의 격한 반발을 불러올 수 있기 때문이었다.

정조는 영남 만인소를 올린 소두 이우李㙖와 소하 유생들을 불렀다.

"너희들이 천 리 먼 길을 걸어왔기 때문에 부른 것이니, 소두는 올라와 읽어 보라."

이우가 상소문을 읽는 도중 정조는 감정을 억제하느라 목이 메어 말을 하지 못했다. 이런 목메임을 여러 차례 되풀이한 뒤에야 정조는 겨우 입을 열었다.

"만약 한마디 말도 없다면 너희들이 억울해할 뿐만 아니라 영남 몇만 명의 인사가 장차 그 의혹을 풀 수 없을 것이기 때문에 내가 너희들을 접견하는 것이다."

정조에게 사도세자 사건은 진퇴양난의 협곡이었다. 그 비극에 결정적인 역할을 한 인물들이 정조 자신의 존재와 불가분의 관계에 있었기 때문이다. 조부인 영조, 생모인 혜경궁 홍씨, 외조부인 홍봉한, 고모인 화완옹주, 이들이 없었다면 정조의 존재 자체가 없었을 것이다.

정조는 유생들에게 김상로와 문녀(숙의 문씨), 홍인한과 홍계희 등을 사도세자의 죽음과 관련해 치죄한 내용을 설명하는 것에 그칠 수 밖에 없었다. 물론 영남 당인들이 원하는 것은 이런 설명이 아니라 노론을 역적으로 몰아 제거하는 것이었지만, 이는 당시의 정치 구조상 불가능했다. 정조의 왕권이 노론을 제거할 만큼 강하지는 않았다.

영남 사대부가 1만여 명이지만 벼슬아치라고는 기껏해야 정5품 교리 한두 명 정도였으니, 정조의 왕권과 합친다 해도 노론의 상대가 될 수는 없었다. 정조가 이들에게 해 줄 수 있는 최대의 선물은 위로의 말이었다.

"영남은 바로 국가의 근본이 되는 지역으로서 위급할 때에 믿는 곳이니, 내가 영남에 바라는 것은 다른 도에 비할 바가 아니다. 나의 본뜻이 이와 같으니 너희들은 모름지기 나의 본뜻을 가지고 돌아가 영남 인사들에게 말해 주는 것이 옳겠다."

정조의 이 말은 기다리라는 뜻이었다. 정조는 음직蔭職 제수 대상자가 아닌 소두 이우를 의릉 참봉參奉으로 삼았다. 참봉은 종9품 말단직이지만 의릉은 경종이 묻힌 곳이므로 대단한 상징성이 있었다. 당시는 노론 윤구종이 "노론은 경종에게 신하의 의리가 없다"며 말에서 내리기를 거부한 사건이 벌어진 직후였으므로, 이는 직급을 떠나 영남 만인소에 정당성을 부여하는 상징적인 조치였다.

영남 사대부들은 열흘 후 1차 상소보다 311명이 더 많은 1만 368명이 연명한 2차 상소를 올려 사도세자 사건을 재조사해야 한다고 요구했다.

“신들이 한 도道가 같은 소리로 1만 명이 서로 호응하여 천릿길을 발을 싸맨 채 생사를 무릅쓰고 달려온 것은 반드시 30년 동안 맺혀 온 선세자의 무함을 분별하고자 한 것입니다. 흉적을 주토하는 일은 분별한 다음에 할 일입니다. 선세자의 영혼이 신들로 하여금 눈물을 흘리며 전하 앞에서 일제히 호소하게 하였습니다.”

하지만 정조는 이번에도 “만여 유학자의 의론은 곧 국가의 공론이다”는 비답을 내렸을 뿐 재조사를 명하지는 않았다. 그러자 영남 사대부들은 2차 상소 때보다 687명이 더 많은 1만 1,055명의 연명 상소를 준비했다. 하지만 아직은 때가 아니라고 판단한 정조가 귀향을 종용하자 영남 유생들도 임금의 교서를 갖고 귀향할 수 밖에 없었다.

영남 만인소는 직접적으로 정국을 변화시키지는 못했으나 상당한 충격과 영향을 주었다. 특히 노론은 영남 만인소에 큰 충격을 받았다. 이 사건은 정조와 영남 남인이 하나임을 보여주었다. 뿐만 아니라 그 매개체가 사도세자였으니, 이는 상황에 따라 정국에 지각변동이 일어날 수 있음을 암시하는 사건이었다. 영남 만인소는 사도세자 사건을 공론화할 수 있는 중요한 계기였다. 다음 해 정조는 2품 이상 신하들을 불러 영조가 남긴 금등비서 가운데 두 구절을 베껴 보여주었다.

“피 묻은 적삼이여, 피 묻은 적삼이여, 동桐(영조)이여, 동이여, 누가 영원토록 금등으로 간수하겠는가? 천추에 나의 품으로 돌아오기를 바라고 바란다.”

이는 사도세자의 죽음에 대한 영조의 절절한 심정이 표현된 것이었다. 사도세자에 대한 영조의 심정은 절절함이었지만 정조의 심정은 절절함을 넘는 분노였다. 그 분노를 정조는 가슴 속에 고스란히 간직하고 있었다. 그러면서 때를 기다렸고 힘을 길렀다.

규장각을 통해 신진 관료들을 배출했고 수원 화성을 건설했으며 장용영을 기르고 영남 남인들과 사도세자를 매개로 결합했다. 노론이 볼 때는 그 어느 하나 간단한 문제가 아니었다.

정조는 남인들이 성장하기를 기다렸다. 정조가 남인들을 중용하려는 뜻을 밝힌 것은 재위 24년(1800) 5월 30일의 연석筵席에서였다. 이 자리에서 정조는 시대 상황에 따라 의리가 달라지는 것과 인물을 등용하는 문제에 대해 말했는데, 바로 이 말 속에 남인을 정승으로 등용하겠다는 뜻이 담겨 있었다. 정조는 판중추부사 채제공 · 봉조하奉朝賀 김종수金鍾秀 · 우의정 윤시동尹蓍東을 거론하며, 이들을 등용하고 내보낸 주기가 모두 8년이었음을 밝혔다. 그 8년의 시련기를 준 이유는 반드시 시대 상황 때문만은 아니었고 당사자에게 신망을 기르게 하는 기간으로 삼았다는 것이다. 과거 선왕들은 당쟁을 없애려 등용하고 물리치는 기준이 없었으나 자신은 이런 기준을 두었다는 것이다.

이 기준에 따르면 다음 번 재상 후보는 남인 이가환李家煥이나 정약용丁若鏞이었다. 그러나 남인들의 이 바람은 물거품이 되었다. 이 연석이 있은 불과 20여 일 후에 정조가 급서하기 때문이다.

오회연교伍晦筵敎라고 불리는 정조의 이 발언은 의리의 개념과 인재 등용의 원칙을 밝혔다는 점에서 주목을 받았다. 그 5일 후인 11일에는 훗날 이덕무李德懋 · 박제가朴齊家 · 유득공柳得恭 등과 함께 실학 4대가로 불리는 이서구李書九가 상소를 올려 연석 발언을 칭송하기도 했다. 헌납 오한원嗚翰源은 이를 조보朝報(승정원에서 재결 사항을 기록하여 반포하던 관보)로 반포하자고까지 건의했는데, 이는 받아들여지지 않았다.

이 무렵인 초열흘 전부터 정조는 종기가 나서 붙이는 약을 사용했으나 효과가 없었다. 정조가 내의원 제조 서용보徐龍輔 등을 편전으로 불러 진찰을 받은 때는 재위 24년 6월 14일이었다. 정조가 무슨 약을 붙이는 것이 좋으냐고 묻자 지방 의관 정윤교鄭允僑는 여지고荔枝膏가 고름을 빨아내는 데 가장 좋다고 대답했다. 정조가 상처를 침으로 찢는 것이 어떠냐고 물으니 정윤교는 이미 고름이 터졌으므로 다시 침을 쓸 필요는 없다고 대답하자 정조는 종기와는 다른 증상을 말한다.

"두통이 많이 있을 때는 등 쪽에서도 열기가 많이 올라오니 이는 다 가슴의 화기火氣 때문이다."

그랬다. 정조는 비록 국왕이었지만 가슴에 화기가 있었다. 우리 민족 특유의 화병을 그도 앓고 있었던 것이다. 대리청정하던 생부를 뒤주 속에 잃었으나 생부의 죽음과 관련 있는 정당과 함께 정사를 논의할 수밖에 없었던 그에게 어찌 화병이 없으랴?

반년 전인 1월 17일 정조는 수원 화산의 현륭원에 행차했다. 현륭원을 두루 돌아보던 정조는 엎드려 땅을 치면서 목메어 흐느꼈다. 대신과 각신(규장각 관료)이 재실로 돌아갈 것을 청하자 정조가 말했다.

"금년의 경사를 당하여 선대를 추모하는 중에 크나큰 아픔이 북받쳐 올라서 그러는데 어찌 나더러 진정하란 말인가?"

금년의 경사란 세자(훗날의 순조)가 가례를 올리게 된 일을 말한다. 노론 강경파 영수 심환지沈煥之가 부축하겠다고 청하자 정조는 "혼자 일어서겠다"며 일어나 겨우 한두 발자국을 걷고는 또 울며 엎드려 흐느꼈는데 이런 일을 여러 차례 되풀이했다.

이처럼 정조에게 사도세자는 씻을 수 없는 한이며 화병의 근원이었다.

정조는 6월 14일 내의원 제조 서용보를 체직遞職(해임)했다. 종기 부위는 머리뿐만 아니라 등 쪽으로도 퍼졌으며 게다가 열기가 올라와 후끈후끈했다.

이때 정조는 국왕으로서는 이례적으로 처방과 약 조제를 직접 관장했다. 정조 자신이 그 어느 어의 못지않은 의학 지식을 갖고 있기 때문이기도 했지만 수많은 독살설을 의식한 탓이기도 할 것이다. 정조는 자신을 둘러싼 사방의 노론이 모두 자신의 정적임을 알고 있었다.

이시수李時秀가 소요산逍遙散이나 백호탕白虎湯이 지나치게 찬 약이라고 염려하자 정조는 "이것이 맞는 약이므로 어쩔 수 없이 쓴다"고 대답했다. 정조는 소요산에다 황금黃芩과 황련黃連 등을 추가해 사용할 정도로 의학에는 해박한 지식이 있었다. 정조는 자신의 열 증세에 대해 이렇게 설명한다.

"대개 이 증세는 가슴의 해묵은 화병 때문에 생긴 것인데 요즘에는 더 심한데도 그것을 풀어 버리지 못해서 그런 것이다. 조정에서는 두려울 '외畏' 자가 있는지 알지 못하니 나의 가슴 속 화기가 어찌 더하지 않을 수 있겠는가."

"조정에서는 두려울 '외' 자가 있는지 알지 못한다"는 말은 심상한 말이 아니었다. 대숙청과 정계 개편을 뜻하는 말이기 때문이다.

"오늘날처럼 살피고 엿보기를 잘하는 습속으로 혹시 나의 본심이 어디에 있는가를 안다면 또한 어찌 얼굴을 바꾸고 마음을 고치는 길이 없겠는가? 숨어 있는 음침한 장소와 악인들과 교제를 갖는 작태를 내가 어찌 모를 것인가? 내가 만일 입을 열면 상처를 받을 자가 몇이나 될지 모르기 때문에 우선 참고 있는데 지금까지 귀 기울이고 있어도 하나도 자수하는 자가 없으니 그들이 무엇을 믿고 이런단 말인가? 이른바 교제를 하고 있다는 것도 한 군데만 하는 것이 아니라 사방팔방으로 비밀히 내통하는데 이것이 사대부들이 할 짓인가? 내가 그들을 사대부로 간주하지 않기 때문에 우선 방치하고 있으나 내가 한 번 행동으로 옮기기만 하면 결판이 날 판인데 그들은 오히려 무서운 줄을 모른단 말인가?"

이시수가 "과격한 어조는 몸에 해롭다"며 만류하자 정조의 어조는 한층 격해진다.

"경들이 하는 일이 한탄스럽다. 이런 하교를 듣고서도 어찌 그 이름을 지적해 달라고 말하지 않는단 말인가? 나는 그들이 종기처럼 스스로 터지기를 기다리고 싶으나 끝내 고칠 줄 모른다면 나도 어쩔 수 없다."

앞서 남인 중용을 시사한 연석 발언과 대숙청을 예고한 이 말은 서로 연관이 있었다. 남인 등용 시사와 대숙청! 집권당인 노론에게 이는 노론으로서는 두려운 일이 아닐 수 없었다. 이틀 후인 6월 16일 약원에서는 사순청량음四順淸凉飮 두 첩과 금련차金連茶, 그리고 우황고牛黃膏를 올렸다.

그러나 진찰을 받으라는 내약원의 두 번에 걸친 주청을 거부할 정도로 그리 나쁜 상태는 아니었다. 그리고 같은 날 정조는 이병정李秉鼎을 내의원 제조로 삼았다. 서용보를 체직한 지 이틀 만에 임명한 것이다.

다음 날 정조는 가감소요산加減逍遙散 세 첩과 금련차 한 첩을 달여 오라고 명한다.

다음 날인 6월 18일 정조는 약원의 진찰을 거부했고 그 다음 날에는 약원의 제신諸臣들이 숙직하겠다고 하자 숙직할 것까지는 없다며 거절할 정도로 그리 나쁜 상태가 아니었다. 6월 20일에는 가감소요산은 중지하고 유분탁리산乳粉托裏散 1첩과 삼인전라고三仁田螺膏 및 메밀밥을 지어오라고 명한다. 메밀밥은 종기에 붙여 고름을 빼려는 데 사용하려는 의도였다. 바로 그 다음 날 정조는 약원의 제신과 대신, 각신들을 불러 고통을 호소한다.

"종기가 높이 부어올라 당기고 아파 고통스러우며 한열도 있어서 정신이 흐려져 꿈인지 생시인지 구분하지 못할 때도 있다."

그러나 어의 강명길康命吉 등은 진찰한 후 "맥의 도수는 일정하여 기운이 부족한 징후는 없고 보편적으로 빠르고 센 것 같으나 특별한 종기의 열은 없습니다"라고 대답한다. 정조는 "대체로 한열이 번갈아 일어날 때 가슴의 기운이 올라와 식히기 때문에 열은 조금 줄어든 것 같다"는 처방을 내린다. 즉 종기의 차가운 한열을 가슴 속의 화기가 식히기 때문에 열은 줄어들었다는 말이다. 그러나 정조는 자신의 종기를 대신들은 물론 의관들도 제대로 보여주지 않았다. 내의원 도제조 이시수의 건의가 이를 말해 준다.

"종기의 부위를 진찰해 본 뒤에야 붙일 처방을 의논할 수 있는데 의관들이 다 진찰을 하지 못했다 합니다. 그들에게 자주 진찰하도록 하시는 것이 어떻겠습니까? 성상의 병환이 이러한데도 신들이 아직 종기가 난 부위를 진찰해 보지 못했으니 더욱 초조하고 답답합니다."

정조는 왜 자신의 종기 부위를 보여주지 않았을까? 이는 내의원 제조를 자주 교체한 것과 관련이 있다. 정조는 그만큼 극도로 경계하고 있는 것이었다. 종기 부위를 보자는 이시수의 건의에 정조는 저녁 무렵과 조금 쉰 후에 보여주겠다고 대답한다. 그러나 정조가 의원의 진찰을 허용한 것은 다음 날인 6월 22일이었다. 정조는 이때 어의 피재길皮載吉과 지방 의관 김한주金漢柱·백동규白東圭도 함께 들어와 진찰하라고 명한다. 중앙의 어의는 매수될 가능성이 있다는 의심이 깔려 있는 것이다. 앞의 정윤교도 지방 의관이었다.

다음 날인 23일 정조는 도제조 이시수에게 고통을 호소한다.

"고름이 나오는 곳 이외에 왼쪽과 오른쪽이 당기고 뻣뻣하며 등골뼈 아래쪽에서부터 목 뒤 머리가 난 곳까지 여기저기 부어올랐는데 그 크기가 어떤 것은 연적硯滴만큼이나 크다."

이날 이시수가 뒤에 크게 논란이 되는 연훈방烟熏方 요법을 정조에게 소개한다. 연훈방은 연기를 쏘이는 법이었다.

"조금 전에 변씨 의원의 말에 따라 토끼 가죽을 이미 대령하였고 장영장관壯營將官 심인沈鏔의 연훈법도 이미 시험하여 효과를 보았다고 합니다. 하지만 이번에 종기를 치료하는 것은 전부 떳떳한 처방을 쓰고 있으며 고름이 흐르고 근이 녹아 차츰 그 효과가 있으니 그와 같은 잡약은 선불리 시험해서는 안 될 듯합니다."

이시수는 토끼 가죽을 붙여 고름을 빼내는 방법과 연기를 쐬는 방법을 소개한 후 선불리 시험해서는 안 된다고 덧붙였다. 시험해서는 안 되는 약을 굳이 소개하는 의도가 궁금한 대목이다. 병석의 사람에게 효과가 있다고 말하면 당연히 관심을 기울이기 마련이었다.

"그 두 가지 방법은 과연 소문대로 효과가 있다 하던가?"

조윤대曺允大가 답했다.

"토끼 가죽은 신봉조申鳳朝가 효과를 보았고 연기를 쐬는 법은 서정수徐鼎修가 또한 효과를 얻었다고 합니다."

그 이튿날인 6월 24일 정조는 연훈방을 사용하기로 결심했다.

> 심인이 조제한 연훈방과 성전고聖傳膏를 들여보낼 것을 명하였다. 연훈방은 경면 주사鏡面朱砂를 사용하였고 성전고는 파두巴豆 등 약을 사용하였으므로 신하들이 섣불리 시험하면 안 된다고 말하였으나 이때에 와서는 모든 약이 효과가 없어 상이 연훈법을 한번 시험해 보고 싶어 하므로 마침내 가져다가 써 보기에 이른 것이다.
>
> -《정조실록》 24년 6월 24일

연훈방을 사용한 다음 날인 6월 25일 정조의 증세는 한결 좋아진다. 약원藥院의 여러 신하들을 불러 접견한 정조가 심인을 찾은 것이다.

"심인과 정윤교를 들어오게 하라. 밤이 깊은 뒤에 잠깐 잠이 들었을 때 피고름이 저절로 흘러 속적삼에 스며들고 요 자리까지 번졌는데 잠깐 동안에 흘러나온 것이 거의 몇 되가 넘었다. 종기 자리가 어떠한지 궁금하므로 경들을 부른 것이다."

"피고름이 이처럼 많이 나왔으니 근이 이미 다 녹은 것을 알 수 있습니다. 반갑고 다행스러운 마음은 무엇이라 형용할 수 없습니다. 앞으로는 원기를 보충하는 면에 한층 더 유념하지 않을 수 없는데 부어고鮒魚膏를 본원本院에서 봉하여 올리겠습니다. 잠자리도 전에 비해 편안하셨습니까?"

"지난밤에 비하면 조금 나았다."

이시수가 아뢰었다.

"날이 밝은 다음에 다시 자세히 진찰해 보아야겠으나 기쁘기가 한이 없습니다."

그러나 고름은 빠졌어도 가슴 속의 화기는 여전했다. 6월 26일 정조는 약원 도제조 이시수의 건의로 경옥고瓊玉膏를 들었다. 그리고 이날 다시 연훈방을 들일 것을 명했다. 다음 날 정조의 상태는 그리 좋지 못했다. 6월 27일 약원 도제조 이시수가 물었다.

"어제 저녁에 들어와 진찰할 때 상께서 마치 주무시는 듯 정신이 몽롱한 증세가 있었는데 지금 바라볼 때도 마찬가지입니다. 간밤에 계속 그러하셨습니까?"

"어젯밤을 지샌 일은 누누이 다 말하기 어렵다."

이시수가 다시 물었다.

"어제 심인의 말을 들으니 종기 아래쪽이 약간 단단한 것 같다고 했는데 과연 그렇습니까?"

"그런 것 같긴 하나 자세히 잘 모르겠다."

좌의정 심환지가 물었다.

"당기고 아픈 곳은 완전히 나았습니까?"

"그것은 나았다. 연훈법을 다시 시험해 보는 것이 좋겠는가?"

이시수가 조금 더 기다리자고 말했다.

"탕약을 복용하신 뒤에까지 우선 기다렸다가 증세를 더 살펴보는 것이 좋겠습니다."

이때 정조는 다시 국사를 걱정한다.

"도목정사都目政事(매년 두 차례 관리들의 고과평점을 심사하는 것)를 치를 때가 되었는데 정관政官(이조판서) 이병정李秉鼎의 사정이 딱하게 되었구나. 혹시 백성들의 일에 관한 사항이 있으면 비록 이런 상황이라도 자주 여쭈어 조치하도록 하라."

이날 정조는 다시 약원 제신을 불러 접견하였다. 이시수가 탕약을 올리자 마시려 하다가 다시 내보냈다.

"탕약이 조금 식은 듯하니 다시 데워 오라."

데워온 탕약을 마신 정조는 만족했다.

"맛이 참 좋구나."

이시수가 아뢰었다.

"약 힘이 매우 약한 편이니 오후에 다시 올릴 약은 인삼 1돈을 넣고 건강乾薑을 첨가하는 것이 좋을 듯합니다."

어의 강명길이 자신의 견해를 보탰다.

"지금의 상황으로 볼 때 3돈을 쓰더라도 안 될 것은 없겠습니다."

"갑자기 많이 넣을 필요가 있겠는가?"

정조는 거부했다. 정조는 센 약의 사용을 극도로 경계하고 있었다. 이날 잠시 잠을 잔 정조는 다시 약원 제신들을 접견했다. 이시수가 아되었다.

"탕약 두 첩을 드신 뒤에 별다른 증세는 없으십니까?"

"특별히 다른 증세는 없다."

이때 이시수는 연훈방을 다시 쓰자고 주장한다.

"연훈방을 다시 시험해 보아야 하지 않겠습니까?"

"이제 시험해 보아야겠다."

정조가 사용하겠다고 하자 이시수는 갑자기 말을 바꾼다.

"연훈방은 종기에 맞는 처방이긴 하나 정신이 혼미하신 이때 연기가 혹시 방 안에 퍼지면 정신에 해로울까 걱정이 됩니다."

의관 유광익柳光翼 · 심인 등은 연훈방 사용을 반대한다.

"연훈방은 우선 중지하고 천천히 상태를 보아 가며 시험하는 것도 무방하겠습니다."

이날 다시 연훈방을 사용했는지는 분명하지 않다.

다음 날인 6월 28일이 운명의 날이었다. 약원 제신을 불러 접견하자 좌의정 심환지 등이 아뢰었다.

"밤 사이에 성체聖體는 조금 어떠하십니까?"

"누각漏刻(물시계)이 몇은 뒤에 잠을 조금 잤다."

이시수가 물었다.

"밤 사이에 드신 것이 있었습니까?"

"전혀 먹은 것이 없다."

"인삼차를 지금 대령하였습니다."

정조는 대답하지 않았다. 그러자 이시수가 다시 권했다.

"인삼차를 끓여 들여온 지 상당히 지났습니다."

마지못해 정조가 마셨고, 이시수가 다시 아뢰었다.

"일찌감치 진맥을 하는 것이 좋겠는데 지방의 의관 김기순金記淳과 강최현姜最顯도 대령했습니다."

"오늘날 세상에 병을 제대로 아는 의원이 어디 있겠는가? 하지만 불러들여라."

김기순과 강최현이 들어왔고, 강명길 등이 진맥하고 나서 진단을 말했다.

"원기가 부족하기는 어제와 마찬가지입니다."

정조가 물었다.

"탕약을 어떻게 했으면 좋겠는가?"

강명길이 아뢰었다.

"원기를 보할 약을 쓰면서 아울러 비장을 따뜻하게 해야겠습니다."

지방에서 급하게 불러온 지방 의관 강최현 등이 진맥한 뒤에 아뢰었다.

"맥 도수가 부활浮滑(어지럽고 일정치 않음)하고 풍기風氣가 있는 듯합니다."

정조는 지방 의관들에게 물었다.

"대체적으로 어떠한가?"

"대체적으로는 부족합니다."

이날 정조는 다시 약원 제신을 접견한다. 이때 이시수가 탕약을 올리자 정조가 묻는다.

"누가 지은 약인가?"

"강최현이 지은 것인데 여러 사람의 의논이 대체로 서로 비슷하였습니다."

"5돈쭝인가?"

인삼을 5돈 넣었느냐고 묻는 말이었다. 이시수가 인삼 3돈을 넣었다고 답했다. 이날 정조는 승지 한치응韓致應을 체직하고 김조순金祖淳을 후임으로 삼았다. 김조순의 딸은 세자빈으로 내정된 상태였다. 초간택과 재간택까지 마친 상태였다. 그만큼 정조가 김조순을 신임한 셈인데 그를 승지로 삼아 곁을 지키게 한 것이다. 그 직후 정조는 영춘헌迎春軒에 거둥해 좌부승지 김조순을 접견했다. 원임 직제학直提學 서정수와 검교檢校 직제학 서용보 · 이만수李晩秀도 함께 불렀다. 노론 벽파에서 작성한 《정조실록》은 "이때 상의 병세가 이미 위독한 상황에 이르렀다"고 적고 있다. 위독한 상황에 이른 정조가 영춘헌까지 거둥해 여러 신하들을 접견할 수 있었는지는 의문이다.

> 주상이 무슨 분부가 있는 것 같아 자세히 들어보니 '수정전壽靜殿' 세 자였는데 수정전은 왕대비가 거처하는 곳이다. 마침내 더 이상 말을 하지 못하므로 신하들이 큰 소리로 신들이 들어왔다고 아뢰었으나 상은 대답이 없었다.
>
> -《정조실록》 24년 6월 28일

이런 상황에서 지방 의원 이명운李命運이 진맥한 뒤에 실망스런 결과를 말한다.

"맥도脈度를 감히 잘 모르겠습니다."

이시수가 탑교榻敎(임금의 명령서)를 청했고, 인삼 5돈쭝과 좁쌀미음, 청심원淸心元 두 알, 소합원蘇合元 다섯 알을 가져오라고 명했다. 소합원은 생강을 끓인 물에 타서 들여오라고 했는데, 이 탑교는 정조가 아니라 이시수가 내린 것이었다. 이시수는 앞으로 나가 큰 소리로 아뢰었다.

"성상의 병세가 이와 같으므로 의약청議藥廳에 탑교를 방금 써 내보냈습니다."

좌부승지 김조순이 탑교를 받아썼다.

"의약청은 관례에 따라 거행하라."

정순왕후의 세상

이날 정조가 왜 정순왕후가 있는 '수정전'을 언급했는지는 알 수 없다. 그러나 바로 이때 정순왕후가 등장한다. 정순왕후가 승전색承傳色(내시)을 보내 의견을 전했다.

"이번 주상의 병세는 선조先朝 병술년(영조 42년)의 증세와 비슷하오. 그 당시 드셨던 탕약을 자세히 상고하여 써야 할 일이나 그때 성향정기산星香正氣散을 복용하고 효과를 보았으니 의관으로 하여금 의논하여 올려 드리게 하시오."

정순왕후가 의학에 얼마나 지식이 있었는지는 모르지만 도제조 이시수는 주저함이 없이 강명길에게 성향정기산을 올리게 했다. 그 직후 혜경궁 홍씨가 승전색을 통해 의사를 전달한다.

"동궁(순조)이 방금 소리쳐 울면서 나아가 안부를 묻고 싶어 하므로 지금 함께 나아가려 하니 제신은 잠시 물러나 기다리도록 하시오."

자전(정순왕후)이나 자궁慈宮(혜경궁 홍씨)이 나타나면 신하들은 모두 문 밖으로 물러나야 했다. 외간 남녀가 얼굴을 마주칠 수 없는 법도 때문이었다. 좌의정 심환지 등은 문 밖에서 기다리다가 잠시 후 문 밖 가까이 다가가 큰 소리로 외쳤다.

"신들이 이제 들어가겠습니다."

혜경궁이 세자와 함께 돌아가자 심환지 등이 다시 들어왔고, 부제조 조윤대가 정순왕후가 말한 성향정기산을 가지고 들어왔다. 이시수가 숟가락으로 탕약 떠 두세 숟갈을 입 안에 넣었는데 넘어가기도 하고 밖으로 토해 내기도 했다. 이시수가 강명길에게 진맥하게 했고 진맥을 마친 강명길이 엎드려 말했다.

"맥도로 보아 이미 가망이 없습니다."

이런 상황에서 다시 정순왕후가 등장한다. 내시를 통해 다시 말을 전한 것이다.

"주상의 병세는 풍 기운 같은데 대신이나 각신이 병세에 적절한 약을 의논하지 못하고 어찌할 줄 모르는 기색만 있으니 무슨 일이오?"

좌의정 심환지가 회답했다.

"이제는 성상의 병세가 이미 위독한 지경에 이르러 천지가 망극할 뿐 더 이상 아뢸 말이 없습니다."

약원 제조 김재찬金載瓚이 인삼차와 청심원을 들여왔으나 정조는 마시지 못했다. 도제조 이시수는 이때 엉뚱하게도 수정전으로 달려가 정순왕후에게 경과를 보고한다.

"인삼차에 청심원을 개어서 끓여 들여보냈지만 이제는 아무것도 드실 길이 만무합니다. 천지가 망극할 따름입니다."

이시수가 통곡하자 정순왕후가 분부한다.

"내가 직접 받들어 올려 드리고 싶으니 경들은 잠시 물러가시오."

심환지 등이 잠시 문 밖으로 물러나왔다. 방 안에는 정조와 정순왕후 단 둘만 있었다. 위독한 정조 곁에 최대 정적 정순왕후 혼자만 있었던 것이다. 그리고 조금 뒤 방안에서 정순왕후의 곡하는 소리가 들렸다. 정조가 세상을 떠났다는 것이다.

노론 벽파 심환지와 같은 당파 이시수가 문 밖에서 말했다.

"지금 400년의 종묘사직이 위태롭게 되었는데 신들이 우러러 믿는 곳이라고는 왕대비 전하(정순왕후)와 자궁 저하(혜경궁 홍씨)뿐입니다. 동궁 저하께서 나이가 아직 어리므로 감싸고 보호하는 책임이 두 분께 있는데 어찌 그 점을 생각지 않고 이처럼 감정대로 행동하십니까? 게다가 국가의 예법도 지극히 엄중하니 즉시 대내로 돌아가소서."

'지극히 엄중한' '국가의 예법'이란 비록 대비나 왕비라 하더라도 국왕의 임종을 지킬 수 없게 한 조선의 예법을 말한다. 따라서 이 순간 대비 정순왕후가 다른 신하들을 물리치고 혼자 정조의 병석을 지킨 것은 예법에 어긋나는 일이었다. 정조의 임종을 지킨 유일한 인물은 정조의 최대 정적인 정순왕후 김씨였다.

정조의 병세 진행으로 볼 때 문제는 논란 많았던 연훈방과 이시수가 여러 차례 권했던 경옥고와 정조의 임종을 지킨 유일한 인물이 정순왕후라는 점이다. 논란 많았던 연훈방을 제시한 심인은 노론 벽파의 영수 심환지의 친척이었고, 이시수는 연훈방을 정조에게 소개했다. 같은 당파 심환지와 상의했을 가능성은 농후하다. 심인이 심환지의 친척이란 점에서 심환지는 남인들의 의심의 표적이 되었다.

정조가 사망한 창경궁 영춘헌

이곳에서 사도세자가 태어났고 정조의 아들인 순조 역시 영춘헌에서 태어났다. 일자형의 본채 5칸의 좌우와 뒷면에 행각이 둘러 있어 'ㅁ' 자형을 이루며, 서쪽으로 'ㅁ' 자형의 행각이 이어져 맞붙어 있다.

영조의 계비였던 대비 정순왕후 김씨는 정조의 병세가 심각하다 해서 목 놓아 통곡할 만한 인물은 아니었다. 혜경궁 홍씨의 친정이 그랬던 것처럼 영조 말년 권력을 누리던 그녀의 친정은 정조가 즉위하자마자 급전직하 몰락의 길을 건 집안으로서 정조에게 원한을 갖고 있었다. 대비 정순왕후 김씨와 정조는 법적으로 따지면 모자지간이지만 정치적으로는 원수였다. 정조 24년인 이 해 세자의 나이 열한 살의 미성년이었다. 따라서 정조가 세상을 떠날 경우 왕실의 가장 어른인 정순왕후가 섭정을 하게 되어 있었다. 이 경우 정순왕후의 친정이 다시 살 것임은 두말할 나위가 없었다. 간단히 말해 정조가 죽어야 정순왕후의 집안

영조의 계비 정순왕후의 가례 모습

가운데가 정순왕후의 연이다. 정조 사후 정순왕후는 수렴청정을 하게 되면서 노론 세도정치의 길을 열었다. 《정순왕후 가례도감 의궤》

이 사는 것이었다. 이런 정순왕후가 정조를 살리기 위해 성향정기산을 올렸다고 믿기는 어려울 것이다.

과연 정조가 세상을 떠난 후 정순왕후 김씨는 계획대로 수렴청정하게 되었다. 대왕대비 김씨의 수렴청정은 몰락했던 친정의 부활로 나타났다. 정조 때 귀양 갔다가 사망한 김귀주는 이조판서로 추증되고 살아 있는 그 일족은 다시 기용이 되었다. 그리고 다시 노론의 세상이 되었다.

정조가 세상을 떠나던 날 삼각산이 울었다. 며칠 전에는 양주와 장단 등의 고을에서 한창 잘 자라던 벼 포기가 어느날 갑자기 하얗게 죽어 노인들이 슬퍼하며 "이는 상복을 입는 벼(居喪稻)"라고 말했는데 얼마 안 되어 대상大喪(임금의 상사)이 났다. 시골 노인들이 벼가 상복을 입었다고 전할 정도로 백성들을 사랑했던 개혁 군주 정조가 세상을 떠난 후 조선은 점차 나락으로 떨어졌다. 먼저 사상적으로 유일 사상 체계가 강화되었다. 당시 성리학에 도전하는 사상은 천주교였다. 정조 15년

(1791)경 천주교를 둘러싼 견해 차이로 정파가 분열되는데 남인과 일부 노론 시파는 이를 받아들여 신서파信西派를 형성했으며 집권당인 노론 강경파 대부분은 이를 공격하는 공서파攻西派를 형성했다. 정조는 노론 강경파를 의식해 부모의 신주를 불태운 윤지충尹持忠과 권상연權尙然 등을 사형시켰지만 대체적으로 천주교에 관대한 입장을 지니고 있었으므로 천주교에 대한 극단적 탄압은 없었다.

그러나 정조가 사망한 후 정권을 잡은 정순왕후는 노론 강경파와 함께 1801년 천주교를 탄압하는 신유사옥을 일으킨다. 명목은 사학邪學인 천주교를 금한다는 것이었으나 그 내용은 신서파인 남인 이가환·이승훈李承薰·정약용 등을 제거하기 위한 것이었다.

정조의 무덤인 건릉

개혁 군주였던 정조가 갑작스러운 죽음을 맞으면서 조선은 급격한 쇠락의 길을 걷게 된다. 이후 지속된 세도정치가 역사의 반동이었다는 점에서 정조의 죽음은 사실상 조선의 멸망이었다.

뿐만 아니라 정순왕후가 수렴청정을 거둔 후 정권을 장악한 순조 비 순원왕후純元王后 김씨의 아버지 김조순이 드디어 노론 일당 전제에서 안동 김씨 일당 전제를 여는 세도정치를 시작하였다. 노론 일당 전제라는 폐쇄적 사회에서 보다 개방적인 사회로 나아가야 할 시점에 오히려 한 가문이 정권을 잡는 일족 세도정치가 시작된 것이다. 개방에서 폐쇄로의 반동, 이는 역사의 후퇴이며 사실상 조선의 멸망이었다.

5장

끝나지 않은 비극

사도세자의 후예들

《정조실록》10년 11월 20일

종실인 이담이 죽었는데 은언군 이인의 장자이다.……
일시에 이인이 독살했다고 떠들썩했다

노론과 정순왕후의 복수

사도세자는 손이 귀했던 조선 후기 왕실 사람으로서는 비교적 많은 자식을 두었다. 정실부인인 혜경궁 홍씨에게서 2남 2녀를 두었다. 영조 26년(1750)에 낳은 맏아들 의소懿昭 세손은 2년 만에 죽었지만 그해 정조를 낳았다. 혜경궁 홍씨 소생의 맏딸 청연군주淸衍郡主는 김기성金箕性에게 시집가고, 둘째 청선군주淸璿郡主는 정재화鄭在和에게 시집갔다. 사도세자는 두 명의 후궁에게서도 세 명의 서자와 한 명의 서녀를 두었으니 모두 5남 3녀로서 비교적 다산이었다. 세자의 후궁인 양제 임씨는 은언군恩彦君(1754~1801)과 은신군恩信君(1755~1771)을 낳았고, 박씨는 은전군(1759~1778)을 낳았다.

영조 38년(1762) 사도세자가 뒤주에 갇혀 죽을 때 네 명의 아들이 살아 있었는데 정조는 열한 살, 은언군과 은신군은 각각 아홉 살, 여덟 살이었고, 은전군은 네 살이었다. 네 아들도 사도세자처럼 아무도 순탄하

무안군에 있는 사도세자의 사당

사도세자는 정조 즉위 이후 숭모 사업에 의해 장헌세자가 되었고 이후 1899년 장조로 추존되었다. 정조를 제외한 그의 아들들은 그와 마찬가지로 비극적인 죽음을 맞았다.

게 죽지 못했다.

사도세자의 서자 중 가장 먼저 죽은 인물은 둘째인 은신군 이진李禛이었다. 영조는 재위 43년(1767) 은신군을 유학 홍대현洪大顯의 딸에게 장가보내기로 결정하면서 형 은언군과 함께 사저로 나가 살라고 명했다. 혼인을 한 왕손이 더 이상 궁궐에서 살 수 없기 때문이었다. 은신군은 이듬해 2월 열네 살의 나이로 혼인하면서 사가에 나가 살았다. 부친은 죽었고 모친 임씨도 부친의 사망과 함께 삭탈되어 쫓겨났기 때문에 따로 돌보아 줄 사람이 없었다.

왕손궁의 비극

그런 빈 공간에 접근한 인물이 혜경궁 홍씨의 부친인 홍봉한이었다. 홍봉한은 황경룡黃景龍이란 인물을 두 왕손이 사는 용동궁龍銅宮 임장任掌

(호적 개정할 때의 임시 관직)으로 삼았다. 서울 종로구 수성동에 있던 용동궁은 명종의 아들 순회세자順懷世子가 살았던 궁이었다. 이때 은언군 · 은신군 형제가 살던 곳을 왕손궁王孫宮이라고 했는데 아마도 용동궁을 그렇게 불렀을 것이다. 홍봉한은 또 황경룡을 왕손궁의 실무자인 장무掌務로 만들어 은언군 · 은신군 형제를 모시게 했다.

사도세자의 장인인 홍봉한의 초상

사도세자의 죽음에 중요한 역할을 했던 홍봉한은 이후 사도세자의 아들들에게 접근해 비극적인 죽음을 맞게 되는 계기를 만든다.

영조 47년(1771) 2월 1일 김우상金禹象이란 인물이 황경룡을 고발하면서 왕손궁은 논란의 한가운데 서게 되었다.

"왕손궁의 장무 황경룡이 왕손의 일을 빙자해 백성들의 재산을 침탈했습니다."

영조는 두 서손庶孫이 백성들의 재산을 침탈했다는 고발이 들어오자 크게 놀랐다. 영조는 두 왕손의 주위에 다른 생각을 품은 사람들이 모일 것을 크게 우려했다. 권력을 꿈꾸는 사람들이 왕손 주위에 모이면 큰 문제가 발생할 수 있기 때문이었다. 영조는 격분해서 황경룡을 체포해 오라고 명했다. 그가 잡혀 오자 직접 국문했다. 국왕이 직접 국문할 경우 자칫하면 목숨을 잃게 되어 있었다. 황경룡은 시장 사람들의 재산을 빼앗았다는 자신의 혐의를 전면 부인했다.

"전민廛民(시장 사람)이 신을 향하여 모두들 훌륭하다고 칭찬했으니 김우상이 고발한 말은 틀림없이 착오일 것입니다."

그러자 영조는 김우상을 불러와 황경룡과 대질시켰다. 김우상은 자신의 고발이 사실이라고 말했다.

"백성과 시정市井들은 모두들 왕손궁 때문에 장차 살 수 없으리라고들 한다. 네가 장무이 되었기 때문에 아까 고발한 것인데 너를 해롭게 하려고 고발한 것은 아니었다."

김우상은 또 왕손이 추종騶從(수종인)을 많이 데리고 다녀 도로에서 구경하는 자들이 모두 대장大將의 행차라고 지목할 정도였다는 말도 덧붙였다. 조사 결과 김우상의 고발이 사실로 밝혀졌다. 백성들의 재산을 침탈한 것도 사실로 드러났고 두 왕손이 재상이 타는 남여籃輿를 타고 다녔던 사실도 밝혀졌다. 혐의 사실을 부인하던 황경룡은 심한 매를 맞고 자백할 수 밖에 없었다. 그러면서 그는 자신을 발탁한 사람의 이름을 털어놓았다.

"이제 죽을 지경에 이르렀으니 마땅히 바른 대로 고하겠습니다. 봉조하 홍봉한이 저를 불러 임장이 되게 했으며, 정해년(영조 43) 2월에는 환관 이흥록李興祿의 손에 뽑혔는데, 이흥록은 은언군과 가장 친했습니다."

혜경궁 홍씨의 부친인 홍봉한이 황경룡을 용동궁 임장으로 만들어준 배후의 인물이란 뜻이었다. 홍봉한이 이흥록과 짜고 황경룡을 왕손궁의 실무자로 만들었던 것이다. 김우상이 황경룡을 고발한 것도 이 때문이었다. 김우상은 은언군 형제의 비행에 분개해 고발한 것이 아니었다. 그가 대질 심문 때 "너를 해롭게 하려고 고발한 것은 아니었다"라고 말한 것은 이유가 있었다. 이 사건은 황경룡과 김우상의 싸움이 아니었다. 이 싸움은 두 외척 사이의 싸움이었던 것이다. 김우상의 배후는 정순왕후 김씨의 친정이었고, 황경룡의 배후는 혜경궁 홍씨의 친정이었다.

영조는 12년 전인 재위 35년(1759) 예순여섯의 나이로 김한구의 열다섯 살짜리 딸 정순왕후 김씨와 혼인했다. 태종처럼 왕비가 죽은 후 그냥 후궁만 거느리고 여생을 보내지 않고 왜 정식 혼인을 했는지는 알 수 없지만 이 비정상적인 국혼은 훗날 조선 왕실과 국가에 숱한 비극을 잉태했다. 이 국혼은 왕실에서 그토록 꺼리는 외척 세력을 불러 모은 셈이었다. 국혼 날까지 김한구는 벼슬하지 못한 유학幼學 신세였으나 자신보다 서른 살이나 많은 사위를 둔 새로운 국구國舅(왕의 장인)가 되면서 오흥부원군鰲興府院君에 봉해지고 돈녕부도정敦寧府都正이 되고, 금위대장禁衛大將이 되어 단번에 궁중의 실세가 됐다. 이 외척 가문 사람들은 과거에 급제할 실력은 없었으나 권력에 대한 욕구만큼은 그 누구보다도 많았다. 정순왕후의 다섯 살 연상인 오라비 김귀주도 과거에 번번이 떨어진 백두白頭로 동생이 왕비가 되면서 음보蔭補로 벼슬에 올랐다. 영조는 재위 39년(1763) 음서 출신인 김귀주를 이례적으로 청요직인 사간원 정언으로 삼는 등 크게 우대했다. 증손녀뻘 나이의 어린 아내에게 빠져 이 문제에 관한 한 이성적 판단이 마비되었다.

두 외척은 시종 갈등 관계였으나 단 한 문제만은 서로 힘을 합쳤다. 사도세자 제거 문제였다. 힘을 합치지 않아야 할 문제에만 힘을 합친 것은 두 외척 가문의 문제점을 적나라하게 보여준다. 영조가 비상식적인 재혼을 하지 않았다면 사도세자의 비극은 없었을 개연성이 높았다.

사도세자는 김상로·홍계희 등 노론 중진들과 경주 김씨와 풍산 홍씨라는 두 외척의 협공을 받아 영조 38년 살해되고 말았다. 밖에서는 집권 노론이, 안에서는 궁중의 두 여인 정순왕후와 혜경궁 홍씨가 합동으로 공격하는 것을 사도세자는 막을 수가 없었던 것이다.

사도세자 제거 후 두 외척은 다시 갈등 관계로 돌아섰다. 노론의 주도권을 놓고 다툼을 벌였던 것이다. 김한구·김귀주 부자는 사도세자의 죽음을 당연시하는 노론 벽파의 맹장이 되었고, 홍봉한은 뒤늦게 사도세자의 죽음을 동정하는 노론 시파의 영수가 되었다. 같은 노론 내에서 파벌이 갈린 두 외척은 권력을 독점하기 위해 서로를 치열하게 공격했는데 김우상의 황경룡 고발은 이 전쟁의 연장선상에서 돌출된 사건이었다. 왕손궁에 대한 정보를 입수한 정순왕후 김씨 측에서 혜경궁 홍씨의 친정을 공격하기 위해 나선 것이었다.

영조는 한편으로 황경룡과 환관 이흥록을 국문하는 한편 의금부를 시켜 김우상이 고발한 내용이 사실인지를 조사시켰다. 조사 결과 황경룡이 백성들의 재산을 침탈한 증거들이 드러났다. 황경룡이 각전各廛(상가)에서 500~600냥의 돈과 수십 필의 저苧·면목 등을 거두어 환관 이흥록에게 전했다는 사실이 드러난 것이다. 또한 홍봉한이 황경룡의 누이 황덕혜黃德惠를 은신군의 보모로 들이고, 이흥록이 황경룡의 누이를 궁중의 나인으로 들인 사실도 드러났다. 홍봉한과 이흥록이 은언군·은신군 형제를 특별 관리한 셈이었다. 대신이 왕손을 특별 관리했다는 사실은 큰 사건이었다. 자칫 이 왕손을 추대하려 했다는 혐의를 받을 수 있기 때문이었다. 사도세자를 죽이는 데 가담한 혐의를 받는 홍봉한 가문으로서는 세손이 부담스러울 수 밖에 없었다. 그래서 왕손들을 특별히 관리했던 것이다.

환관 이홍록이 심문 도중 물고物故(사망)될 정도로 국문은 혹독했다. 영조는 이 사건에 일체의 사정을 봐 주지 않았다. 황경룡을 침탈당한 백성들에게 사죄한다는 뜻으로 모래사장에서 목을 베고, 누이인 은신군의 보모 황덕혜를 제주 대정현에 유배 보냈다. 이홍록은 이미 물고되었다. 영조는 홍봉한까지 처벌했다.

"홍봉한은 양인 출신 황덕혜를 왕손 은신군의 아보阿保(보모)로 삼는 만고에 없는 일을 만들었다. 홍봉한에게 특별히 서용敍用(죄를 지어 면관免官되었던 사람을 다시 벼슬자리에 등용함) 금지법을 시행하라."

일단 홍봉한의 서용을 금지시켰으나 삼사가 탄핵하자 일시 청주로 귀양 보냈다. 김우상을 통해 황경룡을 공격했던 정순왕후 측으로서는 소기의 목적을 달성한 셈이었다. 홍봉한까지 처벌받았으니 남은 것은 왕손들이었다.

사실 왕손들은 이 사건과 직접 관련이 없었다. 홍봉한이 황경룡을 시켜 관리하는 것을 거절할 처지가 아니었던 것이 문제라면 문제였다. 정확하게 말하면 홍봉한에게 이용당했을 뿐이었다. 은언군의 나이 열여덟, 은신군은 열일곱에 불과했다. 어린 나이에 황경룡이 대장처럼 추종을 잔뜩 붙여 주며 호령하자 그 위세를 즐겼을 뿐 황경룡이 빼앗은 상인들의 재산을 왕손들이 가진 것도 아니었다. 그러나 영조는 본때를 보이기 위해서 왕손들도 용서하지 않았다. 영조는 재위 47년(1771) 2월 3일 은언군 이인李裀과 은신군 이진의 관직을 삭탈하고 제주도 대정현으로 유배 보냈다. 유배도 그냥 유배를 보낸 것이 아니라 집 주위에 가시울타리를 쳐서 바깥 구경을 못하게 했다. 왕손으로서 귀하게 자라온 아이들

서울역사박물관에 있는 은신군 비

사도세자의 아들이었던 은신군은 어린 나이에 외척 가문들의 권력 투쟁 과정에서 희생되어 당시 사람들이 동정의 눈물을 금치 못했다.

이 가시울타리가 쳐진 집에 유폐되어 있었으니 오래 견딜 수 없었다. 은신군은 불과 석 달도 못된 그해 4월 12일 유배지에서 사망하고 말았다. 내용은 병사病死이지만 타살이나 마찬가지였다. 당사자 영조는 은신군의 사망 사실을 듣고 하교했다.

"아! 이번의 처분이 국가를 위해서라고 하지만 마음에는 지금까지 차마 못할 일이라고 여겼었다. …… 관의 재료는 제주목으로 하여금 가려서 지급하게 하고, 의금衣衾(상복)은 대정 현감으로 하여금 종신宗臣의 예에 따라 살피고 단속하여 마음을 써서 거행하도록 하되, 우선 가시울타리를 철거하게 하고 마음을 써서 운구하도록 하라."

은신군에 대한 영조의 처분은 가혹한 것이었다. 어린 나이로 이용당한 것에 불과하니 도성 부근 지역에 부처付處해도 백성들에게는 엄하게 처벌했다는 인상을 줄 수 있었다. 섬으로 귀양 보내고 위리안치까지 시킨 것은 이용당한 왕손에 대한 처벌치고는 가혹한 것이었다. 그래서 그 배후에 정순왕후가 깊숙이 작용했을 가능성이 높았다. 두 왕손은 외척 가문 전쟁의 틈바구니에 끼인 희생양이 된 것이다. 영조는 자신이 어린 부인에게 끌려 다니는 줄도 모르고 아들을 죽인 데 이어 그 아들이 낳은 손자까지 죽인 것이었다. 종친들의 불법 행위에 대해서는 아주 비판적인 사관까지도 은신군의 죽음에 대해서는 크게 동정하고 있다.

> 이인(은언군) 등이 당초 죄를 범한 것은 궁노宮奴를 금하지 못한 것에 불과하지만 죄명이 매우 중대했으며, 이진(은신군)의 경우는 나이가 어려서 놀라고 겁이 나 병에 걸린 나머지 운명하였으므로 듣는 자가 슬프게 여겼다.
>
> -《영조실록》47년 4월 19일

그러나 살아남은 은언군은 졸지에 동생이 죽는 덕분에 혜택을 입었다. 영조가 석방을 지시한 것이다.

"이인이 만약 함께 물고되었다면 나의 마음이 어떠하였겠는가? 특별히 석방하는 일을 당일 안에 배도倍道(이틀에 갈 길을 하루에 감)하여 분부하도록 하라."

이렇게 은언군은 겨우 목숨을 건졌다. 그러나 사도세자의 피를 이어받은 그의 삶이 순탄할 수 없었다. 그는 사도세자의 핏줄이란 이유만으로 끝없이 압박받고 공격당해야 하는 것이 조선 왕실의 구조이자 조선 후기 정치의 역학 구조였다.

은전군, 정조 제거 사건에 연루되다

정조는 부친에 대한 애정만큼 부친의 혈육에게도 깊은 정을 갖고 있었다. 그러나 그가 이복동생들에게 애정을 베푸는 데는 한계가 있었다. 그 이복동생들이 사도세자의 핏줄이기 때문이었다. 막내인 은전군 이찬李禶의 초반 인생은 순탄한 듯했다. 열여덟 살이던 영조 52년(1776) 은전군은 종부제조宗簿提調로 왕실의 족보인 《선원보략璿源譜略》을 만드는 책임자가 되었던 것이다. 영조 때도 순탄하게 지내던 은전군이었으므로 이복 형 정조가 즉위한 후에는 더 승승장구할 가능성이 높았다.

그러나 그는 정조가 즉위하자마자 거꾸로 몰락하게 된다. 정조가 즉위하자 노론 일각에서는 정조를 제거하려고 하는데 이 사건에 연루되었기 때문이다. 사도세자를 죽이는 데 가담했던 노론 벽파 홍계희 집안이 정조 암살에 나선다. 홍계희의 아들 홍지해와 홍계희의 손자 홍상범이 천민 출신 장사 전흥문과 호위군관 강용휘를 포섭해 정조가 취침하는 경희궁 존현각 지붕까지 올라가는 사건이 발생한 것이다. 이들은 재차 대궐 담을 넘다가 발각되어 사형당한다. 홍계희의 8촌 홍계능과 홍상범의 4촌 홍상길도 이 사건에 개입되어 있었는데, 홍상길은 정조 1년(1777) 8월 국문에서 누구를 추대하려했느냐는 질문을 받는다.

"네가 성궁聖躬(정조)을 모해하고서 그 뒷일을 어떻게 감당하려 한 것이냐?"

정조를 죽이는 데 성공하면 누구를 추대하려 했느냐는 질문이다. 홍상길이 답했다.

"종친 중에 현명한 분을 가리기로 했습니다."

"그가 누구냐?"

"삼왕손三王孫께서 어질다는 명망이 있으므로 추대하려고 했습니다."

삼왕손은 사도 세자의 세 서자이자 정조의 이복동생인 은언군 · 은신군 · 은전군을 가리키는 말이었다. 은전군은 이미 사망했으므로 대상은 은언군 아니면 은전군뿐이었다. 이 중 누구를 추대하려 했느냐는 질문에 홍상길은 이찬이라고 대답했다. 어찌 보면 당연한 대답이었다. 은전군의 모친 박씨가 사도세자에 의해 죽임을 당했다고 알려져 있기 때문이다. 이들은 또 혜경궁 홍씨의 동생인 전 승지 홍낙임 등을 대장으로 삼아 정조를 제거하고 은전군을 추대하려 했다는 사실도 자백했다.

정조를 제거하려 했던 이 사건은 집권 노론에 큰 타격을 주었다. 자칫하면 노론 전체가 역당逆黨으로 몰릴 수도 있었다. 그러나 은전군을 추대하려 했다는 홍상길의 자백을 노론은 반전의 계기로 삼았다. 이복형제를 사랑하는 것으로 소문난 정조에게 공세를 취할 수 있기 때문이었다. 은전군의 이름이 나오자 대신 · 삼사 · 승지 · 장신將臣(대장)과 시위하는 여러 신하들이 일제히 정조에게 나가 한 목소리로 아뢰었다.

"소굴이 이제 부서졌고 근본 또한 다 드러났습니다. 근본이 된 것은 이찬인데, 이찬이란 이름이 이미 홍상길의 공초에 나왔으니 이는 단지 전하의 죄인일 뿐만 아니라 곧 종사의 죄인입니다. 단지 종사의 죄인일 뿐만 아니라 또한 천하 만세의 죄인입니다. 오늘날 전하의 조정에 북면하고 있는 사람들이 어찌 차마 이 역적과 한 하늘 아래 함께 있을 수 있겠습니까? …… 삼가 바라건대, 시급히 왕부王府(의금부)에 명하여 바로 시급히 잡아 오게 하소서."

그러나 홍상길이 추대하기로 했다는 자백만 있을 뿐 그가 추대에 동의했다거나 이들과 만나 모의했다는 흔적은 없었다. 그러나 노론 신료들에게 이는 중요하지 않았다. 중요한 것은 이를 정국 반전의 계기로 삼을 수 있다는 사실이었다. 과연 은전군을 사형시키라는 주청이 나오자 정조는 수세에 빠졌다. 이들은 정조를 쫓아다니며 은전군을 죽여야 한다고 주장했다. 국청 도중 정조가 잠시 쉬러 소차小次(작은 천막)에 들어갔을 때도, 대내大內의 막사인 악차幄次로 들어갔을 때도 이들은 물러가지 않고 목소리를 높였다. 합문을 닫아걸자 급기야 합문을 열어젖히고 악차 앞까지 몰려와 일제히 소리 질렀다.

"오늘날의 국가 사세는 위태하게 되었는데, 전하께서는 일신의 사정 때문에 종사의 막중함을 생각하시지 않을 수 있겠습니까? 이름이 추대 속에 들어 있고도 머리를 보존한 경우는 고금에 찾아보아도 결단코 없습니다. 이 역적을 한 시각이라도 숨을 쉬며 살아 있게 한다면 한 시각 동안 나라가 나라꼴이 아닌 것이고, 하루를 살아 있게 한다면 하루 동안 나라꼴이 될 수 없는 것입니다. 신들은 죽음이 있을 뿐이니, 소청대로 되지 않으면 감히 물러 갈 수 없습니다."

이들은 계속 은전군의 처단을 요구했다. 은전군이 실제로 이 사건과 관련 있는지 실체적 진실은 중요하지 않았다. 이들에게 정조와 은전군은 한 몸이었다. 당초 홍계희 가문에서 정조를 암살하려 장사를 궁궐에 들여보낼 때 상궁 고수애高秀愛가 깊숙이 관련되어 있었다. 고수애는 대비 정순왕후 쪽 인물이었으므로 대비까지 이 사건에 개입했을 개연성이 있었다. 그러나 아무도 상궁 고수애가 개입된 것을 계기로 정순왕후를 언급하지 않았다. 오직 정조를 압박하기 위해서 은전군만 공격하는 것이었다. 급기야 정조는 눈물까지 흘리며 신하들을 달랬다.

"경들이 어찌 나의 마음을 이토록 슬프게 하는가?"

정조는 내시에게 휘장을 내리라고 명했다. 그러나 제신들이 내시를 제지해 내릴 수 없었다. 군주 암살 기도 정국이 은전군 사형 주청 정국으로 바뀐 것이었다. 제신들은 아침부터 포시晡時(오후 3~4시)까지 물러가지 않고 은전군을 죽여야 한다고 간쟁했다. 대신들은 정조의 허락도 없었는데 승지에게 탑교를 쓰라고 명령했다. 왕권을 대신하겠다는 것이나 마찬가지였다. 승지들은 대신들의 말에 따라 은전군을 잡아 가두라는 탑교를 썼다. 정조가 다급하게 찢어 버리라고 명하자 삼사의 여러 신하들이 한 목소리로 외쳤다.

"오늘날 신자인 사람이 누가 감히 이 종이를 찢어 버릴 수 있겠습니까?"

홍상길의 입에서 이름이 나온 순간 은전군은 살기는 틀린 것이었다. 정조의 명이 없었음에도 이들이 의금부 도사를 보내 은전군을 의금부 옥에 가둔 것이 이를 말해 준다. 임금의 명령서도 없이 국왕의 이복동생을 마음대로 의금부에 잡아 가둔 것이었다. 영의정 김상철 등이 백관을 거느리고 정청庭請했다.

"죄인 이찬의 사형을 시급히 윤허하셔서 종사와 신인神人의 소망에 부응해 주소서."

노론 명가의 정조 암살 기도 사건으로 수세에 몰렸던 노론은 은전군의 이름이 나온 것을 계기로 정국의 주도권을 다시 찾았다. 부친의 혈육을 죽이고 싶지 않았던 정조는 수세에 몰릴 수 밖에 없었다.

"왕법王法에 걸리면 비록 의금부에 두기는 하지만 어린아이가 어찌 알겠는가? 어려운 고초를 상상하면 눈물이 넘쳐 내 마음을 어떻게 할 수가 없고, 소식을 물을 수 없어 안부도 들을 수 없다. 옥문獄門을 맡은 신하로 하여금 모든 범절들에 있어 따로 더 마음을 쓰게 하라."

그러나 제신들은 다른 모든 일을 제쳐 놓고 은전군의 사형만을 요구했다. 영의정이 백관을 거느리고 전교를 내리라는 정청을 44번이나 했으며 삼사에서는 62번이나 사형을 주청했다. 심지어 정조가 승여乘輿를 타고 궁궐을 도는데 제신들이 따라 걸으며 "신들이 죽는다 하더라도 감히 물러가지 못하겠습니다"라고 외쳤다. 정조는 결코 은전군을 죽일 수 없다고 여러 차례 강조했으나 신하들은 물러서지 않았다.

"전하께서 어찌 이런 분부를 하시는 것입니까? 비록 신들이 이날로 베임을 받게 된다 하더라도 감히 그대로 받들지 못하겠습니다."

이런 상황에서 판의금부사 정홍순鄭弘淳 등이 의금부 아전의 말을 전하면서 사태는 악화되었다.

"이찬을 잡아다 가두었으나 죽을 뜻이 없을 뿐만 아니라 음식을 배불리 먹으려 하고, 의복도 따습게 입으려 하면서 으르렁거리고 공갈했으며, 심지어 자신은 반드시 살아 나와 다시 하늘의 해를 보게 된다고 했다고 합니다."

이 말을 들은 제신들은 한소리로 외쳤다.

"이미 신하의 분의가 없는 것입니다. 죽여야 하옵니다."

정조가 다시 말렸다.

"그의 사람됨이 본시 경박하여 망발하는 말이 많았다. 따습게 입고 배불리 먹기를 구하는 것은 죽게 된 속에서 살기를 구하는 것에 지나지 않을 뿐이다."

정조는 대신과 의금부 당상에게 의금부에 나가 타이르고 오라고 명했다. 대신들은 의금부 뜰에 이찬을 끌어내 무릎 꿇렸다.

"네가 역적들에게 추대받았으니 만에 하나라도 살게 될 리가 없고, 비록 임금께서 차마 너를 죽는 곳에 두지 못하시지만, 네가 만약 신절臣

節이 있다면 어찌 하루라도 살아 있을 수 있겠는가?"

자결하라는 말이었다. 은전군은 당연히 자결을 거부했다. 자신은 홍계희 가문과 결탁한 적이 없었던 것이다. 대신들이 다시 청대해서 말했다.

"바로 이것이 신절이 없는 짓입니다. 청컨대 사사하소서."

자결을 거부하면 신하의 절개가 없다고 죽이라는 것이었다. 대신들은 다시 승지에게 자진하라는 탑교를 쓰라고 명했다. 이렇게 정조의 명이 없는 가운데 자살하라는 전지가 작성되었다. 즉위 초의 정조는 눈물만 흘리고 있을 수 밖에 없었다. 정조 1년 9월 24일. 사도세자의 막내아들 은전군 이찬은 이렇게 저 세상으로 갔다.

홍상길의 공초에 같이 이름이 나왔던 혜경궁의 동생 홍낙임의 경우는 달랐다. 그는 대장으로 추천받았으므로 그 역시 은전군과 같은 처지에 놓여야 했다. 양사에서 여러 차례 홍낙임의 국문을 요청하기는 했으나 그 강도는 은전군 때처럼 강하지도, 집요하지도 않았고 대신들도 정청하지 않았다. 정조의 핏줄인 은전군은 반드시 죽여야 하지만 노론 일가인 홍낙임은 달랐던 것이다. 정조는 은전군을 사사시킨 지 5개월 후인 재위 2년(1778) 2월 홍낙임을 국문했다. 국문하기 전 정조가 말했다.

"천리를 따져 보고 인정을 참조해 보더라도 홍낙임이 결단코 그럴 리가 없다."

영의정 김상철 등도 맞장구쳤다.

"그의 처지로 보더라도 이런 이치는 없을 듯싶습니다. 오늘 친히 국문해 보시면 그 진위를 결정할 수 있을 것입니다."

은전군은 이름이 나온 것만으로도 죽여야 한다고 주청하던 영의정의 입에서 나온 말이라고 보기는 어려울 정도였다. 국왕으로 추대받았다는 은전군이나 군사를 일으킬 때 대장이 되기로 했다는 홍낙임이나 마찬가지 처지여야 했다. 그러나 은전군과는 사뭇 달랐다. 혜경궁 홍씨는 동생을 살리기 위해 식음을 전폐하고 눈물을 흘렸고 정조도 외삼촌을 죽이고 싶지 않았다. 노론 대신들도 굳이 홍씨 가문과 원수질 이유가 없다고 생각했다. 그래서 홍낙임은 무죄로 석방되었다. 외척은 살아나고 왕손은 죽는 것이 군약신강君弱臣强의 나라 조선의 현실이었다.

정조의 마지막 동생 은언군

동생이 죽는 바람에 겨우 석방되었으나 은언군 이인의 앞날도 그리 밝지 못했다. 영조는 은신군이 죽은 지 한 달 20여 일이 지난 재위 47년(1771) 5월 대신들과 은언군 문제에 대해서 의논했다. 석방령만 내렸을 뿐이어서 그는 아직 서울로 올라오지 못하고 있었다.

"이미 이인을 특별히 석방했으니 올라오게 하는 것이 마땅하다. 그러나 이번 걸음에 어느 사람이 머물러 맞아 주겠으며 어느 사람이 입혀 주고 먹여 주겠는가? 생각이 여기에 이르면 나의 마음이 괴롭다. 도성 밖에 도착한 뒤에 해당 부서로 하여금 두어 칸의 집을 사서 지급하도록 하고 달마다 쌀 한 섬을 지급하게 하라. 또 전 양제(모친 양씨) 집안의 노복이 왕래하는 것은 금지하지 말도록 하라."

서울에 두어 칸의 집을 사서 거주하게 하라는 것이었으니 장소만 바뀌었을 뿐 유배의 연장이나 다름없었다. 게다가 한 달에 겨우 쌀 한 섬만을 주라는 명이었다. 모친 양씨 집안 노비들의 왕래는 금지시키지 않은 것이 유일한 인도적 조처였다.

그렇게 은언군은 서울 한 귀퉁이에 거처를 마련할 수 있었으나 영조의 대우는 여전히 박했다. 그해 7월 11일 사간원 헌납 여선형呂善亨이 전계傳啓를 읽을 때의 일이었다. 대간에서 국왕이 처벌한 죄인의 이름과 죄명 등을 적어서 상주하는 서류가 전계이다. 여선형이 전계를 읽는데 이가 빠져서 말하는 소리가 똑똑하지 못해 영조는 은언군 이인의 이름을 읽는 것을 듣지 못했다. 여선형이 일부러 은언군의 이름을 읽지 않은 것으로 여긴 영조는 건명문建明門으로 여선형을 잡아들이게 한 다음 직접 친국하고 처벌했다.

"억지로 연달아 전계를 읽으면서 그 이름을 들어 말하지 않았으니, 이것이 장심將心인 것이다. 특별히 일률一律(사형)을 용서하여 흑산도의 서민庶民으로 삼도록 하라."

장심將心이란 금장지심今將之心의 준말로서 장차 난을 일으키려는 마음을 품는 것을 뜻한다. 여선형이 훗날 은언군을 추대하기 위해서 이름과 죄명을 읽지 않았다는 뜻이었다. 다음 날 영조는 선전관 오익상嗚益祥 등을 보내 은언군이 사는 곳을 수색하고 문서를 압수해 오라고 명했다. 선전관이 다녀오자 영조가 물었다.

"이인의 집이 어디인가?"

"흑석리(흑석동)에 있었습니다."

"문서는 무엇이 있던가?"

"《통감》 1권과 28수宿 별자리를 주서朱書한 것뿐이었습니다."

"몇 사람과 함께 거처하고 있던가?"

"처가인 송가의 종 한 사람과 양제(모친 임씨)의 가노 한 사람뿐이었습니다."

영조는 다시 물었다.

"전동 집은 문을 닫아 놓은 채 한 사람의 그림자도 없던가?"

전동 집은 사도세자의 후궁이었던 양제 임씨가 사도세자가 죽은 후 함께 폐출되어 살던 집이다. 이 집까지 조사하게 했던 것이다.

"인의 어미와 진(은신군)의 부인이 집 뒤쪽 모퉁이에 있었습니다."

은신군의 부인 홍대현의 딸이 남편이 어린 나이에 죽은 후 시어머니에게 와서 함께 살고 있었다. 시아버지에게 남편을 잃은 며느리와 같은 시할아버지에게 남편을 잃은 손주며느리가 함께 사는 외로운 풍경이었다.

영조가 은언군에 대해 전향적 조치를 취한 것은 2년 후인 재위 50년(1774)이었다. 은언군 이인을 서용하고 은신군의 관작을 회복해 주라고 말한 것이다. 이렇게 살아남은 은언군이 기지개를 펴게 된 것은 정조가 즉위하면서부터였다. 정조는 즉위년(1776) 5월 은언군이 자급이 2품이라며 특별히 가자加資하라고 명하는데 이로써 그가 고위직에 다시 올랐음을 알 수 있다.

그러나 은언군의 운명은 정조 때도 편안하지 못했다. 은전군이 홍계능 가문가 연관되어 사형에 처해지고, 은신군이 홍봉한 가문과 연관되어 죽었다면, 은언군 일가는 홍국영과 관련된 사건에 얽혀들게 된 것이다.

정조는 즉위 후 세손 시절 극력 도와주었던 홍국영에게 비서실장격인 도승지와 경호실장격인 숙위대장宿衛大將을 겸하게 하는 막강한 권력을 주었다. 젊은 나이에 권력을 장악한 홍국영이 현재 갖고 있는 권력 이상의 것을 꿈꾸게 되면서 문제가 발생한다. 정조의 부인 효의왕후孝懿王后 김씨가 아이를 낳지 못하자 홍국영은 자신의 핏줄로 정조의 후사를 잇게 하려는 꿈을 꾸었던 것이다. 정조 2년(1778) 6월 홍국영의 동생이 후궁으로 들어가 내명부 정1품 빈으로 정해졌다. 보통 왕자를 생산한 후궁들에게 주어지는 벼슬이 빈이었는데, 처음부터 빈이 된 것은 이례적인 것이었다. 게다가 작호도 으뜸 '원元' 자를 쓴 원빈이 되었다. 그러나 원빈에게 정조의 아들을 낳아 후사를 잇게 하려던 홍국영의 계획은 뜻대로 되지 않았다. 가례를 올린 지 1년이 채 못된 정조 3년(1779) 원빈 홍씨가 세상을 떠났기 때문이다.

홍국영은 여기에서 좌절하지 않고 다른 계획을 세웠다. 은언군의 아들 이담李湛에게 다른 뜻을 품었던 것이다. 홍국영은 원빈의 장례 때 이담을 임금을 대신해 전奠(고인을 생시와 똑같이 섬긴다는 의미에서 재물을 올리는 것)을 올리는 대전관代奠官으로 삼았다. 이는 그를 원빈의 아들로 간주한다는 뜻이었다. 나아가 홍국영은 이담을 완풍군完豊君으로 삼았다.

"완풍군은 내 생질이다."

'완完' 자는 완산完山, 곧 전주를 뜻하는 것이고, '풍豊' 자는 홍씨의 본관인 풍산豊產을 가리킨 것이었다. 곧 완풍군은 전주 이씨의 적손이자 풍산 홍씨의 외손으로서 정조의 뒤를 이을 것이라는 뜻의 작명이었다. 홍국영은 또 원빈이 효의왕후 김씨 때문에 죽지 않았는가 의심해 왕후의 주위를 압박했는데 이 과정에서 정조는 홍국영이 자신의 왕조를 꿈꾸는 인물이란 사실을 알게 되었다. 정조는 재위 3년(1779) 홍국영을 사직 형식으로 벼슬에서 물러나게 했는데, 이 조치에 상심한 홍국영은

홍국영이 벼슬에서 물러난 뒤 은거하던 강릉의 집

홍국영은 정조 즉위에 결정적인 공로를 세워 권력을 잡았으나 너무 큰 꿈을 꾼 대가로 외방으로 내쳐진다. 이후 상심한 그는 은거를 하던 중 허무한 죽음을 맞는다.

벼슬에서 물러난 지 2년 후인 정조 5년(1781) 서른넷의 젊은 나이로 죽고 말았다. 그러나 홍국영이 죽었을 때도 홍국영이 이담에게 다른 마음을 두었다는 등의 말은 없었다. 정조 4년(1780) 8월 우의정 이휘지李徽之가 종친의 작호는 외가 성씨의 관향을 따르는 것이 법도라면서 완풍군이란 작호의 개정을 청해서 상계군常溪君으로 고친 것 정도가 변화였다. 상계군 이담은 홍국영이 죽은 지 6년 후인 정조 10년(1786) 11월 20일 세상을 떠났는데, 그 소식을 전하는 사신의 기록은 악의에 가득 차 있다.

> 종실인 이담이 죽었는데 은언군 이인의 장자이다. 홍국영이 일찍이 나의 생질이라고 불렀던 자인데, 원빈의 상사喪事 때 대전관이 되어 완풍군으로 일컬어졌는데, 홍국영이 패하자 상계군으로 호칭을 고쳤다가 이때 갑자기 죽었다. 일시에 이인이 독살했다고 떠들썩했다.
>
> -《정조실록》10년 11월 20일

《정조실록》은 정조 사후 노론 벽파가 다시 정권을 잡아 정조의 모든 치세를 부정하는 분위기 속에서 작성된 기록이었다. 상계군을 아버지 이인이 독살했다는 말이 "떠들썩했다"고 쓰면서도 아무런 근거는 밝히지 않고 있는 것이다. 부친이 왜 자식을 독살해야 했는지, 그런 말을 한 사람이 누구인지 전혀 밝히지 않은 채 그냥 떠들썩했다고 모호하게 쓰고 있는 것이다. 은언군에 대해서 극도로 부정적인 노론 당론을 적은 것에 지나지 않는 기록이다.

상계군 이담이 죽었을 때도 역적이란 말은 전혀 없었다. 정조는 예조에 국가에서 장례를 치러 주는 예장禮葬으로 치르라고 명한 것이 이를 말해 준다. 그러나 예조는 친왕손親王孫(국왕의 서자의 아들)을 예장한 전례가 없다고 반대했다. 그러나 정조는 이미 영조 26년(1750) 영조의 서자 연령군延齡君의 양자인 낙천군洛川君 이온李縕을 예장한 전례를 들면서 예장을 명한 것이었다. 그래서 정조는 예조를 추고推考(징계를 위한 조사)하겠다고 말했다.

"낙천군의 장례를 특별 전교로 예장으로 치렀는데 친왕손에게 예장을 치른 전례가 없다는 설 또한 이치에 맞지 않으므로 경을 추고하겠다."

상계군 이담의 장례는 국가의 예장으로 치러졌다. 국가에서 장례를 치러 줄 정도로 상계군은 죽는 순간까지 아무 문제가 없었다. 그런데 10여 일 후인 정조 10년(1786) 12월 1일, 대비 정순왕후 김씨가 빈청에 내린 언문 전교 한 장이 사태를 뒤집어 놓았다.

"아녀자가 조정의 정사에 간여하는 것은 아름다운 일이 아니다. 그러나 나라가 망하려는 때를 당하여 성상이 위태롭고 나라가 위험한 것을 눈으로 직접 보고도 별것 아닌 작은 혐의를 우려해 끝내 한 마디 말도 하지 않는다면 종사의 죄인이 될 뿐만 아니라, 하늘에 계신 선대왕의 영령이 어떻게 생각하시겠는가?"

여성의 정사 개입은 금지되어 있었지만 '종사'와 '선대왕의 영령' 때문에 할 수 없이 개입한다는 것이었다. '선대왕의 영령' 때문에 정사 개입 금지의 국법을 깰 수 밖에 없다는 현안이 있다는 뜻이다.

"하늘이 돈독히 도우시고 오르내리는 선왕의 영령들께서 도우셔서 임인년(1782)에 원자가 탄생했으니 이는 실로 종사의 무궁한 경사로서 태산과 반석과 같은 나라의 형세를 믿을 수 있게 되었다. 그런데 천만 뜻밖에 5월에 원자가 죽는 변고를 만나 성상이 다시 더욱 위태로워졌으나 그래도 조금은 기대할 수 있는 소지가 있었다. 그러나 또 9월에 상을 당하는 변고가 있었다. 궁빈宮嬪 하나가 죽었다고 해서 반드시 이처럼 놀라고 마음 아파할 것은 없지만, 나라에 관계됨이 매우 중하기 때문이다."

'5월과 9월의 변'은 각각 문효세자文孝世子와 모친 의빈宜嬪 성씨의 죽음을 말하는 것이었다. 정조 6년(1782) 9월 탄생한 문효세자는 정조 10년(1786) 5월 세상을 떠나고 그해 9월에는 회임 중이었던 의빈 성씨마저 세상을 떠나고 말았다. 정순왕후는 둘의 갑작스런 죽음에 배경이 의심스럽다고 주장하는 것이었다. 이 대목에서 정순왕후는 상계군 이담을 지목하고 나섰다.

"기해년(정조 3년)에 홍국영과 같은 흉악한 역적이 나와 감히 불측한 마음을 품었다. 그리하여 주상의 나이 30이 채 차지도 않았는데 감히 왕자를 둘 대계를 저지하고 상계군을 완풍군으로 삼아 가동궁假東宮(임시 세자)이라고 일컬으면서 흉악한 의논을 마음대로 퍼뜨렸다. 주상이 그의 죄악을 통촉하고 즉시 쫓아내자 흉악한 모의가 더욱 급해져서 밤마다 그의 집에 상계군을 맞이하여 놓고 널리 재화를 풀어 무식한 무리들과 결탁하였으므로 잠깐 사이에 변이 일어나게 되었다."

홍국영이 상계군을 '가동궁'이라고 불렀으니 그를 추대했다는 뜻이었다. 그러나 홍국영도 상계군도 이미 저 세상 사람이었다. 정순왕후는 도대체 무엇을 이야기하고 있는 것일까? 정순왕후는 곧이어 다시 한글 전교를 내렸다.

"이 언문의 전교는 대신만 보아서는 아니 된다. 누구를 막론하고 임금의 원수와 나라의 역적을 토벌하는 자가 있으면 나의 병이 곧 나을 수 있을 것이니 이 뜻을 승정원에 전하라."

마치 총궐기를 촉구하는 격문 같은 전교였다. 상계군이 이미 죽은 판국에 정순왕대비는 누구를 역적으로 지목해서 총궐기하라고 하는 것일까? 토벌해야 할 "임금의 원수와 나라의 역적"은 과연 누구일까? 정순왕후는 두 장의 언문교서에서 그 역적이 누구라고 밝히지 않았다. 그러나 노론에서는 정순왕후가 누구를 지목하는지 잘 알고 있었다. 어쩌면 사전에 조율했는지도 몰랐다.

그것은 바로 상계군의 아버지인 은언군이었다. 살아 있는 정조의 유일한 서제였다. 그가 바로 "임금의 원수와 나라의 역적"이란 것이었다. 정조 1년 노론이 총공세를 펼쳐 사형시킨 은전군의 전철을 밟게 하려는 전략이었다. 언문 전교가 내려지자 영의정 김치인金致仁·좌의정 이복원李福源·우의정 김익金熤 등이 곧바로 정조에게 역적 토벌을 요청했다.

은언군이 역적으로 몰릴 이유는 아무것도 없다는 사실은 모두 무시했다. 누가 은언군을 추대한 것도 아니고 그가 상계군과 홍국영을 엮어준 것도 아니었다. 그저 정순왕후가 역적이라고 아무런 물증이나 근거 없이 지목한 것뿐이었다. 문효세자의 죽음과 의빈 성씨의 죽음에 상계군이나 은언군이 관련되었다는 아무런 증거도 없었다. 그러나 김심노심金心老心으로 정순왕후 김씨의 뜻을 간파한 노론은 일제히 은언군을 죽이라고 요청했다. 정조는 느닷없이 은언군을 죽이라는 주청을 거부할 수 밖에 없었다. 그러자 다음 날에도 영의정 김치인 등이 이 문제를 다시 제기했다.

"아! 국운이 불행하여 역적들이 거듭 발생하였습니다. 5월에 원자가 죽은 변이 생긴 뒤로 안팎의 인심이 어수선하여 안정되지 않고 있는데,

김치인의 초상

김치인은 자를 공서公恕, 호는 고정古亭이라 했다. 그는 정순왕후의 정치력을 배경으로 은언군을 역적으로 몰고 간 노론의 대표 인물이었다.

9월 이후로는 더욱 기대할 데가 없어졌습니다. 담(상계군)은 이미 죽었지만 화근이 그대로 있으므로 지금 역적을 느슨하게 다스려서는 안 됩니다."

정조는 김치인의 계사를 불태우라고 명했지만 정국은 이미 정순왕후가 주도하고 있었다. 대비의 총궐기령을 받은 노론 대신들은 물러서지 않았다. 정순왕후의 느닷없는 전교가 정국을 장악한 것이었다. 같은 날 대사헌 윤승렬尹承烈 · 대사간 박천행朴天行 등이 더욱 강경한 주청을 올렸다.

"조금 전에 왕대비께서 내린 언문의 전교를 보니 말씀이 간곡하고 의리가 엄중하였으므로 신들이 채 반도 못 읽어서 마음과 뼛속이 모두 떨렸습니다. 참으로 그 근본을 찾아본다면 첫째도 역적 담이고 둘째도 역적 담인데 국법을 시행하기도 전에 귀신이 먼저 잡아갔습니다. 그리고 역적과 서로 내통하면서 집에서 지시한 자는 그의 아비 이인인데, 그의 아비와 아우들이 태연히 있으니 화란의 근본이 여전히 그 전처럼 존재하는 것입니다. 생각이 여기에 미치니 차라리 죽고 싶습니다."

정조는 이 계사 역시 삼사가 보는 곳에서 불태우라고 명하였다. 다음 날에도 삼사는 같은 주청을 했으나 정조는 받아들이지 않았다. 정조는 이것이 정순왕후의 정치 공세라는 사실을 잘 알고 있었다. 정순왕후의 사적 복수심에서 나온 전교였다. 작년(정조 9년) 정순왕후의 오빠 김귀주가 나주에서 세상을 떠난 데 대한 복수에 불과한 것이었다.

김귀주는 정조 즉위 직후 흑산도에 유배되었다가 정조 8년(1784) 왕세자 책봉에 따른 특사로 감등되어 나주에 이배되었다가 작년에 죽었다. 그 역시 사도세자 제거에 앞장섰지만 정조는 그에 대해서는 한 마디도 하지 않고 다른 죄목으로 귀양 보냈던 것이다. 정순왕후는 '내 오라비가 죽었으니 네 동생도 죽어야 한다'는 복수심으로 언문 전교를 내린 것이었다. 정조가 거부하자 정순왕후는 단식하고 약을 먹지 않는 것으로 노론을 부추기고 정조를 압박했다.

수세에 몰린 정조는 언문 전교가 내린 지 나흘째인 12월 4일 경연에서 신하들과 만나 이야기를 나누었다. 문제의 핵심은 정순왕후에게 상계군이나 은언군이 역적이라는 증거가 있느냐는 점이었다. 정조는 바로 이 대목을 설명했다.

"자전께서 더욱 불평이 심하셔서 내가 앙청해도 한 마디 말씀도 하지 않고 '다만 나도 알 수 없다'고 하교 하셨는데 더구나 경들이겠는가?"

정조가 정순왕후에게 문효세자나 의빈 성씨의 죽음에 상계군이나 은언군이 관련되어 있다는 증거가 있느냐고 물었으나 "나도 알 수 없다"고 답변했다는 뜻이다. 사적 복수심에 사로잡힌 정치 공세라는 사실을 실토한 셈이었다.

"담은 친애하는 정으로 보아 비록 매우 슬프지만 이미 종사가 중하다고 말하였으니 돌아볼 것조차도 없다. 그러나 그의 아비는 겨우 사람 형체만 갖추어 병 속에 살아가고 있는데 그에게 무슨 죄가 있겠는가? …… 내가 음식을 먹지 않은 지 지금 며칠째이다. 경들이 이 말을 듣고도 어떻게 차마 전처럼 언급한단 말인가?"

정조의 말처럼 은언군이 사건의 배후라는 증거는 아무것도 없었다. 다만 정순왕후의 복수심에 찬 일방적 주장만이 있을 뿐이었다. 또한 은언군이라고 지목한 것도 아니었다. 그래서 정조는 대신들에게 이를 주지시켰다.

"자전께서 어찌 그(은언군)라고 말씀하신 적이 있었는가? 경들이 청한 것은 한 단계를 넘어선 것이다."

그러자 영돈녕부사 홍낙성洪樂性이 직접 반박했다.

"감히 묻겠습니다. 자전의 분부가 이미 죽은 사람(상계군)에 대한 것이 아니었다면 그 다음 단계는 과연 무엇이겠습니까?"

중요한 것은 정순왕후가 누구를 지목했는가가 아니라 그가 역적이라는 증거가 있느냐는 것이어야 했다. 그러나 홍낙성의 말은 대비가 이미 죽은 상계군을 말한 것이 아니면 은언군밖에 없지 않느냐는 항의였다. 국법이 엄연한 나라에서 아무 물증 없이 대비가 지목했다고 죽일 수는 없다는 사실은 일부러 무시했다. 이런 일로 동생을 죽이라는 것을 정조가 받아들일 수는 없었다.

"결단코 그렇지 않다. 결단코 그렇지 않다. 나라가 망하더라도 나는 차마 그렇게 할 수 없다."

영의정 김치인 등이 다시 말했다.

"이번의 하교는 자상하고 간곡하여 우리 자전께서 나라를 위하시는 뜻을 우러러보고 있습니다. 그런데 임금의 원수와 나라의 역적을 아직도 밝혀내지 못하고 있으니 신들은 실로 그 죄를 회피하지 못하겠습니다."

김치인의 말대로 "임금의 원수와 나라의 역적"이 누구인지는 아직 밝혀내지 못했다. 다만 은언군일 것이라고 추측만 한 것이었다.

"경들에게 허물을 돌릴 것이 없다. 나 역시 이러한 일을 모르는데 누가 전하고 누가 들었으며 자전께서도 어디에서 들으셨단 말인가? 이번 언문의 전교는 천만 뜻밖에 나온 것이다."

"자전께서도 어디에서 들으셨단 말인가?"라는 말은 정순왕후가 아무런 근거 없이 무조건 은언군을 죽여야 한다고 주장하고 있다는 뜻이었다. 정조가 이렇게 반박하자 김치인이 한발 물러났다.

"신들은 어두워서 전혀 몰랐습니다만 전하께서는 반드시 짐작하고 계실 줄로 여겼습니다."

"나도 사실 듣지 못하였다."

판중추부사 서명선이 말했다.

"신들의 소청을 시원스럽게 허락해 주신다면 밝혀낼 방법이 있을 것 같습니다."

국문을 허락해 달라는 말이었다.

"자전의 분부가 이와 같지만 처음부터 자취의 일을 집어낸 것은 없다. 5월과 9월의 상의 변고에 어찌 다른 것이 있겠는가?"

정순왕후는 처음부터 아무런 근거를 제시하지 않았다. 5월과 9월에 왕자와 후궁이 죽은 것에는 아무런 의혹이 없다는 말이었다. 각신 김종수金鍾秀가 말했다.

"죄인이 이미 죽었으니 이미 죽은 죄인을 가지고 말할 것이 아니라

산 사람을 조사해야만 일이 풀릴 것입니다."

그러자 정조가 울먹이며 말했다.

"내가 비록 민첩하지 못하나 400년의 왕업을 물려받아 밤낮으로 걱정하고 두려워하였는데 차라리 말하고 싶지 않다. 나의 처지는 다른 사람과 다른데 지금 만약 또 서제 하나를 보존하지 못한다면……."

지하에 돌아가 뵐 면목이 없는 사람은 정순왕후가 아니라 정조였다. 은언군을 살리지 못하면 지하에서 부친 사도세자를 볼 수 없었다. 그러나 정순왕후가 사주하고 노론 대신들이 모두 벌떼같이 일어선 상황에서 은언군의 목숨을 보호하기는 쉽지 않았다. 그러나 이때 전혀 예기치 못한 변수가 발생했다.

노론으로 불똥이 튀다

정순왕후가 언문 전교를 내린지 닷새째 되는 12월 5일. 상복을 입은 한 노인이 대궐 안으로 들어가려고 시도했다. 용호영龍虎營의 장교가 노인을 제지하고 신원을 묻자 놀랍게도 상계군 이담의 외할아버지인 송낙휴宋樂休였다.

"왜 대궐에 들어가려 하는가?"

"고변할 일이 있습니다."

역모를 고발하겠다는 것이었다. 장교는 곧바로 병조판서 김이소金履素에게 달려가 보고했다. 김이소는 송낙휴를 조방朝房에다 가두어 놓고 즉시 정조를 뵙자고 청했다. 정조는 보나마나 은언군 문제라고 생각했으나 뜻밖에도 상계군 외조부의 고변이었다. 정조는 정순왕후와 노론이 송낙휴를 매수해 공세를 취하는 것으로 의심했다. 일단 '고변'이란 말이 나왔으므로 조사하지 않을 수 없었다. 정조는 시·원임 대신에게 송낙휴를 빈청으로 불러 물어보라고 명했다. 그렇게 시작된 조사는 언문 전교 정국을 전혀 다른 방향으로 이끌고 갔다.

"이담이 살았을 때, '김정승이 살면 나도 살 것이고 김정승이 죽으면 나도 죽을 것이다'라고 스스로 말했습니다. 구이겸具以謙이 황해 병사로 있을 때 후한 선물을 바치고 편지에 자신을 소인이라고 지칭한 것을 일찍이 목격하였습니다. 담은 평소에 병이 없었는데, 김정승에 대해 말한 며칠 후 갑자기 죽었으니 의심스럽습니다."

김정승은 영의정을 지낸 영중추부사 김상철로 노론이었다. 김상철도 거물이었지만 더 큰 초점은 구이겸에게 있었다. 구이겸은 군권을 장악하고 있는 구선복具善復의 아들이기 때문이었다. 정조는 구이겸이 상계군에게 선물을 바쳤다는 고변이 나오자 새로운 전기라는 직감이 들었다. 정순왕후의 바람과는 다른 곳으로 흘러가리라는 직감이었다.

구선복은 군의 최고 원로였다. 수십 년 동안 병조·형조판서와 어영·금위·훈련대장 등을 역임한 군의 숙장宿將(원로 장수)으로서 온 나라의 군권을 장악하고 있었다. 송낙휴의 입에서 구이겸이란 이름이 나오자마자 영의정 김치인 등이 입대해 구선복의 파직을 청할 수 밖에 없었다. 아니면 자신들이 되레 몰릴 수 있었다. 정조는 구선복의 자리를 이주국李柱國으로 대임시켰다. 상황이 바뀌고 있었다. 정순왕후와 노론이 정조를 거칠게 압박할 수 있었던 배경은 군권의 상당수를 장악하고 있었기 때문이었다. 노론 군권의 정점이 구선복 일가였다. 그러나 송낙휴의 고변으로 구이겸은 국청으로 끌려와 심문을 받아야 했다.

"네가 만약 구명겸具明謙과 내통한 것을 분명히 말하지 않을 경우 네가 죽을 뿐만 아니라 너의 아비도 너 때문에 죽을 것이다."

구명겸은 구이겸의 6촌 형제인데 그의 생질이 상계군 이담의 모친이었다. 또한 구명겸의 아들이 구이겸의 양자였다. 의심의 눈으로 보면 상계군 추대 혐의를 받기에 충분한 인물이었다. 게다가 구명겸은 작년(정조 9)에 발생했던, 《정감록鄭鑑錄》 역모 사건이라고 불렸던 이율李瑮 등의 역모 사건 때도 이름이 나왔던 인물이었다. 구이겸은 살기 위해 구명겸을 끌어들일 수 밖에 없었다.

"구명겸의 여동생이 구명겸의 집에 왕래하였으니 구명겸이 그의 여동생을 통해서 역적 이담과 내통하였을 것입니다."

그래서 구이겸의 6촌 형제 구명겸이 끌려와 국문을 받았다.

"너는 불량한 무리들을 불러 모아 역적 이담과 내통하는 샛길 역할을 하였고 흉악한 아저씨(구선복)와 아우(구이겸)를 소개하여 역적 담이 넘보는 소굴을 만들었다고 사람들이 시끄럽게 떠들어 댔기에 귀가 있는 사람은 모두 듣고 있다. …… 너희들이 반정에 대해 여러 가지 계획을 세웠다고 하는데 사실대로 고하라."

구명겸은 혐의를 부인했다.

"역적 담과 인척을 맺은 뒤로 마음에 항상 두렵게 여겨 여동생은 끊어 버리지 못했으나 조문하는 일 외에는 찾아가 본 적이 없었습니다. 5촌 아저씨 구선복의 마음은 알지 못합니다. 구이겸은 사람 됨됨이가 매우 부족했지만 자식을 제게 양자로 주었기 때문에 특별히 좋게 지냈습니다. 이인과 이담에게는 소식을 통하지도 않고 찾아오지도 않았으니 소개하였다는 것은 매우 애매한 말입니다."

구명겸이 부인하자 작년에 있었던 《정감록》 역모 사건이 다시 거론되었다.

"네가 역적 이율과 내통한 문적이 발각되었는데 무슨 말이냐?"

그때 구명겸은 역모 사건의 주모자들에게 편지를 보낸 적이 있었다. 《정감록》이 이용되었기에 《정감록》 역모 사건으로도 불리는 이 사건은 1년 전인 정조 9년(1785) 2월 전 판서 김종수의 고변으로 시작되었다. 이 사건은 주모자 이율과 문양해文洋海 등이 능지처참되는 것으로 일단락되었는데, 조사 과정에서 구명겸의 이름이 등장하고, 그가 보낸 편지가 있음이 밝혀졌다. 그러나 정조는 구명겸이 보낸 편지를 대궐 뜰에서 불살라 버리도록 명해 그를 보호했다. 만약 그때 구명겸을 죽였다면 오늘의 반전은 어려웠을 것이었다.

언문 전교 사태의 불똥이 구선복 일가로 튀자 정순왕후와 노론은 당황했다. 조사 결과 구선복 일가가 상계군 · 은언군과 관련을 맺고 있었음이 드러났다. 구선복의 아들 구이겸이 상계군에게 서신을 보내 자신을 소인이라고 일컫고, 은언군에게도 선물을 보낸 사실이 밝혀진 것이다. 아들 구이겸과 조카 구명겸이 관련되었으므로 구선복도 빠져나갈 수 없었다.

국청에서는 정조 10년 12월 8일 구선복을 심문했다. 구선복에게는 적용된 혐의는 여러 가지지만 중요한 것은 두 가지였다. 하나는 정조 3년 홍국영과 함께 상계군을 추대하려고 했는가 하는 점이고, 두 번째는 정조 9년에 있었던 《정감록》 역모 사건에 연관되었는가 하는 점이었다. 구선복은 관상쟁이에게 누군가의 운명에 대해서 물어보았는데, 국청에서는 그것이 바로 상계군의 관상을 물어본 것이라고 본 반면 구선복은 상계군이 아니라 자신에 대해서 물어보았을 뿐이라고 발뺌하고 있었다.

"너는 지위가 상장上將에 이르렀고 이미 나이 70인데 다시 무엇을 바랄 것이 있기에 관상과 운명을 이야기했겠는가? 비록 아무리 늙더라도 한정이 없는 것이 욕심이지만 너 자신의 운명을 물어보았을 리가 없다. 먼저 물어본 것은 어떤 사람의 관상이었고, 누구의 운명이었는가?"

구선복이 답했다.

"역적 담은 저와 인척 관계이니 상통할 길이 있었습니다. 일찍이 숙위소宿衛所(정조의 경호청으로 홍국영이 대장으로 입직하던 곳)에서 담의 얼굴을 한번 보았는데, 얼굴색이 누랬고 허술하게 생겨서 귀기가 없었습니다. 그 뒤에 하례 드리는 반열에서도 잠시 보았는데 색태色態가 괴이하였으므로 결국 좋은 얼굴이 아니라고 여겼습니다."

"담의 관상에 귀기가 있는지의 여부는 왜 살펴보았는가?"

"담을 완풍군이라고 일컫고 홍국영이 대사를 꾸밀 때인데, 어찌 의도적으로 그에게 귀기가 있는지 여부를 살피지 않을 수 있겠습니까?"

구선복은 첫 번째 국문에서 혐의 사실에 불복했지만 아들과 조카가 명백하게 관련되었기 때문에 빠져나가기 어려웠다. 아들 구이겸이 상계군·은언군에게 편지와 선물을 보낸데다 조카 구명겸이 작년의 《정감록》 역모 사건에도 관련되었던 것이다. 드디어 구명겸이 먼저 자백하고 구선복도 혐의를 시인했다. 구선복은 이렇게 답변했다.

"저는 모년某年 이후 용납받지 못할 죄를 지었다는 것을 스스로 알고 항상 의구심과 원망하는 마음을 가지고 있었습니다. 10년간 나라의 은혜가 망극하였으나, 항상 스스로 의심하는 뜻과 끝없는 욕심을 길러 왔습니다.(《정조실록》 10년 12월 9일)”

‘모년某年’은 사도세자가 죽은 임오년(영조 38년)을 뜻하는 것이다. 사도세자를 죽이는 데 관련되었던 구선복으로서는 그 아들 정조가 임금으로 있는 것이 두려울 수 밖에 없었다. 그래서 그는 작년의 《정감록》 역모 사건에도 관련되었던 것이다. 구선복이 드디어 이를 시인했다.

“을사년 봄 삼도에서 군사를 일으킬 때에 안에서 호응할 대장은 저의 조카 구명겸이었는데, 이번 역모를 할 때에 제가 시임 대장으로 스스로 주관하여 반정한다고 일컬어 측근의 변고가 조석간에 발생할 뻔하였습니다.(《정조실록》 10년 12월 9일)”

이렇게 구선복은 자신의 죄를 시인해 능지처사당했고, 구명겸은 군법에 따라 효시당했다. 구이겸은 일단 제주도로 유배 보냈으나 구이겸이 귀양 도중 죽을 염려가 있다고 보고하자 죽기 전에 사형을 집행했다.

군권을 장악하고 정조를 위협하던 구선복 일가는 은언군을 죽이려던 정순왕후의 언문 전교의 불똥이 옮겨 붙으면서 패가망신하고 말았다. 정순왕후가 정조의 유일한 동생 은언군을 죽이기 위해 시작된 언문 전교 사건은 오히려 군권을 장악했던 구선복 일가를 몰락시키는 것으로 결론지어졌다. 정조에게는 실로 뜻하지 않은 반전이었다.

강화도의 은언군

정조는 은언군을 강화도로 유배 보냈다. 노론에서는 끈질기게 그의 사형을 요청했으나 정조는 거절했다. 정조는 노론의 공세가 좀 잠잠해지자 재위 13년(1789) 은언군을 서울로 데리고 들어왔다. 그러자 정순왕후는 또 언문 교서를 내려 은언군을 공격했다. 노론에서는 다시 은언군을 죽이라고 들고 일어났다. 정조는 은언군을 죽이라는 주청을 거부했으나 그를 다시 강화도로 돌려보낼 수 밖에 없었다. 정조는 이듬해인 재위 14년(1790) 11월에는 야간 군사 작전을 빙자해 은언군을 불러들였다.

"조금 뒤에 또 암호를 전하여 연함문延艦門을 열어 놓으니 이인(은언군)이 탄 휘장 친 교자가 맞은편 마을에 숨어서 명령을 기다리다가 그를 썰매[雪馬]에 태워 북안문北岸門 앞으로 끌고 가는 데 빠르기가 나는 것 같았다. 이때에 또 짙은 안개가 끼어 호위 군사도 또한 자세히 분별할 수 없었다.(《정조실록》 14년 11월 18일)"

정조는 하나뿐인 혈육이 강화도에서 유배 생활 하고 있는 것을 안타깝게 여기고 기회가 있을 때마다 불러들여 만났다. 그때마다 정순왕후를 중심으로 한 노론이 격렬하게 반발해 소동이 일었다. 정조는 재위 17년(1793)에는 자신이 강화도 근처로 가서 은언군을 불러오게 한 다음 전격적으로 만나기도 했다. 이때도 정조의 속셈은 서울로 데리고 오는 것이었으나 정순왕후가 격렬하게 반발하는 바람에 뜻을 접을 수 밖에 없었다. 정순왕후가 드러누워 아픈 척이라도 하면 정조는 불효라는

강화도의 은언군이 머물던 용흥궁龍興宮

은언군은 노론 측의 압력에 의해 강화도로 유배되었다. 훗날 은언군의 손자인 이원범李元範이 철종으로 등극하게 된다.

비난을 들어야 했다.

그러나 정조는 은언군을 계속 강화도에 가둬 둘 수 없다고 판단했다. 재위 18년(1794) 4월 10일. 정조는 전격적으로 강화부 유수 이홍재李洪載를 파직하고 경기 관찰사 서용보가 갖고 있던 병력 동원 권한인 병부兵符를 도사都事에게 대신 주었다. 강화 유수와 경기 관찰사를 한꺼번에 무력화시킨 이유는 은언군을 서울로 불러올리기 위해서였다. 무리수를 써야만 은언군을 데리고 올 수 있었다. 정조는 친위군을 보내 은언군을 불러올린 후 내시를 비롯한 궁속들에게 절대 함구하라고 지시했다. 그러나 비밀은 곧 누설되었고 정순왕후는 다시 언문 전교를 보냈다.

"내가 세상에 살아 있는 것은 국가를 위하여 일푼이나마 돕고 보호하는 이익이 있을까 해서이다. …… 그런데 뜻밖에도 요즘에 또 이인을 석방하려는 기미가 있기 때문에 내가 내시를 보내어 길을 막고 못 가게 하면서 몸소 주상에게 만류하였다. 그런데 오늘 들으니 가마와 종자를 모두 갖추어 보냈다고 한다.(《정조실록》18년 4월 10일)"

정순왕후의 언문 전교는 언제나 노론에 대한 총궐기 명령이었고 영의정 홍낙성은 백관을 이끌고 정조에게 달려갔다. 정조가 합문을 닫게 했으나 신하들이 밀치고 들어오는 바람에 문짝이 부서졌다. 정조는 비밀이 새 나간 순간 이런 소동이 일어날 것을 예상하고 있었다. 정조는 정승들을 잠시 고양 같은 가까운 곳에 유배 보내 반발을 무력화시켰다. 그래서 사태가 일단락되려는 찰나 변수가 발생했다. 전 지평 강극성姜克成이 도끼를 가지고 와서 혈서를 써 바쳤던 것이다.

"역적 이인의 머리를 베어 종묘사직을 편안하게 하소서."

정조는 분노했다.

"하는 행위가 흉측하고 패역스러우니 이것이 어찌 기절氣節(기개와 절조)인가?"

정조는 자신이 직접 국문하겠다고 나섰다. 그러자 다급해진 대비 김씨가 다시 나섰다.

"충분忠憤이 있는 신하를 국문하여 엄하게 처치하려고 하는데도 조정에서는 한 마디도 만류를 청하는 사람이 없다. 나는 어제부터 잠도 못 자고 밥도 먹지 못하고 있다. 강극성은 충신이니 경들이 구원하라."

강극성이 국문을 받다가 죽기라도 한다면 은언군 문제에 대한 간쟁이 줄어들 것을 우려한 조치였다. 언문 전교를 계기로 다시 백관이 간쟁하자 정조는 강극성의 국문 계획을 취소하고 거제부로 유배 보냈다.

정조는 이후에도 몇 차례 은언군을 불러들여 만났다. 재위 18년과

19년(1795) 10월에도 불러서 만났다. 정약용은 《자찬묘지명自撰墓誌銘》 집중본集中本에서 정조가 재위 19년 3월에도 은언군을 만났다고 기록하고 있다.

"을묘년(정조 19) 3월에 주상께서 용산 읍청루挹淸樓에 납시어 강화도에 있는 왕손 이인을 불러다가 연회를 베풀었다. 금군禁軍들이 그 북문을 철벽처럼 지켜서 대신과 근신近臣들이 모두 들어갈 수 없었다."

'금군들이 북문을 철벽처럼 지켰다'는 말처럼 정조는 군사 작전을 빙자해서야 은언군을 만날 수 있었던 것이다. 정조가 재위 19년에 은언군을 두 차례나 데려왔던 것은 이 해가 혜경궁 홍씨와 사도세자의 회갑이었기 때문이다. 정조는 이때 거대한 잔치를 베풀었는데 유독 은언군만 빠졌기 때문에 군사 작전을 빙자해 그를 불렀던 것이다. 군사 작전하듯이 은언군을 부른 정조는 비로소 이 사실을 신하들에게 공개했다.

"그런데 유독 저 강화도에 귀양 가 있는 사람만은 도대체 어떤 사람이기에 끝내 자리에 한구석이나마 참여하여 술잔 하나도 같이 나누게 할 수가 없단 말인가? …… 그를 보고 싶은 생각에 취한 듯 깬 듯하여 음식을 대하다가 몇 번이나 젓가락을 놓곤 하였으며 밤중에 자다가 탑전榻前 주위를 돌아다닌 지가 여러 차례나 되었다.(《정조실록》 19년 3월 18일)"

대신들은 일제히 경악했다.

"신들은 역적이 올라온 것을 눈으로 보았으면서도 까마득히 알지 못했고 지금 일단 알고 나서도 곧바로 죽지를 못했습니다. 전하의 궁궐에 올곧은 충신이 한 명이라도 있었다면 전하께서 어찌 혹시라도 이런 지나친 거조를 취하실 수 있었겠습니까?"

좌의정 유언호俞彦鎬가 거듭 물었다.

"죄인이 지금 어느 곳에 있습니까?"

정조가 채찍으로 가리켰다.

"저 배 위의 군막에 있다."

대신들은 경악해서 소리 질렀으나 이미 때는 늦은 것이었다. 정조의 한판 승리였다. 그러나 이 승리는 정조가 살아 있을 때만 가능한 것이었다.

조선의 마지막을 장식한 사도세자의 후예들

정조는 재위 24년(1800) 6월 28일 창경궁 영춘헌에서 세상을 떠났다. 그가 세상을 떠난 현장을 지켰던 유일한 인물이 최대 정적 정순왕후였으므로 당연히 독살설이 유포되었다. 그 직후 후사 순조가 11세의 미성년이라는 이유로 정순왕후의 수렴청정이 시작되었다. 정순왕후가 바라고 바라던 수렴청정이었다. 정순왕후는 수렴청정 당일 영의정 이병모李秉模가 북경에 가 있다는 이유로 영부사領府事를 맡기고 좌의정 심환지를 영의정으로 삼고, 우의정 이시수를 좌의정으로, 예조판서 서용보를 우의정으로 삼았다. 노론 벽파가 의정부를 다 장악한 것이다. 같은 날 이만수를 예조판서, 이득신을 공조 판서로 삼았는데, 《순조실록》은 "구전정사口傳政事"였다고 전하고 있다. 대비가 말로 한 인사권이란 뜻이다. 이시수와 서용보는 약원 제조로서 정조의 의문사에 책임이 있었음에도 수렴청정 당일 모두 승진시킨 것이었다.

드디어 순조 1년(1801) 1월 10일 대왕대비 정순왕후는 사학(천주교)을 엄금하는 하교를 내렸다.

"선왕께서는 매번 정학(성리학)이 밝아지면 사학은 저절로 종식될 것이라고 하셨다. 지금 듣건대, 이른바 사학이 옛날과 다름이 없어서 서울에서부터 기호에 이르기까지 날로 더욱 성해지고 있다고 한다. …… 이와 같이 엄금한 후에도 개전하지 않는 무리가 있으면, 마땅히 역률로 다스릴 것이다.(《순조실록》 1월 1월 10일)"

정순왕후의 사학 엄금 교서는 무수히 많은 사람들을 죽음으로 몰고 갔다. 이가환 · 이승훈 · 정약종丁若鍾 같은 인물들은 이 교서 때문에 사형당했고 정약용 등은 귀양 가야 했다. 또한 이 하교는 강화도에서 실낱같은 목숨을 부지하고 있던 은언군 부부에게도 화를 미쳤다.

이 하교는 실로 무수히 많은 인간을 죽음으로 몰아간 인간 도살 하교였다. 이 하교로 강화도에서 한 목숨 겨우 부지하고 있던 은언군도 목숨을 잃어야 했다. 정조의 배려로 겨우 목숨을 부지하고 있던 은언군은 순조 1년(1801) 5월 29일 강화도에서 사약을 마시고 죽어야 했다. 뿐만 아니라 은언군의 부인 송씨와 상계군의 부인 신씨까지 천주교인이라며 죽여 버렸다. 영조가 예순여섯의 나이에 부인으로 삼은 정순왕후는 왕가의 핏줄을 끊기 위해 들어온 악귀였다. 정조가 살려 주었던 혜경궁 홍씨의 동생 홍낙임도 제주도에 안치되었다가 은언군과 같은 날 사형당했다. 은언군의 둘째 아들 이광李珖은 세 아들을 두었는데, 첫째 이원경李元慶은 헌종 10년(1844) 민진용閔晉鏞이 임금으로 추대하려 했다는 혐의로 사형당했다. 그런데 이광의 셋째 아들로서 염씨 소생인

이원범李元範이 철종으로 추대된다. 할아버지와 친형이 사형당한 사도세자의 증손이 국왕이 되는 것이다.

그래서 정조 때 만든 《일성록日省錄》의 635곳에 이르는 내용이 칼로 오려지게 된다. 도삭刀削된 부분은 대부분 은언군과 아들 상계군에 관한 내용이다. 비록 허수아비 국왕이었지만 자신들이 부친과 친형을 죽인 사실을 알게 되면 어떤 일이 발생할지 몰라서 예방 차원에서 삭제한 것이었다. 노론이 은언군의 손자인 강화 도령 철종을 국왕으로 추대했다는 것은 이제 조선에서 국왕은 아무런 의미가 없다는 사실을 뜻한다. 그렇게 조선은 멸망으로 달려갔던 것이다. 철종도 후사를 낳지 못하고 죽었으나 그 뒤는 법통상 사도세자의 후손이 잇게 된다. 순조 15년(1815) 조정은 은신군의 후사를 세우는 문제를 논의했다. 그 결과 인조의 셋째 아들 인평대군麟坪大君 이요李㴭의 5대손인 생원生員 이병원李秉源의 둘째 아들 유학幼學 이채중李宷重이 후사로 결정되었다. 이채중의 이름을 이구李球로 고치고 남연군南延君으로 봉했는데, 그의 넷째 아들 흥선군興宣君 이하응李昰應의 둘째 아들이 바로 고종이었다. 사도세자의 후손이 조선의 마지막을 장식하는 것이다.

6장

조선 정치 체제의 죽음

효명세자

1809~1830년

《순조실록》 30년 5월 11일

예후睿候(세자의 몸)가 불편하셨던 초기에 탕제를 의논해 정하는데, 몸이 제거提擧(약원 제조의 직임)에 있는 자가 감히 자기 의사로 한 가지 약재를 첨가하였다고 하니, 아! 이것이 무슨 변고입니까?

새로운 정치와 안동 김씨 세력들

순조 27년(1827) 2월 9일.

순조는 시 · 원임 대신과 2품 이상의 고위 관원들은 모두 대기하라고 일렀다. 순조의 명에 따라 대신들이 합문 밖으로 모여들었다. 조선을 움직이는 고위 관료들이었다.

모두 다 고위 관료들이지만 이들의 시선은 한 집안 사람들에게 쏠렸다. 한성 판윤 김이재金履載 등 '이履' 자 항렬과 전 대제학 김조순 등 '순淳' 자 항렬, 그리고 홍문관 제학 김유근金逌根 등 '근根' 자 항렬의 안동 김씨 일가들이었다. 한 집안 삼대가 이렇게 조정의 2품 이상 고위직을 모두 차지한 전례는 있지 않았다. 이른바 안김安金(안동 김씨) 세도정치의 위상이 조정 안에 역력했다. 잠시 후 자신들을 이곳에 모이게 한 순조의 특별 명령이 내려올 예정이었지만 그 누구도 긴장하지는 않았다. 국왕의 명령보다는 안김의 동태가 더 중요한 것이 순조 치하 조정의 현실이었다.

정조가 서기 1800년 재위 24년 만에 의문의 죽음을 당하고 외아들 순조가 즉위했으나 열한 살의 미성년이었으므로 영조의 계비였던 대왕대비 정순왕후의 수렴청정을 받아야 했다. 사도세자를 죽이는 데 직접 가담했던 정순왕후는 수렴청정으로 정권을 잡자 정조의 모든 정책들을 뒤집었다. 정조가 신임하던 이가환 · 이승훈 · 정약용 등 남인들을 천주교도로 몰아 사형시키거나 유배 보내 조정에서 완전히 쫓아냈다. 순조는 부친이 신임하던 신료들이 부친이 죽자마자 사형당하거나 유배형에 처하는 것을 무력하게 지켜봐야만 했다.

반전의 계기가 생긴 것은 순조 2년(1802)였다. 정조 사후 조정은 정순왕후를 필두로 사도세자의 죽음을 지지하던 노론 벽파가 장악했는데, 사도세자의 죽음을 동정하던 노론 시파 김조순의 딸이 왕비로 책봉된 것이었다. 세자 순조와 김조순의 딸의 국혼은 정조가 결정해 놓은 것이었으나 혼인을 올리기 전에 정조가 사망함으로써 무기 연기되었던 것이었다. 같은 노론이지만 벽파와 시파는 서로 당론이 달랐으므로 김조순의 딸이 실제로 왕비의 자리에 오를지는 알 수 없었다. 김조순은 척화파 김상헌金尙憲의 후예이자 경종 때 사형당한 노론 영수 김창집의 후예라는 명분과 순조의 외가인 수빈綏嬪 박씨의 친정과 연대함으로써 딸을 왕비로 만드는 데 성공했으니 그가 순원왕후 김씨이다.

순조 4년(1804) 12월 정순왕후의 수렴청정이 끝나고 순조의 친정이 시작되었다. 순조는 장인이 부친의 고명顧命(임금의 유언)을 받은 것이나 마찬가지라는 생각에서 김조순에게 힘을 실어 주었고, 때마침 순조 5년(1805) 정순왕후가 사망하면서 맹장을 잃은 벽파는 세력이 쇠퇴할

김조순의 초상

자를 사원士源, 호를 풍고楓皐라 했으며 본격적인 안동 김씨 세도정치의 기틀을 마련한 인물이다. 이후 조선의 정치는 안김 일문에 좌지우지되면서 나락으로 떨어진다.

수 밖에 없었다. 김조순은 자신의 딸이 왕비가 되는 것을 반대했던 벽파 권유權裕를 사형시킨 것을 필두로 순조 5년(1805) 김달순金達淳, 순조 7년 이경신李敬臣 등 노론 벽파의 맹장들을 잇달아 제거하면서 정권을 장악했다.

안김은 노론 벽파와는 달리 과거 노론의 정적이었던 소론과 남인도 일부 포용하는 유연한 정치력을 발휘했다. 정조가 가장 신임했던 채제공은 정조 23년(1799)에 이미 사망했으나 정순왕후와 노론 벽파에 의해 삭탈관작되었는데, 순조 23년(1823) 삭탈된 관작을 회복시킨 것이 이를 말해 준다. 또한 5년 전인 순조 18년(1818)에는 정약용의 귀양을 풀어 주어 고향으로 돌아갔다.

김조순은 이처럼 노론 벽파와는 달리 다른 당파도 일정 정도 용인하는 유연한 정치력을 발휘했지만 선왕 정조처럼 미래를 지향하고 다양성을 추구하는 철학적 기반에서 나온 정책은 아니었다. 다만 '정조의 의리'를 노론 벽파 축출과 자파 세력 확대의 명분으로 삼았던 데서 나온 현상일 뿐이었다. 실제로 김조순은 정조나 정약용 등이 고민했던 조선이 나아가야 할 미래에 대한 관심보다는 자신 집안의 영달에 가장 큰 관심을 갖고 있었고 그것이 안김 일문의 조정 주요 관직의 장악으로 나타났던 것이다.

김조순의 위 항렬인 '이' 자 돌림에서는 김이익金履翼 · 김이재金履載가 병조판서, 김이도金履度가 병조 · 형조판서, 김이교金履喬가 우의정을 지냈으며, '순' 자 돌림에서는 온갖 요직을 차지한 김조순 외에도 김문순金文淳이 호조 · 이조판서, 김명순金明淳이 이조참판 · 경기 감사, 김희순金羲淳이 한성 판윤과 병조 · 이조판서를 역임했다. '순' 자 다음 항렬인 '근' 자 돌림에서는 김조순의 아들인 김유근金逌根이 병조 · 이조 · 예조판서를 역임하면서 안김의 새로운 중심 인물이 되었고, 김조순의 조카인 김교근金敎根 역시 한성 판윤과 병조 · 호조 · 형조판서를 역임하면서 대를 이어 권력을 장악했다. 순조는 명목상의 국왕이었을 뿐 조정은 사실상 처가인 안김이 모두 장악했던 것이다.

대리청정을 명하다

이런 상황이므로 순조가 이례적으로 2품 이상의 모든 관원들을 불렀어도 순조가 내릴 명령보다는 이 자리에 모인 안김들의 동태에 더 신경을 썼던 것이다. 2품 이상 고관들이 모두 모인 후 드디어 승지가 나타났다.

"전하께서 비망기를 내리셨습니다."

비망기란 국왕이 자신의 심경을 적어서 승지에게 내리는 문서인데,

숙종이 재위 20년(1694) 느닷없이 한밤에 비망기를 내려 남인 정권을 서인으로 갈아치운 것처럼 국정을 바꾸는 역할도 했다. 이날 내려진 순조의 비망기도 숙종의 비망기 못지않은 중요한 내용을 담고 있었다.

"내가 신미년(1811) 이후부터는 몸을 요양할 때가 많았고 비록 약간 편안해졌다고는 하지만 항상 국사가 정체되는 것이 많아서 국인國人들이 근심하는 바이자 나 또한 스스로 근심하는 바이다. 세자는 총명하고 영리한데다가 나이가 점차 장성했으므로 내가 요즘 시좌侍坐(곁에서 보좌함)하게 하거나 섭향攝享(대신 제사를 지내는 것)하게 한 것은 다 뜻이 있어서이다. …… 우리 열성조의 대리청정하는 일을 본받는 것으로 내 마음이 이미 정해졌다."

과연 단순한 비망기가 아니라 세자에게 대리청정을 시키겠다는 선언이었다. 세자 이영李旲의 나이 열아홉이었다. '旲' 자는 원래 '햇빛 대' 자지만 영으로 부르도록 정했다. 순조 12년(1812) 네 살의 나이로 왕세자에 책봉되었고, 순조 19년(1819) 열한 살 때 풍양 조씨 조만영趙萬永의 딸과 혼인했다.

이상한 것은 대신들의 반응이었다. 국왕이 대리청정을 명하면 대신들은 정청을 열고 며칠 밤낮이라도 철야하면서 "아니되옵니다"를 외쳐야 했다. 그러나 이날의 반응은 달랐다. 대리청정 명을 듣고도 아무도 놀라지 않았다. 영중추부사 김재찬이 먼저 입을 열었다. 김재찬은 순조 23년(1823)까지 영의정을 역임했던 인물이었다.

"신 등은 모두 합문 밖에 모여서 내려온 비망기를 삼가 보고는 기뻐서 발을 구르고 춤추면서 우러러 아뢸 바를 형용할 수 없었습니다."

국왕의 대리청정 명을 듣고서 '기뻐서 발을 구르고 춤을 추었다'는 것은 개국 이래 처음 있는 발언이었다. 태종이 세자에게 전위하겠다고 선언했을 때 "다른 신하들은 모두 얼굴에 수심이 가득 찼는데 민무구閔無咎·민무질閔無疾은 얼굴에 웃음을 띠었다"는 것이 사형당한 주요 혐의 중 하나인 나라가 조선이었다. 대리청정은 국왕이 왕권의 상당 부분을 내놓은 것이므로 "아니되옵니다"를 외쳐야 했다. 그러나 김재찬은 달랐다.

"지금 이후로는 전하께서 근심이 없는 문왕文王의 기쁨이 있게 되었고, 종국宗國이 만년이나 태산 반석의 편안함을 누리게 되었으니, 우리 동방에 막대한 경사가 어찌 이보다 더할 수가 있겠습니까? 이제 전석前席(앞자리)에 올라 더욱 기쁜 축하의 정성을 금할 수 없습니다."

김재찬뿐만이 아니었다. 판중추부사 남공철南公轍도 마찬가지였다.

"지금 세자 저하께서 춘추가 한창이신데 예덕睿德(덕망)이 날로 새로워지고 아름다운 소문이 날로 드러나서, 열성조의 고사를 이어 받들어 오늘의 하교가 있게 되었으니, 일의 형편상 그렇게 하지 않을 수 없는 바입니다. …… 신 등은 이에 대해 찬양하고 경축할 뿐입니다. 다시 무슨 상달할 말씀이 있겠습니까?"

김재찬의 초상

자는 국보國寶, 호는 해석海石으로 1812년 영의정이 되었다. 문집에 《해석유고海石遺稿》, 《해석일록海石日錄》 등이 있다.

판중추부사 이상황李相璜도 찬양 일색이었다.

"이제 우리 전하께서는 문왕이 근심이 없는 것처럼 노고를 분담하시는 생각으로써 이런 성명成命이 있게 되었으니, 우러러 생각건대 성념聖念이 더욱 아름답게 여기실 것이며, 신 등의 하정下情에도 실로 구구하게 찬앙攢仰하는 지극함을 금할 수 없습니다."

이들이 입을 맞춘 듯 공통적으로 거론하는 인물은 주 문왕이었다. 김재찬 등은 주 문왕이 병에 걸리자 무왕에게 왕위를 물려준 것을 찬양한다는 뜻인데, 이는 잘못된 예였다. 문왕은 죽음에 임박해서야 무왕에게 왕위를 물려주었고 그 직후 세상을 떠났기 때문이다. 그래서 세종이 재위 24년(1442) 첨사원詹事院을 설치해 세자(문종)에게 대리청정을 시키려 하자 집현전 부제학 최만리崔萬理 등이 상소해서 문왕의 예를 들어 반대했던 것이다.

"옛날 주 무왕이 세자가 되었을 때의 나이는 84세였고, 문왕은 97세였습니다. 문왕이 90세에 어찌 근무를 게을리하고 싶은 마음이 없었겠습니까만 무왕에게 정무를 맡겼다는 말은 듣지 못했으니, 그가 후세를 위하여 염려함이 깊었던 것입니다.(《세종실록》 24년 8월 26일)"

숙종이 세자에게 대리청정을 시키려고 했을 때나 영조가 세손에게 대리청정을 시키려고 했을 때도 신하들은 강력하게 반발했다. 임금이 대리청정을 명하면 신하들은 일단 반대하는 것이 국왕에 대한 예의였기 때문이다. 그러나 이때는 국왕에 대한 최소한의 예의도 없었다. 이미 모든 권력은 안김을 정점으로 하는 신하들이 장악하고 있는 세도정치기였기 때문이다.

이때로부터 8년 전인 순조 19년(1819) 4월 사간원 사간司諫 임업任㸁

이 상소해 정국을 비판한 적이 있었다.

"전하께서 즉위하신 이후 침묵이 너무 지나쳐 정령政令 등 사무를 일체 아래 신하에게 일임하시고, 장주章奏(상소)와 품계稟啓(아뢰는 것)에 모두 '윤允(허락함)' 자로 판하判下하시며, 가부에 대하여 재결하시는 분부가 전혀 없으시니, 이해의 구분과 공사의 구별이 저절로 권병權柄(권력자)에게 돌아갔습니다. 뇌문賂門(뇌물을 받는 문)이 크게 열려 뇌물이 공공연히 거래되어서 관직 하나, 과거 하나도 족당이 아니고 거실이 아니면 뇌물로 사는 것이 지름길이 되었습니다.(《순조실록》 19년 4월 8일)"

임업의 상소에 모든 사람들은 놀랐다. 세도정치의 폐단을 직접 공격하는 상소였기 때문이다.

"인재로서 말한다면, 선비가 비록 재행才行(재주와 행실)이 있더라도 권문權門에 인연이 없거나 뇌물에 힘입는 바가 없으면 벼슬길에 오르게 된다는 것은 거의 나무에 올라가 물고기를 잡는 것과 같습니다. 온 세상이 걷잡을 수 없이 오직 이익으로만 치닫고 있으니, 인심이 타락됨은 오로지 요행을 바라는 뇌물에서 말미암는 것입니다. 진실로 그 근원을 구명한다면 전하께서 지나치게 침묵을 지키시고, 모든 사무의 재결을 일체 뭇 신하에게 맡기신 소치입니다."

임업은 순조의 결단만이 세도정치를 종식시킬 수 있다고 강조했다. 특별히 공평하고 정직한 사람을 가려서 뇌물로 관직을 사고파는 것을 조사해 죄가 드러나면 장오贓汚의 율을 시행하라고 주청한 것이다. 장오죄는 그 자신이 영구히 서용되지 못하는 것은 물론 그 자식까지 관직 진출을 막는 형벌이었으므로 실제 이런 조치가 시행된다면 안김은 큰 타격을 받을 것이었다. 순조의 비답은 모호했다.

"진달한 바를 어찌 유념하지 않겠는가? …… 그러나 요행과 뇌물 운운한 것은 사람을 바로 지적한 경우가 아닌데, 그대가 어찌 직접 누구라 지적하지 않고 이와 같이 모호하게 말하는가? 자못 직절直截(직접 분별함)하지 못한 결점이 있다."

뇌물 받은 사람을 직접 거론하지 않은 것은 문제가 있다는 뜻이었다. 그러자 임업은 보름 후인 4월 23일 피혐避嫌(논핵하는 사건에 관련된 벼슬아치가 벼슬에 나가는 것을 피하던 일)하면서 이 문제에 대해 언급했다.

"비록 곧바로 말하려 하나 그 중에서 누구를 지척指斥하겠습니까?"

지목하려면 조정 대신 모두와 안동 김씨 모두를 지목해야 한다는 말이었다. 뇌물을 먹은 대신들이 무수히 많다는 뜻이었다. 안김을 비롯한 대신들이 가만히 있을 리 없었다. 며칠 후 같은 사간원에서 근무하는 정언 박노수朴潞壽가 임업을 강하게 공격하고 나섰다.

"세속은 날로 타락하고 변괴는 거듭 생기는데, 사간 임업의 소장이 나옴에 이르러 극도에 달하였습니다. 종이에 가득한 장황한 내용은 망측한 생각이 번득여 조롱하는 것 같고 흉악스러우며, 올가미와 덫이 있어 매우 간교하니, 그 뱃속을 들여다보면 길 가는 사람도 알 수가 있습니다. …… 비록 그 속임수의 계획이 어디에 근거하였는지 알 수 없으나, 권병(인사권)과 위복威福(벌과 복을 주는 임금의 권력)을 뭇 신하에게 일임하였다는 말에 있어서는 반도 채 보지 않아서 놀랍고 떨려 나도 모르게 머리털이 서고 간담이 떨립니다.(《순조실록》 19년 4월 29일)"

대간은 풍문으로도 탄핵할 수 있었다. 그래서 대간은 임업의 상소 같은 것이 나왔으면 임업의 말대로 공정한 사람을 가려 뇌물이 실제 성행하고 있는지를 조사하자고 동조해야 하는 것이 임무임에도 불구하고 임업을 공격하고 나선 것이다. 이들 역시 안김의 하수인에 지나지 않았다. 사헌부도 마찬가지였다. 집의 임천상任天常을 비롯한 사헌부 관리들도 4월 30일 임업을 공격하고 나섰다.

"인심이 날로 타락하고 세상의 변괴가 거듭 생기지만 어찌 임업의 상소와 같은 흉악스런 일이 있을 수 있겠습니까?"

"권병, 요행, 뇌물 등의 말은 내용을 은밀히 비치고 지적한 뜻이 번득였으니, 참으로 이러한 사실이 있는 것처럼 꾸며 조정의 신하들을 일망타진하고 세도世道를 무너뜨리고야 말겠다는 태도였습니다. 그 마음을 살펴본다면 시험 삼아 떠보는 것이며, 그 행적을 들추어 보면 비방인 것입니다."

사간원에서는 국청을 설치해 임업을 국문하자고 주장했다. 순조는 그러한 요구를 거절했으나 사헌부 · 사간원에서 공격한 데 이어 홍문관 부교리 김교희金教喜까지 공세에 가담했다.

"우리 군신을 이간시키고 우리 선류善類(착한 무리)를 무함하려 했습니다."

졸지에 안김의 세도정치가 착한 무리로 격상하는 격이었다. 안김은 사헌부 · 사간원 · 홍문관까지 모두 장악하고 있었던 것이다. 국문이 열릴 경우 임업의 목숨은 보장할 수 없었다. 순조는 임업을 함경도 경원부慶源府로 유배 보내는 것으로 겨우 그의 목숨을 살릴 수 있었다. 언관이 상소 한 장으로 겨우 목숨을 건지고 변방으로 쫓겨나는 상황이니 다시 안김을 공격할 인물이 있을 수 없었다. 안김이 모든 것을 완벽하게 장악한 상태였다. 이런 상황이니 대리청정 명에도 아무런 두려움 없이 '경사'라고 공개적으로 말할 수 있었던 것이다. 그러나 아무리 모든 권력을 장악한 상태라고 해도 대리청정 명에 경사 운운한 것은 심한 것이었다. 그것도 이구동성으로. 어떻게 이런 일이 벌어질 수 있었을까? 훗날 영의정까지 오르는 정원용鄭元容이 철종 5년(1854) 지은《수향편袖香編》에 그 해답이 나온다. 모든 대신들이 서로 짰다는 것이다.

세자의 대리청정 비망기가 내려오기 직전인 순조 27년(1827) 1월 17일 정원용은 전라도 관찰사로 임명되었으나 거듭 사양했다. 그래서 순조는 그를 체직시켜서 집에서 잠시 쉬고 있었다. 그때 판중추부사 이상황은 고양의 향리에 있었는데, 어느 날 저녁 집으로 돌아가는 길에 정원용에게 만나자고 요청했다. 서울로 들어가는 참인데 상의할 것이 있다는 것이었다. 이상황은 정원용보다 20년 연상이었으므로 정원용이 이상황의 집으로 찾아가서 물었다.

"무슨 일로 입성하시려고 합니까?"

"풍고楓皐가 편지를 보내왔소."

풍고는 국왕의 장인인 김조순의 호였다. 국왕보다 더 큰 권력을 갖고 있는 김조순의 편지라면 작은 사안은 아닐 것으로 생각되었다.

"주상께서 일간 세자에게 대리청정을 시키기 위해서 대신들을 불러 자문을 구하실 것이란 편지요. 그래서 내가 입성하려 하는데 연석에서 전교를 받으면 어떻게 해야 하겠소?"

정원용이 답했다.

"왕가에서 자식에게 부친의 노고를 대신하게 하는 것은 경사스런 일입니다. 그러나 주상께서 아직 춘추가 높지 않으신데 국사에 싫증이 나시어 정무에서 벗어나려고 하시는 것이라면 군정群情(여러 신하들의 심정)이 슬프지 않겠습니까? 그러나 신하의 도리로서 반대하기는 어려우니 순하게 받을 뿐입니다."

이들은 대리청정이 나쁠 것이 없다고 보고 있었다. 순조가 모든 것을 신하에게 위임하는 상황인데 세자가 대리한들 무슨 수가 있겠느냐는 생각이었다. 정원용의 말에 이상황도 동조했다.

"그렇소."

그러면서 김조순은 비밀 하나를 털어놓았다.

"대리청정 명이 내리면 약현藥峴 대감이 수석으로 경축의 말을 할 것이오."

이미 모든 각본이 짜여져 있다는 뜻이었다. 정원용으로서는 약현이 선봉장이 된다는 것이 조금은 의외였다. 약현은 김재찬을 뜻하는 것인데, 그는 때로는 안김에 대해서 고분고분하지 않은 적도 있었기 때문이다. 김재찬은 순조 15년 4월 영의정으로 있으면서 순조의 인사 방식에 대해서 강하게 비판한 적이 있었다. 발단은 어의 문제였다. 이때 순조는 와병 중이었는데 내의원 의관에 결원이 생겨서 약원에서 후보 의원의 명단을 올렸는데, 순조는 뜻밖에도 변종순卞鍾淳을 뽑아 올리라고 명했다. 그런데 변종순은 이름을 들어보지 못한 무명 의사였다. 그래서 약원 도제조 한용귀韓用龜가 문제를 제기했다.

"지난 번 의관에 결원이 있어서 새로 임명할 명단을 올렸는데 곧 되돌려 내리고 이어서 변종순을 써서 들이라는 명이 있었습니다. 변종순은 당초 이름이 알려진 세의世醫의 후손이 아닌데, 구중에 거하시는 전하께서 그 성명을 어떻게 들으시고 이런 특차特差의 전교를 내리십니까? 비록 작은 일이지만 성덕에 끼친 누는 큽니다. 신들이 걱정하는 것은 한낱 의관의 일이 아닙니다. 이로부터 연줄을 다는 일이 점점 늘어나

분경이 습관이 되면 그 끝없는 폐단이 조정에까지 미칠까 두렵습니다."

이때 김재찬도 한용귀의 지적에 동의하고 나선 것이다.

"신도 할 말이 있습니다. …… 대저 나라에서 동서양전東西兩銓(이조와 병조)을 설치하고 재능을 헤아려 의망擬望하고 벼슬을 제배除拜(관직에 제수함)하는 것은 우리 전하의 특은特恩이 아닌 것이 없습니다."

의망은 이조와 병조에서 세 명의 후보자를 추천하면 임금이 그 중 한 명에게 낙점하는 인사 방식을 뜻한다.

"요즘 아무개를 아무 관직에 주의注擬하라는 명이 있는데, 그 이름을 들어보면 다 척련가戚聯家(외척 집안)의 사람입니다. …… 엎드려 원하건대 공정한 도리를 회복하소서.(《순조실록》 15년 4월 29일)"

이조와 병조에서 세 사람의 후보자를 주의해 올리지만 나중에 뽑히는 것은 모두 외척과 관련 있는 척련가 사람들이란 비판이었다. 이는 곧 안김이나 그들과 관련 있는 사람들이라는 의미였다. 그래서인지 김재찬은 그해 11월 대간의 공격을 받았고, 이에 분개한 그는 거듭 사직을 청한 끝에 이듬해인 순조 16년(1816) 5월 물러났다. 그 후 좌의정에 제수되었지만 역시 사양했다. 김재찬은 영의정까지 역임했지만 때로는 안김에 비판적이었기에 그리 순탄하지 못했던 환로를 걸었던 것이다. 그런 김재찬이었으니 그가 찬성한다는 것이 정원용으로서는 약간 의외였다. 게다가 찬성 발언을 가장 먼저 하겠다는 것이었다. 김재찬이 먼저 찬성하자 반대할 사람이 없었다. 영중추, 판중추 등 전임 정승들이 모두 찬성하고 나섰으니 이제 우의정 심상규沈象奎가 발언할 차례였다. 우의정 독상獨相 체제였으므로 심상규의 발언은 곧 의정부 전체의 의견이었다.

"지금 이 명은 또한 사양할 수 없는 것입니다."

김조순의 배후 조종대로 흘러가고 있었다. 뿐만 아니라 비망기가 내린 2월 9일 예조에서 대리청정하는 길일까지 가려 아뢰었다.

"왕세자께서 청정하는 길일은 이번 2월 18일입니다. 묘시卯時(오전 5~7시)에 거행하고, 종묘·사직·경모궁의 고유제告由祭는 같은 날 이른 새벽에 먼저 행하며, 반교頒敎(교서 반포)는 같은 날 오시吾時(오전 11~1시)에 거행하여야 합니다."

각본이 이미 짜여져 있었던 것이다. 군주에 대한 최소한의 예의도 상실한 것이었다. 태종·세종 때 같으면 "정사가 둘로 나뉠 수는 없사옵니다"라는 함성으로 뒤덮였을 조정은 대리청정 준비에 분주했다. 의정부에서도 같은 날 대리청정 절목에 대한 별단別單(첨부 보고서)을 보고했다. 영조 51년(1775) 세손 정조의 대리청정 사례를 참고해 마련한 별단은 세세한 항목으로 가득 차 있었다. 비망기가 내리기 전 이미 작성에 들어갔던 것이다. 한마디로 국왕은 허수아비였다.

효명세자, 새로운 정치를 펼치다

순조는 자신이 대리청정을 명했지만 단 한 마디의 반대도 나오지 않는 현실이 씁쓸했다. 대신들은 분명 대리청정 명을 반기고 있었다. 김조순 등이 세자 대리청정을 받아들인 이유는 명백했다. 순조 때도 모든 국정이 안김의 의도대로 흘러갔는데, 세자 청정 때는 말할 것도 없다는 판단이었다. 순조는 서른여덟, 효명세자孝明世子는 열아홉이었다. 장년의 순조가 무기력하게 끌려가는 정국을 어린 세자가 뒤집을 수 없다는 것은 명백했다.

그러나 순조의 생각은 달랐다. 실제 대리청정이 시작되면 그렇게 환호하지 못할 것이라고 순조는 회심의 미소를 지었다. 세자는 순조의 역전 승부수였던 것이다. 세자는 어린 시절부터 영특했다. 세자의 스승인 빈객賓客이었던 우의정 남공철은 순조 17년(1807) 8월 여덟 살 세자에 대해 이렇게 말했다.

"신은 외람되게 동궁의 빈객으로 주연胄筵(서연)에 출입하면서 왕세자의 예질睿質(품성)은 하늘이 내신 것이고 학업은 일취월장하여 좋은 평판이 멀리 퍼지고 있음을 보았으니, 이는 참으로 종묘사직에 억만년의 한없는 경사입니다."

순조는 부왕 정조의 뜻을 잇지 못했다는 자책감을 갖고 있었다. 이런 자책감을 상쇄시켜 줄 인물이 세자였다. 그래서 순조는 세자에게 일찍 제왕 수업을 시켰다. 재위 21년(1821) 열세 살짜리 세자에게 효희전孝禧殿의 삭제朔祭(음력 초하루에 지내는 제사)를 주관하게 했으며 재위 23년(1823) 9월에는 종묘의 겨울 제사를 세자에게 대신 섭행攝行(대신 행함)하게 하면서 백관은 전례대로 모두 참석하라고 명했다. 이 해 겨울부터는 모든 국가 제사를 세자가 섭행하게 했다. 순조는 일단 국가 제사를 대신 지내게 하는 것으로 세자에게 국정 참여를 준비시켰다.

그리고 이날 드디어 대리청정이란 칼을 빼든 것이었다. 대신들은 간과하고 있지만 대리청정은 순조의 절묘한 패였다. 세자는 자신처럼 호락호락하지 않을 것이었다. 과연 대리청정 명이 내려지자 세자만이 사양하는 상소를 올렸다.

"신이 비록 관대冠帶 차림이니 성인의 모양을 갖춘 것 같지만 실상은 전하의 유자孺子(어린아이)이니, 유자는 부모의 품 안에서 벗어나게 되는 것을 항상 두려워하고 있습니다. 성상께서는 어찌하여 이런 비상한 처분을 내려서 마치 유자를 품 안에서 밀어내어 텅 빈 곳에 던지십니까?"

세자는 모두 세 차례 상소를 올려 대리청정을 거절했다. 아무도 반대하지 않는 가운데 혼자 사양 상소를 올린 것이니 모양이 우습게 된 셈이었다. 그러나 세자가 호락호락하지 않은 인물임이 밝혀지는 데는 긴 시간이 필요하지 않았다.

청정을 시작한 지 사흘째 되는 2월 21일. 세자는 종묘와 경모궁 등에 나가 제사를 지냈다. 종묘와 함께 사도세자 부부를 모신 경모궁을 포함시켰다는 것은 중요한 의미가 있었다. 이에 대한 반발인지 절차가 의식대로 진행되지 않았다. 통례원의 정3품 상례相禮가 절차에 착오를 일으켰을 뿐만 아니라 의식 절차를 소리 높여 창도해야 하는 노창臚唱도 제멋대로였다. 이를 본 왕세자는 그 누구도 상상하지 못했던 처벌을 내렸다.

"이조판서 김이교와 전 이조판서 이희갑李羲甲·김재창金在昌을 월봉越俸 2등에 처하라."

봉급 2등을 감하라는 명이었다. 수많은 토지와 노비가 있는 권세가들에게 월봉 2등은 경제적으로는 별 의미가 없었을지 몰라도 큰 망신이었다. 더욱 놀란 것은 이조판서 김이교가 처벌 대상에 들어간 것이었다. 안김의 핵심 인물이었던 것이다. 순조도 손을 못 대던 안김의 핵심 인물에게 대리청정 사흘 만에 손을 댄 것이었다.

뿐만 아니었다. 청정 열흘 후인 2월 28일에는 형조참판 참판 이우수

서울대학교 의대 안에 남아 있는 경모궁의 옛터

효명세자는 종묘와 함께 사도세자 부부를 모신 경모궁에 제사를 지냈다.

李友秀와 좌포장左捕將 유화원柳和源을 파직시키고 강화 유수 이광헌李光憲을 삭탈관작시켰다. 강화 유수 이광헌의 행랑 사람이 패거리를 이끌고 민가에 들어가 인가를 부수고 여성을 길거리로 끌어내어 욕을 보였는데도, 좌포장 유화원은 적극적으로 제지하지 않았고 형조도 처벌하는 시늉에 그쳤다. 이를 안 세자가 파직으로 처벌했던 것이다. 당연히 벼슬아치들의 전횡에 시달리던 백성들이 환호했다.

대리청정 20여 일 남짓 지난 3월 10일에는 더 큰 문제가 발생했다. 매월 여섯 차례씩 주요 대신들과 만나는 빈대賓對 자리였다. 독상 우의정 심상규가 특별한 사항을 보고했다.

"신이 공무로 행차하던 길에 한 수자리 군사가 수레를 막고 호소했습니다. 초산楚山(평안도) 사람인 그는 전 부사 서만수徐萬修의 탐학상을 호소했습니다. 악한 형벌로 죽은 자가 7명이나 되며 백성의 재물도 6,7만 냥이나 강제로 빼앗았다고 합니다. 너무 놀라서 바로 평안도에 공문을 보내어 엄히 조사하도록 하였습니다. 먼저 해부該府(의금부)에 그를 잡아다가 엄중히 가두고 해도에서 조사하여 보고하기를 기다려 처치하게 하소서."

세자는 깜짝 놀랐다.

"그 말을 들으니 너무나 놀라 할 말을 모르겠다. 어찌하여 먼저 품달하지 않고 곧바로 공문부터 보내었는가? 마땅히 대조大朝에게 들어가서 품의하고 처분하겠다."

세자의 지적은 마땅한 것이었다. 이런 일이 있으면 먼저 국왕에게 보고하고 처리해야 하는데 심상규가 일방적으로 평안도에 공문부터 보낸 것이었다. 이렇게 독자적으로 판단하다 보면 보고해야 할 일을 보고하지 않고 넘어갈 수도 있기 때문이었다.

세자는 순조에게 보고한 후 다음 날인 3월 11일 우승지 김병조金炳朝를 안핵사按覈使로 초산에 보냈다. 같은 날 평안 감사 이희갑이 보고를 해 왔다.

"평안도 전 부사 서만수는 재임 당시 탐욕스럽고 포학하다는 소문이 많이 들려왔으므로 여러 사람들을 감영으로 불러와서 조사관으로 하여금 자세히 조사하게 했습니다."

이희갑의 보고는 심각한 내용이었다. 서만수는 산삼의 잠매潛賣(암거래)를 엄금한다는 명목으로 산삼을 받아들이기 위해 "몽둥이로 치고 회초리로 때려서 도둑을 신문하듯 했으며, 주리를 틀고 묶어 매어다는 등의 법외의 음형淫刑까지 시행했다"는 것이었다.

"사람들은 집과 재산을 모두 팔아 삼을 사서 납부해야 했는데 산삼을 살 방법이 없으면 간혹 돈으로 대신 납부하기도 했으며, 혹은 은이나 초피(담비가죽)로 대신 납부하기도 했으니 온 고을 안이 마치 전쟁이 휩쓸고 지나간 것 같았습니다. 그리고 아전이나 백성 가운데 여러 번 혹형을 받아서 병들어 죽은 자가 3명이 됩니다.(《순조실록》 27년 3월 11일)"

평안 감사의 장계에 세자는 분개했다.

"기백箕伯(평안 감사)의 장문을 보니 놀랍고 통분하여 그대로 있을 수가 없다. 본 장문을 우선 궁궐에 두었다가 안핵사의 회달回達을 기다려 마땅히 처분을 내리겠다. 감옥에 있는 죄인 서만수는 가쇄枷鎖(죄인의 목에 씌우는 나무 칼)와 팔 다리에 다는 쇠사슬을 갖추어 엄중히 가두도록 하라."

3월 30일 드디어 초산에 갔던 안핵사 김병조의 보고서가 올라왔다.

"초산 전 부사 서만수가 2년 동안 관직에 있으면서 늘 재물을 탐하여 부유한 사람들을 잡아다가 까닭 없이 주리를 틀었고, 반드시 살갗이 찢어지도록 곤장을 쳤으며, 조금이라도 재산이 있는 자에게는 억지로 죄목을 만들어서 곤장을 치고 주리를 틀었으니, 이러한 형벌을 당하지 않은 자가 없고 빼앗아 가지 않은 물건이 없습니다."

이와 함께 의금부에서 서만수에 대한 조사 결과를 보고했다. 조사 결과 탐학한 내용은 자백했고 법외의 형장을 사용한 것도 변명하지 못했지만, 그 이유 때문에만 사람이 죽은 것은 아니라고 변명했다는 것이다. 보고를 듣고 효명세자가 하령했다.

"이 공초를 보건대 그가 이미 자복하였다. 사람의 탐학하고 양심 없음이 어찌 이런 지경에까지 이르렀단 말인가? 이를 만약 역률의 다음 가는 법으로 다스리지 않는다면, 어찌 팔방의 백성들에게 사과할 수 있겠는가? 또한 어찌 허다한 탐관오리들을 징계할 수 있겠는가?"

세도정치하에서 세도가들의 탐학에 대해 "어찌 팔방의 백성들에게 사과할 수 있겠는가?"라는 세자의 말은 의미심장한 것이었다. 세자는 아주 독특한 형벌을 지시했다.

"이 죄수에게 비록 몸과 머리를 다른 곳에 두는 형벌을 사용하지는 못하더라도 어찌 약간의 형벌만을 시행하고 말 수 있겠는가? 의금부의 여러 당상은 종로 네거리에 자리를 베풀고 백성들을 크게 모이게 해서 백관을 차례로 세운 다음 서만수를 잡아다가 다시 한 차례 엄형을 가하도록 하라. 그리고 먼 섬에다 위리안치하되 사흘 길을 하루에 압송하라.(《순조실록》 27년 4월 1일)"

이것이 효명세자가 탐관오리의 죄에 대해 백성들에게 사과하는 방식이었다. 서만수는 종로 네 거리에 가득 모인 백성들의 환호 속에 다시 한 번 형장을 맞고 영암군 추자도로 유배 가야 했다. 세자의 조치는 여기에서 끝나지 않았다.

"탐관오리의 자손들은 청현직淸顯職을 허락하지 않게끔 법전에 규정되어 있다. 이후에 서만수의 자식들이 혹시 사적仕籍에 오르더라도 청현직을 허락하지 말라는 뜻으로 전조銓曹(이조)에 분부하여 기록해 두게 하라."

서만수의 자식들은 과거에 급제하더라도 승지나 대간 등의 청현직에는 오르지 못하게 하라는 명이었다. 서만수는 그해 5월 28일 유배지에서 사망했다. 이 사건은 앞으로 탐관은 용서하지 않겠다는 효명세자의 강한 의지를 표명한 것이었다. 백성들은 효명세자의 신정新政을 크게 환영했다. 백성들은 서만수 사건을 새로운 정치의 시작으로 생각했다. 서만수가 안동 김씨 계열의 인물이었던 것이다. 안김 인물까지 처벌했으니 이제 비로소 새로운 세상이 열리는 것이라고 여긴 것이다.

안김 세력의 반격

서만수 사건은 이렇게 정리되는 듯 했으나 그해 8월 4일 발생한 한 사건이 이 사건을 다른 방향으로 끌고 갔다. 그날 한 사내가 서리 복장으로 돈화문의 서쪽 협문挾門을 통해 대궐에 들어갔다. 그는 대궐 안의 신문고를 찾아 눈물을 흘리며 북을 쳤다. 병조 당상이 나가보니 서만수의 아들 서유규徐有圭였다. 서유규도 서만수 사건과 관련해 유배되었는데, 효명세자는 부자를 동시에 처벌하는 것은 인정에 어긋난다며 석방했던 터였다. 병조 당상이 불법 대궐 침입죄로 처벌하려 하자 서유규가 갑자기 부친의 억울한 사정을 호소하는 원정原情을 써서 바쳤다. 서유규의 원정을 본 병조는 자신들이 처리할 사안이 아니라고 생각해 형조에 이문移文했다. 형조도 마찬가지로 자신들이 독자적으로 처리할 사안이 아니라고 판단해 세자에게 상달했다. 서유규가 부친의 원정이라고 바친 문서에는 자신의 부친이 억울하게 죽었다고 쓰여 있었다.

"제 아비는 자식 한 명, 종 한 명의 보살핌도 받지 못하고 한 번 마시거나 한 번 씻는 일도 권해 보지도 못한 채, 전후 두 달 동안에 마침내 굶어죽은 고혼孤魂이 되고 말았습니다."

그러나 서유규는 부친의 죽음이 이조원李肇源 때문이라고 그를 역모로 고변했다.

"제 아비가 애매하게 죄에 걸려 비명에 죽은 것은 모두 역적 이조원 부자가 입을 말살할 계략에 말미암지 않은 것이 없습니다.(《순조실록》 27년 8월 4일)"

서유규가 끌어들인 이조원은 평안 감사로 재직할 때 강동 현감 서만수를 탐학죄로 파직시킨 적이 있었다. 탐학죄로 처벌당하면 평생 관직에 나오지 못하는 것은 물론 그 자식의 관직 진출까지 막는 것이 조선의 법이었다.

그런데 서만수는 놀랍게도 순조 17년(1817) 11월 청요직인 홍문관 관리의 임용 후보자 명단인 홍문록弘文錄에 들었고, 의정부에서 관리의 후보자 선발 명단인 도당회권都堂會圈에 들더니 순조 18년에는 홍문관 종5품 부교리에 선임되었다. 탐관오리로 파직당한 인물이 홍문관에 임용되는 것은 전례를 찾기 힘든 일로서 안김의 지원이 없이는 불가능한 일이었다. 물의가 일자 서만수는 상소해서 과거 강동 현감 때의 일을 변명했다. 억울하다는 것이었다. 그러자 평안감사 이조원이 반박 상소에 나서 서만수가 파직당한 본말에 대해 설명했다. 순조는 이조원의 손을 들어 주었다.

"반박 상소를 올리는 것은 감사의 체통을 중히 여기는 것이 아니다. 수령의 출척黜陟(승진시키고 쫓아냄) 권한은 감사에게 있는 것이 아닌가?"

그러자 서만수가 다시 상소해 이조원을 비난했고 순조는 그런 서만수에게 화를 냈다.

"전번에는 스스로 변명하더니 지금은 도리어 욕하고 짓밟는구나. 사태의 면면을 볼 때 너무나 놀랍다. 이렇게 한다면 방백方伯(감사)이 어떻게 출척을 행할 수 있겠는가? 이런 버릇은 대수롭지 않게 처리할 수 없다. 부교리 서만수를 삭직하라."

그래서 서만수는 홍문관 부교리에서 쫓겨나게 되었다. 이조원도 사직 상소를 내자 순조는 서만수를 비판했다.

"쫓겨난 수령이 도리어 감사를 욕하는 것은 부녀자와 어린아이라도 옳고 그름을 알 것이다. 하물며 억지로 뒤집어씌우며 함부로 하는 말에 대해 어찌 여러 말로 따지며 상소하여 변명하는 데까지 이르는가?"

그런데 놀랍게도 서만수는 한 해 후인 순조 19년에는 종6품 홍문관 부수찬으로 다시 복직했다. 비록 등급은 떨어졌지만 임금에게 삭직당한 인물이 거듭 홍문관에 복직한 것은 안김의 후원이 아니고서는 불가능한 일이었다.

그런데 서유규가 서만수가 유배지에서 죽게 된 것이 이조원 때문이라며 원정을 냈던 것이다. 순조가 재위 14년(1814) 건강이 악화되었을 때 이조원이 역모를 꾸몄다는 고변이었다. 서유규가 느닷없이 이조원을 역모로 고변한 것은 엉뚱해 보이는 일이었다. 그러나 사실은 잘 계획된 공세였다. 이를 계기로 사방에서 이조원을 공격하고 나섰기 때문이다. 8월 11일 부호군 조정철趙貞喆이 이조원을 공격했고 삼사도 모두 나서 이조원 공격에 가세했다. 영부사 한용귀도 가세함으로써 사태는 확대되었다. 한용귀는 정승까지 지낸 조정의 원로였다. 한용귀는 과거 순조가 아플 때 이미 세상을 떠난 전 군수 심능정沈能定이 편지를 보냈는데, 거기 동봉한 전 정언 김기서金基敍의 편지에 흉패한 말이 써 있었다는 것이다. 그 말은 "감히 말할 수 없고 차마 말할 수 없는 것"인데, 와주窩主(도적의 우두머리)의 맥락은 따로 있었다는 것이다. 즉 직접 이름을 대지는 않았지만 와주가 이조원이라는 암시였다. 한용귀는 흉서를 목격한 당시에 성토했어야 하지만 개인적인 편지를 올릴 수 없었고 순조의 건강도 회복되어 그냥 넘어갔다는 것이었다. 그러나 한용귀도 이조원의 이름을 직접 대지는 않았는데, 김조순이 직접 나서 이조원을 언급함으로써 서유규의 느닷없는 공세의 배후가 자신임을 나타냈다.

"흉서를 신이 직접 보지 않았는데, 신이 어찌 감히 이조원에게 죄가 없다고 하겠으며, 신이 입으로 엄히 배척하지 않았는데 또 어찌 감히 이조원에게 이런 사실이 있다고 하겠습니까? 대체로 이 일의 긴요한 점은 흉서가 있었느냐의 여부와 엄히 배척한 일이 있었느냐의 여부에 달려 있는데, 이에 따라 이조원이 귀신이냐 사람이냐가 저절로 판단될 것입니다. 대신에게 하문하여 처리하소서."

말은 애매했지만 다른 사람도 아닌 안김의 실세 김조순이 직접 공격한 것이므로 여파는 간단하지 않았다. 자신이 흉서를 직접 보지 못했으면 모른다고 하면 될 것을 "이조원이 귀신이냐 사람이냐가 저절로 판단될 것"이라고 말한 것은 이조원에게 혐의가 있다는 뜻이기 때문이다. 외조부까지 직접 나서자 효명세자도 한 발 물러서지 않을 수 없었다. 세자가 대신들에게 물었는데, 김조순이 공격한 이조원을 변호해 줄 인물은 없었다. 그래서 이조원은 8월 16일 나주 흑산도로 유배 가야 했다.

서만수 사건은 한 탐관오리 처벌 문제로 시작되었으나 아들 서유규가 격쟁함으로써 엉뚱하게 이조원 역모 사건으로 비화되었다. 그 배후에는 안동 김씨가 있었다. 안김은 뒤늦게 서만수 사건이 자신들의 세력을 꺾으려는 세자와 반反 안김이 결탁한 것이라고 판단했던 것이다. 그래서 안김 세력은 13년 전에 끝난 이조원 역모설을 끌어들여 사건을 희석화시켰다. 그래서 안김 세력의 서만수도 물고되었지만 반 안김 세력의 이조원도 귀양 가게 되었다.

공격당하는 안김의 차세대 실세

안김은 세자를 위험인물로 간주하기 시작했다. 세자는 대리청정 한 달 후인 3월 18일 경원부에 유배 간 전 사간 임업을 전격 석방했다. 임업은 순조 19년 안김의 전횡을 공격했다가 8년째 경원에서 유배 살던 인물이었다. 의금부 당상과 대간에서 모두 글을 올려 반대했으나 세자는 석방을 강행했다. 안김은 세도정치를 공격하다가 귀양 간 임업까지 석방시키는 것을 보고 크게 놀랐다.

그런데 이 무렵 안동 김씨 일문이 큰 망신을 당하는 사건이 발생했다. 김조순의 아들 김유근은 안김의 핵심 실세였는데 순조 27년(1827) 마흔셋의 장년이었다. 그는 순조 17년(1817) 서른셋의 청년으로 요직 이조참의를 역임하고 그 후에도 비변사 제조 · 이조참판 · 한성부 판윤 · 예조판서 등 핵심 요직을 두루 역임했다. 조선은 지방관을 역임하지 않으면 고위직에 오르지 못하게 하는 법칙이 있었으나 안김은 예외였다. 김유근은 한 번도 지방관으로 나가지 않고 경직京職만 두루 거쳤던 것이다. 효명세자가 대리청정하기 직전인 순조 27년 1월에도 청요직의 꽃인 홍문관 제학에 임명되었다. 그러나 세자는 청정 다음달인 3월 26일 김유근을 평안도 관찰사로 내보냈다. 그러자 김유근은 세자에게 상서上書하여 평안도 관찰사직을 사양했다. '평양 감사도 저 싫으면 그만'이라는 속담이 생길 정도로 남들에게는 평생 한 번 해 보고 싶은 자리였지만 김유근은 지방관이라는 자체가 불만이었다. 자신을 지방으로 쫓아낸 것으로 여긴 것이다. 그러나 효명세자는 사임을 허락하지 않았다.

"서관西關(평안도)의 민생들이 어려운 때에 경에게 위임하는 것은 뜻이 있어서였다. 경은 임지에 내려가 직무에 정성을 다하여 내가 서관을 돌보아 생각하는 근심을 풀어 주도록 하라."

김유근은 할 수 없이 하직 인사를 올리고 길을 떠날 수 밖에 없었다. 평양을 향해서 북상하던 김유근 일행은 그해 4월 27일 개경 북쪽의 황해도 서흥에서 숙박했다. 그곳에서 뜻밖의 일을 겪게 된다. 김유근은 서울에서 첩과 이복동생의 부인까지 대동하고 길을 떠났다. 서흥에서 김유근은 관청으로 들어가 거처하고, 첩과 서제부庶弟婦는 점사店舍(여관)에 숙박하게 했다. 안김의 실세 김유근의 첩과 서제부가 묶는다니까 서흥 관아에서는 점사의 내방內房을 내주게 하고 여종 여러 명을 보내 시중을 들게 했다. 그날 날이 저물 무렵 사내 한 명이 김유근의 거처에 찾아와 만나자고 청을 넣었다.

"덕천군에서 퇴임한 아전 장씨입니다."

김유근은 퇴임 아전을 만나고 싶지도 않았고 일개 퇴임 아전이 만나자고 하는 것도 괘씸하게 생각되어 쫓아내라고 말했다. 덕천군은 평안도 소속이므로 무언가 현안을 가지고 먼 길을 찾아온 것인데 만나 주지도 않자 장씨는 크게 화가 났다. 장씨는 김유근의 첩과 서제부가 숙박하는 점사로 쫓아갔다. 웃통을 벗은 장씨는 칼을 들고 내방으로 들어가 만나는 사람마다 칼을 휘둘렀다. 김유근의 첩은 재빨리 자리를 피해 목숨을 건졌으나 서제부와 점사의 주모는 죽고 말았다. 뿐만 아니라 김유근의 첩을 시중들기 위해 점사에서 묶던 서홍현의 여종 5명도 중상을 입었다. 사람이 죽었으므로 김유근은 세자에게 상서를 올려 사건의 전말을 보고할 수 밖에 없었다. 문제는 부임하면서 첩을 데리고 갔다는 점이었다. 같은 시대 인물인 정약용은《목민심서牧民心書》부임조赴任條에서 지방관으로 나가는 사람은 자제 한 사람 외에는 가족들도 일체 데려가지 말아야 한다고 주장했다. 가족들을 데리고 가는 것 자체가 민폐가 된다는 뜻이다. 이런 판국에 첩을 데리고 간 것이니 할 말이 없었다. 또한 정약용은 같은 조에서 "부임하는 도중 매일 세 끼의 끼니에는 국 한 그릇, 김치 한 그릇, 장 한 종지 외에는 네 접시를 초과하지 말라"고도 말했는데, 첩에게 시중들다 부상당한 관비만 다섯이었다. 모두 몇 명의 관비가 시중들러 점사에 간 것인지도 알 수 없을 정도였다. 그야말로 온 관아가 김유근 일가 시중에 나섰던 것이다. 그래서 김유근은 상서에서 노모를 핑계로 삼았다.

"신이 처음에 뜻한 것은 감영에 도착한 직후 곧바로 노모老母(할머니)와 본생모本生母(생모)를 맞이해 잘 모시려고 했습니다. 그런데 두 노인을 모시려면 시중들 사람이 필요하기에 신의 서제부와 천첩에게 먼저 신을 따라 와서 정돈해 놓고 대기하도록 하였습니다."

궁색한 변명이었다. 김유근의 생모는 순조의 장모였다. 국왕의 장모가 남편 김조순이 살아 있는 데 평양까지 따라갈 이유가 전혀 없었다.

더구나 할머니가 아들이 있는 서울을 떠나 손자가 있는 평양으로 간다는 것은 있을 수 없는 일이었다. 그만큼 첩과 서제부를 데려간 데 대한 명분이 약한 것이었다.

"신이 미처 부임하지는 못했지만 40주의 백성들을 관할하는데 한낱 퇴임한 아전에게 행패를 당했으니 무슨 얼굴로 관서의 이속과 백성들을 대할 수 있겠습니까? …… 신의 노모가 이 참변 소식을 듣는다면 슬픔을 안은 채로 관서로 올 리가 없습니다. 앞으로 보나 뒤로 보나 신이 나갈 수 없어서 길가에서 머리를 조아리고 큰 소리로 우러러 호소하오니, 곧바로 체차遞差(해임)해 주소서."

평안도 감사로 부임하지 않겠다는 뜻이었다. 이런 일까지 겪었는데 세자도 계속 부임하라고 요구할 수는 없었다. 그래서 세자는 다음 날 서능보徐能輔를 평안도 관찰사로 삼고 김유근을 공조판서로 임명했다. 그런데 4월 30일 사헌부 집의 조경진趙璟鎭이 김유근의 처신을 비판하고 나서면서 사건이 확대되었다.

"평안 전 감사 김유근이 부임 도중 변을 만난 일은 실로 전고前古에 듣지 못한 일대 변괴입니다. 변괴가 뜻밖에 발생했으니 어찌 그 중신에게 허물을 돌릴 수 있겠습니까만, 돌이켜 생각해 보면 중신의 처지로서는 의당 삼가고 조심했어야 하는데, 이번 변괴는 천첩을 데리고 갔기 때문에 발생했다고 들었습니다."

이 무렵 안김은 대간도 언급할 수 없는 성역이었다. 그러나 조경진은 대간으로서 김유근의 처신을 직접 비판한 것이다. 나아가 조경진은 "평안 전 감사 김유근을 마땅히 파직해야 합니다"라고 주장했다.

김유근을 직접 공격한 이 발언에 조야가 놀랐다. 당연히 세자가 '불행을 당한 대신을 공격한다'고 꾸짖을 줄 알았다. 그러나 세자의 대답은 뜻밖이었다.

"다시 생각하여 처분하겠다."

마치 김유근을 파직할 듯이 답했던 것이다. 그러자 사방에서 들고 일어섰다. 조경진을 국문하라는 것이었다. 의금부도 안김이 장악하고 있기 때문에 국문하면 장하의 귀신이 될 가능성이 높았다. 그래서 순조가 나서서 방패막이를 해 주었다.

"조경진의 국문은 그만두고 한 차례 엄형을 가한 후 절도에 위리안치하라."

조경진은 흑산도로 유배되었으나 이는 그의 목숨을 건지려는 순조의 의지가 담긴 것이었다. 그러자 대신과 삼사에서 연달아 나서 조경진을 국문할 것을 청했다. 세자는 단호히 거부했다.

"이미 대조(순조)께서 처분하셨으니 번거롭게 하지 말라."

그러나 대사헌 박종훈朴宗薰을 비롯한 사헌부 관원들과 대사간 임존상任存常을 비롯한 사간원도 조경진의 국문을 주장하고 나섰다. 세자는 한결같은 대답으로 조경진을 보호했다.

"이미 대조께서 처분하셨으니 번거롭게 하지 말라."

절묘한 체제였다. 이제 순조의 처분은 그 누구도 번복시킬 수 없는 권위를 갖게 된 것이었다. 대리청정 체제였으므로 신하들은 모두 세자에게 상달해 주장해야 했다. 세자는 한번 순조가 결정한 것은 결코 번복하지 않았고, 신하들은 순조에게 직접 요구할 수 없었으니 순조는 막강한 왕권을 가지게 된 것이다.

이때의 대간들은 국초의 대간들이 아니었다. 국초의 대간들은 조정 대신들도 벌벌 떨었다면 이때의 대간들은 권세가의 고용인 비슷한 존재들이었다. 정약용은 《목민심서》 율기조律己條에서 "청렴한 선비가 지방관으로 나갈 때 가루家累를 데리고 가지 않는다 하였는데, 가루는 처자를 두고 이른 말이다"라고 말했다. 가족도 데리고 가지 말아야 하는데 하물며 첩과 서제부를 데리고 가다가 변을 당했으니 김유근의 처신은 언관의 당연한 비판 대상이었다. 그러나 같은 언관들이 모두 나서 조경진을 국문해 죽이자고 청하는 것이었다. 《경국대전》 '사헌부'조는 "백관을 규찰하며 풍속을 바로잡는다"고 규정하고 있고, '사간원'조는 "관리들의 잘못을 규탄하는 일을 맡는다"고 규정하고 있었다. 그러나 이때의 대간은 안김의 하수인이나 다름없었다.

세자가 조경철의 국문을 허락하지 않자 김유근의 재종형제인 이조판서 김교근金敎根이 나섰다. 김교근은 세자가 양사의 국문 요청을 거절한 5월 5일 돌연 글을 올려 사직하는 것으로 세자의 조처에 항의했다. 김교근은 이조판서가 된 지 불과 열흘도 안 된 형편이었다. 김교근은 4월 27일 이조판서에 임명되는데, 그 전까지는 같은 안김의 김이교였다. 세자는 김이교가 정주政注에서 착오를 일으켰다며 파직하고 김교근을 임명한 것이었다. 정주는 이조의 인사안을 말하는데, 정주에서 착오를 일으켰다는 말은 규칙을 어기고 자기 마음대로 인사안을 올렸다가 파직당했다는 뜻이다. 안김의 이조판서를 파직했지만 다시 안김 아래 항렬을 임명해 가문 전체의 반발을 막으려는 고육책으로 김교근을 임명한 것이었다. 집안 어른이 맡던 자리를 대신 차지하게 된데다 김유근의 서흥 사건에 세자가 미온적으로 대처하자 사직한 것이지만 세자는 사직을 허용하지 않았다. 그러나 김교근은 계속 사임을 요청했다.

그러자 세자는 7월 4일 김교근을 체차하고 조만영으로 대신했다. 조만영은 세자의 장인이었으니 부왕의 처가가 가지고 있던 문관 인사권을 자신의 처가로 옮긴 셈이었다. 이것이 바로 세자의 고민이었다. 외척인 안김을 대체할 세력 역시 또 다른 외척인 풍양 조씨에게서 찾을 수 밖에 없는 상황이었다. 조만영은 윤5월 25일에 훈련대장에 임명되었으므로 한 사람이 이조판서와 훈련대장을 겸하게 된 것이었다. 물론 세자가 외척에게만 의존한 것은 아니었다. 그는 노론뿐만 아니라 다른 당파도 등용해 조정의 색깔을 다양화하려고 노력했다. 뿐만 아니라 서자들도 벼슬길에 임명하라고 명했다. 세자는 순조 27년 6월 25일 이렇게 하령했다.

"서류들의 벼슬길을 터 준 것은 우리 대조께서 만물을 생성시키는 성대한 덕이자 크나큰 은혜인데, 허통許通시킨 지 여러 해가 되었으나 아직도 실효가 없으니 이것이 어찌 성상의 뜻을 선양하는 뜻이겠으며, 또 어찌 믿음을 보이는 정사이겠는가? 이번 대정大政(큰 인사)부터 시작하여 외방의 수령과 경직의 통청通淸(홍문관) 후보자 추천 및 낭서郎署(각 관아의 당하관)를 의망해 들어오게 하여 억울해하는 한탄이 없도록 하라."

조만영의 초상

풍양 조씨가 정계에 나서게 되자 중심 인물로서 안동 김씨와 권력 투쟁을 했다. 주요 저서로 《동원인물고東援人物考》 등이 있다.

안김 세도정치 이후 이들과 선이 닿지 않으면 적자들도 벼슬하기 쉽지 않았는데, 서자들을 지방의 수령과 홍문관과 각 관아의 당하관으로 추천하라는 것이었다. 그야말로 인사 혁명이었다.

다른 당파를 등용해 안김을 치다

세자는 순조 27년(1827) 3월 12일 이면승李勉昇을 사헌부 대사헌으로, 이노집李魯集을 사간원 대사간으로 대점代點했다. 대점이란 임금이 아니라 세자가 대신 낙점한 것을 뜻하는데, 순조가 양사 장관의 인사권도 세자에게 위임했음을 뜻한다. 이면승은 소론 계열이었다. 노론 일색인 조정에서 소론이 대사헌을 차지한 것이다. 그는 순조 친정 아래에서도 성균관 대사성과 형조판서 등의 요직을 역임했으나 세자 청정 때 대사헌에 임명된 것은 다른 의미였다. 백관을 규찰하는 사헌부의 장관으로 임명했다는 것은 안김의 눈치를 보지 말고 비리가 있으면 탄핵하라는 뜻이 담겨 있었다.

아니나 다를까, 나흘 후 그는 현재의 당면한 급무를 여섯 가지로 나누어 상서했는데, 당시의 문제를 직접 거론했다.

"첫째는 예궁睿躬(세자의 몸)을 보호하는 일입니다. 저하께서는 어린 나이에 대리를 맡으셔서 들어와서는 대조의 침식을 돌보시고 나와서는 당에 앉아 국사를 살피시니, 음식을 드실 겨를도 없이 과로하십니다."

'예궁을 보호하는 것'을 첫 번째 급무로 꼽은 것은 3년 후 세자의 급서와 관련해 의미심장한 예견이다. 이면승은 둘째로 학문을 열심히 닦으라고 권고하고, 셋째로 과거의 폐단을 개혁할 것을 권했고, 넷째로 재물을 탐하는 것을 징계했다.

"탐관오리는 예로부터 한없이 많았지만 저 서만수 같은 자가 어디 있었습니까? …… 이조와 병조에서 인재를 추천하는 것이 공평하지 못하고 뇌물을 받아들이는 문을 막지 않는다면 비록 한 사람쯤 삶아 죽인다고 한들 법령은 끝내 시행되지 않을 것입니다."

이면승의 이 말은 안김 세도정치의 폐단을 그대로 지적한 것이었다. 인사권을 맡은 자가 뇌물을 받고 벼슬을 판다면 서만수 같은 인물이 계속 나올 것이란 뜻이었다. 다섯 번째로 이면승은 붕당 파타를 주장했다.

"다섯째는 붕당을 타파하는 일입니다. 예부터 소위 붕당이라는 것은 군자와 소인을 판단하는 두 길로 작용했으니 오로지 위에 있는 사람이 쓰거나 버리기에 달려 있었습니다. 그러나 중엽 이후에는 한 당 안에 선과 악이 서로 뒤섞이고 쓰고 버리는 것이 간혹 뒤바뀌기도 했습니다."

이면승의 이 말은 중요한 지적이었다. 노론은 자신들의 당은 군자들의 당인 진붕眞朋이고 상대방은 소인들의 당인 위붕僞朋이라고 주장했다. 자신들의 당만 진붕이고 상대 당은 위붕이라는 인식이 노론 일당독재의 명분이었다. 노론만이 군자들의 당이므로 정권을 홀로 차지해야 한다는 것이었다. 그러나 이면승은 한 당 안에 군자와 소인이 모두 섞여 있다고 주장해 노론 일당독재를 합리화하는 이론에 반기를 든 것이었다.

"저하께 바라기는 다만 어진가 혹은 사악한가, 우수한가 혹은 열등한가만 구분하시고 각 당파를 안배하려는 생각을 가지지 마십시오. 등용하고 쫓아내는 것을 오직 그 재기材器만을 보시고 편애하는 생각에 매이지 않는다면 물정이 저절로 화평하게 될 것이고 조정의 기상이 흐트러지는 걱정도 없을 것입니다.(《순조실록》 27년 3월 16일)"

이면승의 상서는 여섯 째 사치를 금해야 한다는 주장을 마지막으로 끝을 맺었다. 이면승의 상서에 대해 세자는 흡족함을 느꼈다.

"여러 조목으로 갈라 진술한 바는 목전의 급선무이며 시폐時弊(당대의 폐단)에 적중하지 않은 것이 없다. 사치의 풍속이 날로 성하여지고 뇌물이 공공연히 행하여지는 것은 더더욱 통탄할 일이니, 어찌할 바를 모르겠다. 경이 도헌都憲(대사헌)의 임무를 맡아서 먼저 이렇게 말하여 주니 매우 감탄하는 바이다."

그러나 이면승이 상소에서 붕당에 대해 주장한 것은 물의를 일으켰다. 당연히 노론 쪽에서는 이면승의 주장에 불편한 심기를 드러냈고 그는 이 때문에 잠시 향리로 낙향해야 했다.

세자 대리청정 2년째에 접어드는 순조 29년(1829) 7월 부호군 심영석沈英錫의 상서는 훨씬 큰 파장을 불러왔다. 게다가 심영석은 노론에서 적당으로 치는 남인으로서 영조 때 특별히 봉조하까지 올랐던 심단沈檀의 증손이었다. 심영석은 순조 때 남인의 후손이라는 이유로 배척받았다. 순조 2년(1812) 영사領事 이병모李秉模가 순조에게 이런 보고를 한다.

"김기은金箕殷이 초계抄啓에 응시할 적에, 심단의 손자 심영석과 어깨를 나란히 하여 같이 응시할 수 없다는 이유로 병을 칭탁하고 나오지 않았습니다."

초계는 인재를 뽑는 것을 뜻하는데 남인 심단의 손자와 함께 시험 볼 수 없다고 응시를 거부할 정도로 남인에 대한 노론의 반감은 대단했다. 이런 상황에서 심영석이 순조 29년 7월 문제의 상서를 올린 것이다. 그것도 대간이 아닌 종4품 부호군의 직위로 상서한 것이었다.

"직위를 벗어나 일을 논함은 지극히 당돌한 일이오나 충분에 격동되어 끝내 침묵할 수 없는 것이 있습니다. 《주역》에 '나라를 열고 집안을 계승하는 데 소인을 쓰지 말라'고 했는데, 더구나 오늘의 조정과 같이 아주 청명한 때에 어찌 일개 소인으로 하여금 세상을 더럽히게 하는 것을 용납하겠습니까?"

《주역》〈지수사地水師〉 상육上六에 "대군의 명이 있으니 나라를 열고 집안을 계승하는 데 소인은 쓰지 말라"는 말을 인용한 것인데, 놀라운 것은 심영석이 쓰지 말라고 주장하는 소인이 바로 김교근이었던 것이다. 그는 당시 호조판서로 재직하고 있었다.

"호조판서 김교근은 곧 하나의 마음이 바르지 못하고 교묘하며 비루하고 패악하고 품행이 전몰全沒(모두 잘못됨)한 부류입니다."

안김의 실세 김교근을 이렇게 비난하는 것은 목숨을 내건 행위였다. 그것도 백관에 대한 탄핵과 간쟁권이 있는 대간도 아닌 부호군의 직위로 김교근을 직접 공격한 것이었으니 말할 나위가 없었다.

"무릇 그가 무식하고 무뢰하며 취할 재목이 못 되지만 그 문벌의 화려함과 자력資歷(자본력)이 우월하다는 것으로서 이조와 병조의 특제特除(특별한 벼슬 제수)가 있었으니, 그에 있어서는 지극한 영광이며 크나큰 덕택일 터인데, 은혜를 보답할 도리는 생각하지 않고 …… 조정의 모든 인사권이 남이 모르게 모두 그의 수중에서 나오는 것처럼, 말끝마다 일이 있을 때마다 떠벌리며 꾸며 대어 사람들을 놀라게 하였습니다.(《순조실록》 29년 7월 20일)"

김교근이 조정의 인사권을 장악하고 있는 듯이 떠벌렸다는 비판이었다.

"이러다 보니 크고 작은 이익을 좇고 세를 추종하는 자들이 그의 문과 뜰에 미어지며, 중외의 넉넉하고 돈 있는 자들이 다 그의 손아귀에 들어가 재물을 물 쓰듯이 하였는데, 그 재물의 출처를 캐어 보면 남을 속여서 취하거나 억지로 빼앗지 않은 것이 없습니다."

심영석은 나아가 김교근의 아들까지 공격했다.

"그 아들 김병조는 하나의 엄세번嚴世蕃에 불과할 따름입니다."

명나라의 관료였던 엄세번과 그 부친 엄숭嚴嵩은 탐관오리의 대명사로서 많은 비행을 저지르다가 엄숭은 삭탈당하고 엄세번은 사형당한 인물이었다.

"김병조는 …… 송도 유수로 있을 때에는 주전鑄錢(돈을 만드는 것)을 빙자하여 백성들의 재물을 속여 빼앗아 모아서 원성이 길에 가득 찼으니, 역시 그 아비에 그 아들이라고 할 만합니다. 악하고 간특함을 대대로 이루었으니, 온 나라 사람들이 함께 베어 버리고 싶어 하는 바이며, 죄악을 날로 쌓아 세상 사람들의 여론이 다 같이 분개하는 바입니다. 신은 호조판서 김교근을 우선 찬배竄配(귀양)시키고, 그 아들 김병조도 역시 마땅한 형률로 감죄勘罪(죄인을 신문하여 처분함)하여, 한 나라에 같이 살 수 없다는 뜻을 보이는 일을 결단코 그만둘 수 없는 것으로 생각합니다."

심영석의 상서는 거침이 없었다. 김교근 부자에 대해 "죄악을 날로 쌓아 세상 사람들의 여론이 다 같이 분개하는 바"라고 공격한 것이니 그야말로 목숨을 건 상서였다. 그러나 세자가 받아들이기에 너무 앞서나간 상서였다. 세자가 심영석을 꾸짖었다.

"이것이 과연 공분인가? 사감인가? 한 장의 종이에 부자를 아울러 논핵하는 것이 사람의 도리로 어찌 할 수 있는 것이겠는가?(《순조실록》 29년 7월 20일)"

효명세자는 심영석에게 유배형을 내렸다.

"너에게 멀리 정배하는 율을 시행할 것이다."

세자는 심영석을 북청으로 유배 보냈다. 그런데 놀라운 일이 발생했다. 다음 날 사간원 정언 한진호韓鎭戾가 심영석을 두둔하고 나섰던 것이다.

"심영석을 유배 보내라는 명을 정지하셔서 백성들의 마음을 위로하소서."

심영석에게 죄를 주지 말아서 민심을 위로하라는 뜻이었다. 2년 전 언관이었던 조경진이 김유근이 평안 감사 부임길에 첩을 데려간 것을 거론했다가 대간에서 국문하자고 나섰던 것과 비교해 보면 상전벽해였다. 대간도 아닌 부호군으로서 안김의 실세를 공격했음에도 오히려 대간에서 그를 구원하러 나선 것이었다. 한진호 역시 심영석처럼 남인 계열의 인물이었다. 세자는 이번에도 한진호를 꾸짖는 듯했다.

"너의 말이 과연 공론에서 나온 것인가? …… 너를 진도군에 유배 보내겠다."

그러나 더욱 놀라운 일이 계속되었다. 집의 윤석영尹錫永 등 사헌부 관리들과 사간 이남익李南翼 등 사간원 관리들이 연서하여 심영석을 두둔하면서 김교근 부자의 죄를 성토하고 나섰던 것이다.

"너희들을 모두 체차한다."

세자는 연서한 양사 관원들을 체차시켰다. 그러나 7월 24일에는 홍문관 부교리 이유하李游夏가 상서해서 심영석을 처벌한 세자를 비판하고 나섰다.

"그의 글은 곧 한 권간權奸을 논박한 것에 지나지 않는데, 왜 저하께서는 신하들이 차마 듣지 못할 하교를 하셨습니까?"

이유하는 심영석 못지않은 강한 어조로 김교근을 공격했다.

"아! 저 김교근의 죄를 이루 말할 수 있겠습니까? …… 평생의 기량은 헐뜯는 말과 거짓말에 불과하였고, 도처에서 협박한 것에 불과했으며 모두 이익을 탐하고 세도를 구하는 것이었습니다. 번방藩方(관찰사)으로 있으면서는 부정한 재물을 모으는 데 족하지 않고 전후에 해독을 끼쳤으며, 전관銓官(이조판서)의 직책에 있을 때는 뇌물의 문을 활짝 열어 놓아 중외의 재화가 고갈되다시피 하였습니다.(《순조실록》 29년 7월 24일)"

이유하는 심영석을 옹호하면서 다시 김교근 부자의 형벌을 주청했다.

"심영석의 한 상서가 어찌 사감이야 있었겠습니까? …… 저하께서는 깊이 양찰하셔서 김교근 부자에게 먼저 유찬流竄(유배)의 형률을 내리시고, 양사를 견책하신 죄명은 빨리 거두도록 하소서."

홍문관까지 나서자 세자의 태도는 한결 누그러졌다. 아마도 이것을 노리고 일부러 처벌했는지도 몰랐다. 세자는 이유하에게는 죄를 주지 않았다. 대신 승정원에 이런 상서는 앞으로 봉입하지 말라고 명했다. 공세가 잇따르자 김교근은 벼슬을 놓고 낙향할 수 밖에 없었다. 세자가 대리청정하기 전에는 상상도 할 수 없는 일이었다. 김교근에 대한 구체적인 수뢰受賂 사실을 지적한 것도 아니고 일반적인 여론을 지적했음에도 일부 삼사 관원들이 심영석을 지지하고 김교근을 비판하고 나선 것은 큰 변화였다. 세자의 대리청정 2년 동안 삼사 일부의 분위기가 완전히 달라졌던 것이다. 물론 삼사 전체를 이들이 장악한 것은 아니었다. 대사헌과 대사간, 홍문관 대제학 등 삼사의 장관들은 일체 여기에 가세하지 않았다. 이들은 여전히 안김의 영향력 아래 있었다. 삼사 다른 관원들 중에도 여전히 안김의 영향력 아래 있는 인물들이 많았다. 그러나 2년 전과 달리 이제는 안김에 비판적인 인물들도 삼사에 포진하고 있었던 것이다. 비로소 반 안김이 일부 조직화한 것이었다.

세자는 낙향한 김교근에게 올라오라고 여러 번 신칙申飭(타일러 경계함)했으나 김교근은 거부했다. 그러자 세자는 순조 29년(1829) 8월 5일 김교근을 의금부에 내려서 추고하게 했다. 김교근이 명을 거부하고 있다는 것이다. 드디어 세자의 속마음이 드러나는 순간이었다. 세자는 다음 날 김교근의 관직을 체직시키고 보름 후 형조판서로 삼았는데, 김교근은 여전히 부임하지 않았다. 그러자 세자는 김교근을 황해도 수사로 보냈다. 경직에서 지방 수군 절도사로 좌천시킨 것이었다. 판서도 거부한 김교근이 황해 수사로 나갈 리 없었다. 그러자 세자는 8월 28일 김교근을 옹진부甕津府로 유배 보냈다.

외양은 김교근이 관직 취임을 거부하는 것을 벌하는 것이었지만 실제는 심영석의 상서에 대한 화답인 셈이었다. 벼슬은 거부할 수 있었지만 유배형까지 거부할 수는 없었다. 김교근은 9월 9일 귀양지 옹진에 도착했다. 김교근이 귀양지에 도착했다고 보고하자 세자는 곧 석방하라고 명했다. 김교근은 곧 석방되었지만 김교근 부자는 탐관오리란 오명을 뒤집어 쓴 셈이었다.

갑작스러운 세자의 죽음

이렇게 세자는 대리청정 2년 만에 조정의 분위기를 일신해 놓았다. 세자는 대리청정 기간 동안 다양한 방법을 사용해서 안김의 세력을 약화시켰다. 불과 2년 만에 삼사의 분위기를 바꾸어 놓았으니 앞으로 세월만 더 흐르면 더욱 막강한 친정 체제를 구축할 수 있을 것이었다. 순조 30년(1830) 세자 나이 겨우 스물두 살. 미래는 누가 보아도 효명세자의 것이었다. 사람들은 순조에게서는 찾지 못했던 정조의 모습을 세자에게서 보았다.

그러나 그 순간 세자는 갑자기 병석에 누웠다. 순조 30년 윤4월 22일 《순조실록》은 느닷없이 세자의 와병을 전하고 있다.

> 약원에서 왕세자의 진찰을 청했는데, 각혈이 있고 불편했기 때문이었다.

이날 약원은 가미육울탕加味六鬱湯을 올렸고, 다음 날과 그 다음 날에는 자음강화탕滋陰降火湯을 올렸다. 25일에는 자음강화탕이 소용이 없었던 듯 복령보심탕茯苓補心湯을 올렸고 26일에는 귀용지황탕歸茸地黃湯을 올렸다.

27일에 순조는 영돈녕부사 김조순과 호조판서 조만영을 입직하라고 명했다. 자신의 장인과 세자의 장인을 효명세자의 병에 입직시킨 것인데 왜 조만영 외에 김조순까지 불렀는지는 알 수 없다. 세자의 대리청정에 가장 큰 불만을 가진 김조순을 숙직하라고 명한 것은 순조가 아직도 사태의 본질을 깨닫지 못하고 있었다고 볼 수도 있다. 이후 약원에서는 청심소요산淸心逍遙散, 가미사화탕加味瀉火湯 등 여러 약을 올렸다. 윤4월 29일에는 약원에서 전 판관 박제안朴齊顔을 의료진에 동참하도록 요청하자 그대로 따랐다. 박제안은 임실 현감과 전주 판관 같은 지방관을 주로 역임했는데, 의약에 정통하기 때문에 동참시켰던 것이다. 이날 죽여등심다竹茹燈心茶에다 용뇌안신환龍腦安神丸을 조화해서 올렸는데 아마 박제안의 처방일 가능성이 높다. 5월 1일에는 가감이사탕加減二四湯을 올렸는데, 이런 처방들이 효과가 있었는지 5월 2일에는 약원의 여러 신하들과 전·현직 대신들, 그리고 규장각 각신들을 희정당熙政堂에서 소견했다. 이날 청화음淸火飮을 올렸는데, 다음 날에 청화음을 다시 올리자 세자는 석고石膏 2전과 시호柴胡 1전 5푼을 보태서 다시 달여 들이라고 명했다. 마치 정조가 처방 하나하나를 살펴서 보태고 빼던 것과 같은 모습이었다.

5월 4일에는 순조의 장녀 명온공주明溫公主의 남편인 동녕위東寧尉 김현근金賢根을 별도로 입직하라고 명했다. 이날 병세가 조금 완화되었는지 세자는 희정당에서 다시 전·현직 대신과 규장각 각신들을 입대했다. 다음 날인 5월 5일에도 세자는 전·현직 대신과 규장각 각신들을 희정당에서 입대하고 자음화담탕滋陰化痰湯을 들이되 인삼을 1전 줄이게 했다가 다시 인삼 1전을 보태라고 명했다. 세자는 혼란을 겪고 있는 것이었다. 이날 세자는 전 승지 정약용을 의료진에 포함시켰다. 정약용의 연보인 《사암선생연보俟菴先生年譜》는 약원에서 주달해 정약용을 의료진에 포함시켰다고 전하고 있다.

순조 1년 노론 벽파에 의해 유배형에 처해졌던 정약용은 순조 18년 석방되어 고향 마재에서 은거 중이었는데, 세자가 와병 중이던 순조 30년(1830)에는 69세의 고령이었다. 세자는 그를 부호군으로 단부單付했는데, '단부'란 여러 명 중에서 고르는 것이 아니라 단망單望으로 정하는 것으로서 정약용을 꼭 필요로 했다는 증거였다. 그러나 정약용은 느닷없는 자신의 호출이 무엇을 뜻하는지 알 수 없었다. 그는 자신을 부른 것은 이미 가망이 없기 때문이라고 생각했다. 정약용이 처방과 투약을 했다가 세자가 죽으면 그 책임을 쓸 우려가 있었다. 효명세자를 진찰한 정약용은 그의 수명이 얼마 남지 않은 것을 알았다. 그래서 그는 약원에서 이렇게 말했다.

"이 환후에 꼭 써야 할 약재가 내 집에 있소. 급히 사람을 보내 그 약재를 가져와야겠소."

약원에서는 정약용의 말을 따르지 않을 수가 없었다. 사람을 마재로 보냈는데 마재는 서울에서 100리가 넘는 거리였다. 약재를 가지러 간 5월 6일 묘시에 효명세자는 세상을 떠나고 말았다. 허무한 죽음이었다.

제거당하는 세자의 측근들

세자 장례 절차가 진행되던 5월 9일 좌의정 이상황이 의금부에서 대명했다. 상약嘗藥으로 있으면서 정성을 스스로 다하지 못했다는 뜻이었다. 상약은 약을 미리 맛본다는 뜻으로서 병의 시약을 맡은 직책을 뜻했다. 순조는 사관을 보내서 오히려 이상황을 위로했다. 그러나 이상황은 실제로 자신이 시약을 잘못했다는 뜻에서 대죄한 것이 아니었다. 이상황의 대죄가 신호라도 되는 듯 같은 날 사헌부에서 의관의 처벌을 요구하고 나섰다. 사헌부 대사헌 김양순金陽淳과 장령 홍귀섭洪龜燮 · 지평 오치순嗚致淳 등이 건강했던 세자가 갑자기 사망한 것은 치료를 잘못 했기 때문이라며 의관들의 처벌을 요구하고 나선 것이다. 이들이 지적한 의관은 이명운李命運이었다.

"첫째도 이명운의 죄이고, 둘째도 이명운의 죄인데, 이를 만약 잠시라도 용서한다면 국가에 삼척三尺이 있다고 말할 수 있겠습니까?"

삼척은 석 자되는 죽간에 법률을 쓴 데서 유래하는 말로 법률이란 뜻이다. 이렇게 사헌부에서 당초 처벌을 요구한 것은 이명운을 필두로 한 김은상金殷相 같은 어의들이었다.

"청컨대 의관 이명운은 국청을 설치해 실정을 알아내어 전형典刑(법률)을 쾌히 바로잡고, 김은상 등도 해당 형률을 시행하여 천지와 신인의 울분을 씻게 하소서."

같은 날 사간원과 홍문관도 연명으로 차자를 올려 의관들의 국문을 청했으나 모두 들어주지 않았다. 이튿날 춘방(세자시강원)에서도 의관들의 죄를 청했으나 순조는 역시 불허했다. 다음 날인 5월 11일 사헌부 지평 오치순이 재차 공격에 나섰는데 이번의 공격 대상은 의관이 아니었다. 예조판서인 홍기섭洪起燮이었는데 그가 약원 제조로 있을 때 한 행위가 공세의 단서였다.

"예후睿候(세자의 몸)가 불편하셨던 초기에 탕제를 의논해 정하는데, 몸이 제거提擧(약원 제조의 직임)에 있는 자가 감히 자기 의사로 한 가지 약재를 첨가하였다고 하니, 아! 이것이 무슨 변고입니까?"

한 가지 약재를 첨가한 자가 홍기섭이라는 비난이었다.

"인삼 재료를 시험했다는 말을 공좌公座 가운데서 발설해서 듣는 사람이 서로 돌아다보며 놀라서 얼굴빛이 변하지 않는 사람이 없었습니다."

홍기섭은 세자의 병에 인삼이 좋다는 말을 듣고 첨가하고, 이를 사람들이 많은 공좌에서도 거리낌 없이 말했다는 것이다. 오치순의 상소가 나오자 순조는 홍기섭을 예조판서에서 체임하고 이희갑을 대신 임명했다.

그러나 이것은 세자 의문사 정국이 의관에서 홍기섭을 비롯한 신하들로 옮겨 가는 신호가 되었다. 삼사의 공세는 이제 홍기섭에게 초점이 맞춰졌다. 5월 12일 양사에서 "아! 애통합니다. 홍기섭의 죄를 어찌 이루 다 처벌할 수 있겠습니까?"라고 공격하자 같은 날 옥당의 여러 신하들도 공세에 가세했다. 그러나 순조는 홍기섭의 벼슬을 간 데서 그쳤을 뿐 더 이상의 처벌 주장은 받아들이지 않았다. 그런데 홍기섭에 대한 공세는 사간원 정언 송성룡宋成龍이 홍기섭의 와주는 따로 있다고 주장하면서 공세 대상이 확대되었다.

"진실로 그 근원을 캐어 보면 홍기섭의 죄는 실제로 이 사람이 지시하고 시킨 것인데 홍기섭에 대한 성토는 먼저 펼쳐졌으나 김로金鏴에 대한 죄상은 태연하게 여기고 있으니, 이렇게 하고서도 국가에 법이 있다고 말할 수 있겠습니까? 아! 저 김로의 죄를 이루 다 주벌할 수 있겠습니까?(《순조실록》 30년 6월 7일)"

송성룡이 홍기섭의 와주라고 지목한 인물은 공조판서 김로였다. 김로가 홍기섭을 사주했다는 공격이었다. 그런데 6월 22일 영돈녕부사 김조순이 직접 김로에 대한 공세에 가담하는 사건이 발생했다.

"어제 대사헌 권비응權丕應이 상소한 뒤에 편지를 신에게 보내 상소의 초본을 보여주었는데, 신이 보니 김로에 대하여 나열하고 성토한 것으로 내용이 갖추어지고 또한 준엄하다고 할 만합니다. 이는 근일 삼사에서 공공公共으로 논의한 것이니, 그 말이 이와 같음은 당연합니다."

김조순이 상소한 이유는 자신이 지은 효명세자의 지문이 잘못 인용되었다고 변명하기 위한 것이었다. 그러나 이런 상소문에 김로에 대한 공세를 당연하다고 평가한 것은 안김의 휘하에 있는 모든 벼슬아치에게 공세에 나서라고 촉구한 것이었다. 대사헌이 상소문 초본을 보여준 것은 세자 대리청정 이후 위축되었던 안김이 다시 살아나고 있음을 뜻하는 것이었다.

김조순은 왜 김로에 대한 공격에 나섰을까? 순조 30년 7월 그믐께 사간원 정언 신윤록申允祿이 김로 · 홍기섭 · 이인부李寅溥 · 김노경金魯敬 등을 네 간신으로 지칭하며 "네 간신을 일체로 감단勘斷(죄상을 조사해 처단함)하셔서 그 죄를 밝고도 바르게 하소서"라고 상소했는데, 이른바 네 간신은 세자 때 급성장한 세자의 최측근들이었다.

세자의 최측근들이 세자 사후 세자의 죽음에 관련이 있다고 공격받았다는 것 자체가 세자 죽음의 의혹을 짙게 하는 것이었다. 세자 측근들이 세자의 의문사에 관련이 있다는 것은 전혀 이치에 맞지 않기 때문이었다. 만약 세자가 실제로 의문사했다면 세자 측근들이 아니라 세자 대리청정 때 세가 약화된 안김 계열이 의심의 눈길을 받아야 했다. 그러나 공격은 세자의 측근들에게 집중되었다. 안김을 비롯해서 세자의 개혁 정치에 밀려난 세력들의 반격이었다.

안김 계열의 공격에도 불구하고 순조가 홍기섭을 끝내 처벌하지 않은 것도 안김이 배후에서 조종하는 정치 공세에 지나지 않는다고 보았기 때문이다. 그러나 앞에서 대조의 권위를 극대화시켜 주던 세자가 죽은 상황에서 순조는 이들의 공세를 끝내 막아 낼 수 없었다. 순조는 재위 30년 8월 28일 이들의 처벌을 요청하는 삼사를 체차시켰다. 그러자 영의정 남공철 · 좌의정 이상황 · 우의정 정만석鄭晩錫이 연명으로 김노경의 국문을 요청했다. 삼사에 이어 정승들이 모두 나서자 순조는 한 발 물러설 수 밖에 없었다.

"내가 어찌 경들과 삼사의 말을 불가하다고 하겠는가? 그 어렵고 신중한 것은 나 역시 스스로 지키는 바가 있기 때문인데, 그것은 바로 '세신을 보호한다(保世臣)'라는 세 글자이다. 그러나 경들과 삼사의 청을 따르지 않을 수 없으니, 즉시 처분을 내려야 하겠다."

순조는 다음 날 김로를 남해현으로 유배 보내고 이인부는 벼슬을 빼앗고 고향으로 내쫓았다. 지돈녕부사知敦寧府事 김노경도 그해 10월 강진현 고금도에 위리안치했다. 이들의 목숨을 건진 것만도 순조의 지극한 노력 덕분이었다.

세자의 죽음에 의문이 있다고 시작된 공세는 차차 세자의 치료 잘못에 대한 이야기는 사라진 채 네 명의 신하가 세자 때 전횡했다는 공세로 바뀌었다. 그리고 세자가 총애했던 네 명의 대신들은 세자가 죽은 지 몇 달 만에 모두 조정에서 쫓겨났다. 그렇게 조정은 다시 안김의 세상이 되었다. 조선을 정상적인 국가로 되돌리려던 효명세자의 시도는 그렇게 끝나고 만 것이다. 효명세자와 박지원朴趾源의 손자이자 개화파의 거두가 되는 박규수朴珪壽에 관한 일화가 있다. 효명세자는 나중 익종으로 추존되는데, 매천梅泉 황현黃玹이 쓴《매천야록梅泉野錄》에는 둘의 이야기가 생생하게 실려 있다.

익종이 대리청정을 하고 있을 때 미행을 좋아했다. 어느 날 밤 익종이 서울 북쪽의 자하동에 도착했는데, 옥을 부수는 듯한 낭랑한 독서 소리가 무너진 담장 사이로 들려왔다. 익종이 기뻐하여 무너진 담장 사이로 집 안에 들어섰다. 인기척에 사람이 나오자 호위하는 무감武監이 먼저 손을 휘저으며 말했다.

박규수의 초상

연암 박지원의 손자로 우의정을 지내면서 대원군의 쇄국 정책에 반대했다. 벼슬에서 물러난 이후 그의 사랑방은 갑신정변을 일으킨 개화파 일원들은 길러 내는 산실 역할을 했다.

"대가大駕(임금)가 도착했소."

그 사람은 정신없이 부복했는데, 그가 바로 박규수였다.

"일어나라."

박규수가 일어났다.

"네가 무슨 책을 읽었느냐?"

박규수가 대답하자 세자가 말했다.

"독서를 좋아하니 내가 너를 기용하리라."

이튿날 세자가 박규수의 집에 미행했다는 말이 온 성 안에 퍼졌다. 박규수 역시 이때부터 더욱 분발했다. 그러나 이 해 세자가 승하했다. 박규수는 호곡을 했는데, 슬픔이 너무 커서 살아갈 수 없을 듯한 생각이 들 정도였다. 이 소문을 들은 익종의 부인 신정왕후神貞王后도 더욱 슬픔을 견디지 못하다가 조병구趙秉龜(신정왕후의 오빠)가 집권한 후 신

정왕후가 강력히 도와 과거에 급제시켰다는 것이 《매천야록》의 이야기이다.

그러나 박규수가 과거에 급제한 것은 헌종 14년(1848)인 반면 조병구가 세상을 떠난 것은 그보다 이른 헌종 11년(1845)으로서 연대가 맞지 않다. 또한 풍양 조씨는 헌종 때 안김을 대신해 세도정치를 하면서 자신의 가문만을 위하는 데는 안김과 같고 천주교를 더욱 극심하게 탄압하는 등 정책적인 면에서는 안김보다 시대착오적인 정치를 자행했기 때문에 박규수를 풍양 조씨와 연결하는 것은 크게 신빙성이 없다.

익종과 박규수의 이야기는 세자가 새롭고 젊은 정치 세력의 출현을 희구했다는 사실을 보여준다. 세자의 정치는 세자가 주도할 때만 의미가 있는 것이었다. 안동 김씨 · 풍양 조씨의 두 외척은 효명세자가 중심

효명세자의 무덤인 수릉綏陵

안동 김씨와 풍양 조씨 두 외척들 사이에서 조선의 정치를 바로잡으려 했던 효명세자는 뚜렷한 징후도 없이 갑작스러운 죽음을 맞았다. 그의 죽음은 곧 조선 정치 체제의 죽음이었다.

에 선 가운데 제한적 역할을 부여할 때만 가문을 넘어 국가 차원의 의미를 가질 수 있었다. 조선에서 마지막으로 국정의 중심을 잡으려던 효명세자의 급서는, 그의 노력으로 조금씩 회생의 기운을 보이던 정상적인 조선 정치 체제의 죽음이었다.

7장

식민지 조선 백성의 군주

제26대 고종

1852~1919년, 재위 1863~1907년

《순종실록》 부록 12년 1월 20일

태왕太王 전하(고종)의 병세가 깊기 때문에 병문안하도록 했다.
그리고 자작 이기용李埼鎔과 이완용李完用에게 별도로 들어와 숙직하도록 했다

해외 망명 계획과 식혜

1863년 12월 조선의 25대 임금 철종이 창덕궁에서 사망했다. 철종은 14년간 재위에 있었지만 '강화 도령'이라는 그의 별명처럼 재위 기간 동안 사실상의 임금은 그가 아니라 '도령'을 '임금'으로 만들어 준 외척 안동 김씨였다. 그런데 철종이 서른셋의 나이로 사망했을 때 후사가 없었으므로 그의 후사에 비상한 관심이 쏠렸다. 대체적인 예상은 당시 세도를 잡고 있던 안동 김씨 가문에서 강화 도령 같은 한미한 종친을 내세워 후사로 삼으리라는 것이었으나, 안동 김씨는 철종의 급서를 예상하지 못한 듯 준비된 정치 일정을 제시하지 못했다.

당시 왕실의 웃어른은 익종으로 추존된 효명세자의 빈 신정왕후 조씨였다. 조씨는 중희당重熙堂에 중신들을 모아 놓고 말했다.

"나 같은 미망인이 이런 망극한 일을 당하니 원통하지만 이제 국세의 안위를 살펴볼 때 시각이 급하니 여러 대신은 종사의 대계를 빨리

의정하라."

"종사의 대계"란 후임 임금을 결정하라는 말이었다. 그러나 신하들이 종사의 대계를 정할 수는 없었다. 아무리 세도정치라지만 신하의 입으로 누가 임금이 되는 것이 좋겠다고 말했다가는 자칫 역적으로 몰릴 수 있었다. 따라서 이 문제는 신정왕후 조씨만이 거론할 수 있었다. 안동 김씨는 미리 후사를 정해 놓지 않은 것을 후회했으나 이미 엎질러진 물이었다.

원로인 영중추부사 정원용이 "자성慈聖(신정왕후)이 교지를 내리셔서 책정하시기 바랍니다"라고 입을 열었다. 조대비로서는 바라고 바라던 순간이었다. 드디어 안동 김씨를 누르고 친정 풍양 조씨가 전면에 등장하게 된 것이다.

흥선군의 아들 명복

"그렇다면 흥선군의 둘째 아들 명복命福에게 익종의 대통을 계승케 하라."

이 전교는 조대비와 흥선군 이하응이 결탁한 결과였다. '흥선군의 아들 명복'이란 말에 안동 김씨는 놀랐으나 안 된다고 나설 수는 없었다. 드디어 흥선군이 조선 역사상 처음 살아 있는 임금의 생부로 정국의 전면에 등장하는 순간이었다. 선조의 아버지 덕흥대원군德興大院君 이나 인조의 아버지 정원군定遠君, 그리고 철종의 아버지 전계대원군全溪大院君처럼 사후에 추존된 예는 있으나, 생전에 아들이 임금이 되어 대원군

고종의 초상

고종은 혈통으로 따진다면 즉위가 불가능한 임금이었으나 안김 세력의 위세 앞에서 절치부심하던 신정왕후와 흥선군의 정치적 밀약으로 인해 왕이 되었다.

이 된 예는 없었다.

독일인 오페르트Oppert 도굴 사건으로 잘 알려진 흥선군의 아버지 남연군은 사도세자의 서자 은신군의 후사였으나, 이는 양자로 들어간 때문이고 실제 남연군은 인조의 셋째 아들 인평대군의 5세손 이병원의 아들이었다. 그러니 혈통을 따지면 고종은 도저히 즉위할 수 없는 인물이었다.

즉위 당시 고종은 12살의 미성년이었으므로 대왕대비 조씨나 생부 대원군의 섭정을 받아야 했다. 그런데 대왕대비 조씨가 섭정을 양보함으로써 드디어 안동 김씨에게 '궁도령宮道令'이라고 무시당하던 몰락 왕족 흥선군이 대원군으로 정권을 잡게 되었다. 그러나 대원군의 앞에 놓인 과제는 간단하지 않았다. 대내적으로는 안동 김씨 세도정치가 나라 구석구석에 끼친 폐해를 타파하고 정상적인 왕조 통치 체제를 회복해야 했고, 대외적으로는 밀려오는 서양과 일본 세력에 맞서 국체를 보존하고 발전시켜야 했다. 한마디로 대대적인 개혁이 필요했는데 여기에는 왕실이라고 예외가 아니었다.

흥선대원군의 사진

고종 즉위 전까지 안김 세력 하에서 숨을 죽이고 있던 대원군은 고종이 즉위하자 대대적인 개혁 정치를 감행했다. 그러나 훗날 며느리인 명성황후 민씨와 대립하면서 실각하게 된다.

대원군은 세도정치의 주역인 안동 김씨를 제거하고 그간 왕권을 견제해 오던 비변사를 축소·폐지했으며, 의정부의 기능을 강화하고 삼군부三軍府를 부활시켰다. 또한 백성들의 원성의 표적이었던 서원을 철폐해 민중의 환호를 받는 등 대대적인 개혁을 단행했다.

뿐만 아니라 대원군은 고종 3년(1866) 프랑스 선교사 처형 사건을 계기로 강화도에 침략한 프랑스 함대를 격퇴하고, 고종 8년(1871)에는 제너럴셔먼 호 소각 사건을 빌미로 강화도에 침략한 미국 함대를 격퇴하는 전과를 올리는 등 대내외적으로 많은 성과를 거두었다.

하지만 대원군의 개혁은 '왕권 강화'를 목표로 했다는 점에서 한계가 있었다. 당시 조선 왕조가 처한 상황은 왕권 강화라는 한 가지 목표로 해결할 수 있을 만큼 한가하지 않았다. 그는 왕실의 권위를 높이기 위해 임진왜란 때 불탄 경복궁을 중건하려고 당백전三軍府을 주조하는 등 수많은 무리수를 두어 백성들의 지지를 원성으로 돌렸으며, 서원 철폐와 호포제 실시로 양반 사대부들의 불만을 유발시켰다. 하지만 무엇보다 대원군의 가장 큰 실수는 민씨를 며느리로 뽑은 것이었다.

대원군은 외척의 발호를 염려해 부인 민씨의 친정에서 며느리를 뽑았다. 그러나 대원군에 의해 왕비가 된 명성황후明成皇后 민씨는 화서華西 이항로李恒老의 수제자인 면암勉庵 최익현崔益鉉으로 하여금 대원군의 10년 치세를 실정의 연속이라고 공격하는 상소문을 올리게 해 대원군의 몰락에 결정적인 역할을 하였다.

그런데 이 상소를 놓고 대원군과 최익현이 맞붙었을 때, 고종은 훗날 여러 번 반복해 보여지는 전형적인 방관과 기습의 태도를 취했다. 10년 동안 대원군의 정치에 수수방관 끌려가기만 했던 고종은, 일단 최익현의 상소가 올라오자 대원군을 버리고 그를 지지하면서 호조참판에 제수했다. 고종은 대원군 측이 격렬히 반발하는 와중에 최익현이 대원군의 국정 간여 금지를 주장하는 2차 상소를 올리자 할 수 없이 최익현을 제주도로 유배 보내긴 했으나, 이는 최익현이 백성들로부터 '최충신'이란 찬양을 받아가며 귀양길에 올랐다는 일화가 보여주듯 대원군 측의 공격으로부터 최익현을 보호하기 위한 것이었다.

이 사건으로 대원군은 운현궁을 떠나 충청도 덕산의 남연군 묘소에 성묘한 후 양주군 직곡산장으로 은퇴할 수 밖에 없었다. 이로써 재위 10년(1873) 11월, 드디어 고종의 친정이 시작되었다.

고종과 일본의 악연

고종이 아버지 대원군과 최익현의 대결에서 최익현의 손을 들어 준 것은, 유리하다는 판단이 설 때만 심중의 의사를 나타내는 그의 성격을 잘 보여준다. 고종은 보통 아버지 대원군의 도포자락과 명성황후의 치맛자락에 싸여 있다 나라를 빼앗긴 용렬한 군주로 알려져 있지만, 사실상 그렇게 용렬한 군주는 아니었다. 고종을 직접 만났던 거의 모든 외국인은 그를 대단히 해박한 지식과 보폭 넓은 정치력을 지닌 군주로 회상했다. 그러나 대원군 축출 장면에서 보여지듯이 고종의 정치력은 적극적으로 상황을 조성하는 것이 아니라 다른 세력이 조성한 상황을 최대한 이용하려는 수동적인 정치력이란 점에서 한계가 있었다.

고종은 아버지가 치세할 때 적극적으로 제어하지 않은 것처럼 부인의 친정이 치세할 때도 적극적으로 제어하지 않았다. 자본주의의 물결이 밀려오던 조선 후기의 혼란기에 이러한 고종의 정치 태도는 많은 문제를 안고 있었다.

수동적인 고종의 정치 태도는 대외 관계에서 보다 심각한 위기를 드러낸다. 고종 12년(1875) 9월에 있었던 일본 군함 운양호의 강화도 침입 사건은, 앞으로 밀려올 외세에 대한 그의 외교 능력을 가늠하는 시금석이었다. 대원군이라면 이 도발 행위에 대해 병인양요나 신미양요 때처럼 군사적으로 맞섰을 것이다. 이때 일본은 미국의 군사 위협에 굴복해 개국한 지 불과 20년밖에 되지 않았었다. 따라서 정한론征韓論이 기승을 부리기는 했으나 국력을 기울여 조선 침략에 나설 상황은 아니었고, 그럴 실력도 없었다.

이런 상황에서 고종은 개국에 뜻을 두었더라도 일단 운양호를 격퇴한 후 대등한 위치에서 주체적으로 개국을 단행해야 했다. 그러나 고종은 군사적 대응보다는 부산 등 3개 항구의 개방과 치외법권을 인정하는 내용의 불평등조약인 강화도조약(조일수호조약)을 맺음으로써 순응의 길을 택했다. 한 번 열린 불평등조약의 문은 닫을 수가 없어서, 이후 미국과는 '조미통상수호조약', 청과는 '조청상민수륙무역장정'을 맺었으며, 영국 및 독일 그리고 러시아와도 예외 없이 불평등조약을 맺게 되었다.

고종은 이를 소중화 사상에 입각한 이이제이以夷制夷 정책이라고 생각했지만, 이이제이는 오랑캐를 제압할 힘이 있을 때 가능한 정책이다. 이들 대부분이 조선을 하나의 침략 대상으로 여기는 상황에서 이이제이는 패자의 자기 위안에 지나지 않았다. 그러나 고종은 결정적으로 유리한 순간이 오리라 믿으면서 기다렸다.

국내의 혼란과 일본의 내정간섭

개화파인 민씨 세력이 주도한 잇따른 불평등조약은 대원군을 중심으로 하는 수구파의 심한 반발을 불러일으켰다. 고종 19년(1882) 신식 군대인 별기군別技軍의 특별 대우에 분노한 구식 군인들이 일으킨 임오군란이 그 대표적인 예다. 군인들은 일본 공사관을 불태우고 별기군 교관 호리모토 레이조掘本禮造를 타살했으며, 선혜청宣惠廳 당상 민겸호閔謙鎬와 경기 감사 김보현金輔鉉 등 민씨 일파를 살해하고, 나아가 명성황후까지 찾아내려 하였다. 그러나 명성황후는 이미 궐 밖으로 도망친 뒤였다.

군사 위협에 놀란 고종이 구식 군인들의 지지를 받는 대원군에게 전권을 위임한 것은, 두 세력이 다툴 때 대세에 따르는 그의 정치 방식을 잘 보여준다. 일단 대세에 따르다가 기회를 엿보아 반격하는 것이 고종의 정치 방식이었다.

대원군은 임오군란으로 10년 만에 다시 집권하게 되었으나 재집권은 그리 길지 못했다. 청이 3척의 군함과 4,000여 명의 군사를 몰고 와 대원군을 청의 톈진으로 납치해 갔기 때문이다. 이때도 고종은 대원군의 납치를 반대하지 않았으며, 다시 나타난 명성황후가 친청 정권을 수립하는 데도 반대하지 않았다.

친청 사대파로 변신한 민씨 일파가 조정을 장악하자, 일본은 친일 정권을 수립하고자 김옥균金玉均 · 박영효朴永孝 등 개화파를 이용해 임오군란 2년 후인 고종 21년(1884) 갑신정변을 일으키게 하였다.

갑신정변이 성공하자 또다시 대세에 순응한 고종은 개화파에 동조해 거주지를 창덕궁에서 경운궁으로 옮겼다. 그러나 청군의 개입으로 3일 만에 개화파가 패배하자 이번에는 개화파를 역적으로 몰았다. 140여 명에 불과한 일본군을 믿고 정변을 일으킨 김옥균 등 개화파의 무모한 시도는 결국 실패했고, 일본도 서울에서 쫓겨나는 수모를 당했다. 그러나 일본은 이 정변으로 조선과 1885년 한성조약을 맺어 불탄 공사관 건축비와 배상금 지불을 약속받았으며, 청과는 톈진조약을 체결하였다.

청 · 일 양군의 조선 철수와 향후 조선 파병시 서로 통고할 것을 주요 내용으로 하는 이 톈진조약으로, 일본은 유사시 조선에 군대를 파견할 수 있는 권리를 부여받게 되었다.

고종 31년(1894) 전라도 고부에서 동학 접주 전봉준의 지도로 시작된 동학농민혁명은, 톈진조약에 의거해 일본군과 청군의 충돌을 부른 계기가 되었다. 동학 농민군을 진압하기 위해 고종이 청에 파병을 요청함으로써 톈진조약에 따라 일본군도 출동하게 된 것이다.

청일전쟁에서 승리한 일본은 민씨 정권을 몰아내고 대원군을 다시 영입해 김홍집金弘集을 수반으로 하는 친일 내각을 구성했다. 동학 농민군을 진압하기 위해 청군을 끌어들였던 고종은 이 때문에 오히려 정권을 일본에 빼앗기게 된 것이다.

일본은 청과 시모노세키조약을 맺어 막대한 배상금과 함께 대만, 요동반도를 할양받았다. 그런데 요동반도의 할양은 남하 정책을 추진하던 러시아를 자극해 러시아 · 독일 · 프랑스 세 나라의 3국 간섭을 초래했다. 일본은 요동반도를 반환하라는 이들의 요구에 따르지 않을 수 없었다. 이로써 러시아가 일본보다 강력하다는 사실을 알게 된 고종과 명성황후는 러시아 공사 베베르Veber와 결탁해 친일파 박영효를 몰아내고 이범진李範晉 등이 주도하는 친러 내각을 출범시켰다. 청나라를 이용해 대원군을 몰아냈던 고종이 이번에는 러시아를 끌어들여 다시 대원군을 쫓아낸 셈이다.

청일전쟁에서 승리하고도 그 열매를 러시아에게 빼앗긴 일본은 이노우에 가오루井上馨 공사 후임으로 부임한 미우라 고로三浦梧樓 공사에게 극단적인 방법을 사용하도록 했다. 1895년 10월 미우라 공사는 일본 보병 18대대 병력으로 대궐을 점령하여 명성황후를 참살한 후, 그 시신을 영사관 경부 오기하라 슈지로荻原秀次郎로 하여금 소나무 숲 속에 옮겨 불태워 버리게 하였다. 이 사건이 바로 을미사변이다.

이로써 조정은 다시 친일파 김홍집 내각이 장악하게 되었다. 고종은 명성황후가 일본에 살해되었음을 알고 야만적인 처사에 분개하였으나, 모든 실권을 일본과 친일 내각이 갖고 있는 상황에서 어쩔 수 없었다. 일국의 왕비를 참살한 일본이 자신을 참살하지 않는다는 보장이 없다고 여긴 고종은 은인자중하며 기회를 엿보았다.

을미사변 발생 약 4개월 후인 고종 33년(1896) 2월, 고종은 일본군이 의병 진압을 위해 지방에 내려간 틈을 타 러시아 공사관으로 피신하는 아관파천을 단행했다. 독립국의 군주가 외국 공사관으로 피신한 것은 민족적 수치였지만, 일본으로서는 뒤통수를 맞은 격이었다. 고종은 위기의 순간에 목숨을 거는 결단력은 없었지만, 상대가 예측하지 못하는 허를 찌르는 데는 능숙했다.

이후 일본과 고종의 관계는 대부분 이런 형태로 전개된다. 일본이 압도적인 무력으로 고종을 압박하면 고종은 마지못해 이를 받아들였다가 기회를 보아 의외의 반격을 시도하였다.

아관파천을 단행한 지 1년 만인 1897년, 지금의 경운궁(덕수궁)으로 돌아온 고종은, 그해 10월 국호를 대한제국으로 고치고, 연호를 광무光武로 정하면서 황제로 등극했다. 이때 반포한 대한제국에서 고종은 황제가 입법 · 사법 · 행정을 장악함은 물론 황제의 통치권이 무한하다고 규정지었다. 이는 입헌군주제를 추구한 독립협회의 구상과는 달랐지만 고종 자신은 이를 당연시하였다.

한편 러시아 세력을 몰아내지 않으면 한반도 병탄이 불가능하다고 생각한 일본은, 1904년 2월 선전포고 없이 인천과 여순旅順의 러시아 함대를 급습하여 러일전쟁을 일으켰다.

러일 사이에 전운이 감돌자 고종은 국외 중립을 선언하여 전쟁의 영

경복궁 안에 있는 명성황후 시해도

무너져 가는 조선을 일으키려 했던 여걸 명성황후는 일본 측의 악랄한 만행에 의해 죽음을 맞았다. 일본 측의 비인간적인 행각은 전 세계로 알려져 규탄의 대상이 되었다.

러시아 공사관 건물 중 현존 부분

1896년 고종은 일본군이 지방에 내려간 틈을 이용해 러시아 공사관으로 피신했다. 이처럼 고종은 상대의 허를 찌르는 데 능숙한 인물이었다.

향력에서 벗어나려 하였다. 그러나 일본이 다른 곳도 아닌 인천에 주둔한 러시아군을 공격함으로써 시작된 전쟁에서 대한제국이 자유로울 수는 없었다. 일본은 전쟁 직전 대한제국에 군대를 보내 서울과 전국의 군사 요지를 점령하고, 필요한 경우 일본이 대한제국 영토를 군사적으로 사용할 수 있다는 내용의 한일의정서 체결을 강요했다.

일본은 러일전쟁에서 승리함으로써 사실상 대한제국 병탄을 국제적으로 승인받았다. 1905년 9월의 포츠머스강화조약에서 러시아는 일본이 대한제국을 지도 · 보호 · 감독할 수 있는 권리를 인정하였는데, 이는 대한제국이 일본의 수중에 들어갔음을 뜻했다.

포츠머스강화조약 체결 한 달 전에 일본은 자국이 추천하는 고문을 대한제국 정부가 받아들인다는 내용의 1차 한일의정서를 체결했었다. 이로써 고문 정치가 시작되었는데, 재정과 외교에만 고문을 채용하기로 한 협약과 달리 궁내부宮內府 · 군부軍部 · 내부內部 · 학부學部에까지 일본인 고문들이 들어옴으로써 대한제국의 자주권은 결정적으로 훼손되었다.

또한 일본은 한일의정서 체결 한 달 전에 이미 미국과 이른바 가쓰라桂 · 태프트Taft 밀약을 맺어, 미국의 필리핀 지배를 인정해 주는 대가로 대한제국에 대한 지배를 인정받았고, 다음 달에는 영국과 2차 영일동맹을 맺어 대한제국 지배를 인정받았다. 이는 대한제국이 국제적으로 완전히 고립되었음을 뜻한다.

그런데도 고종은 그런 상황을 제대로 인식하지 못했다. 고종은 40여 년 전 일본과 강화도조약을 맺을 때처럼 이를 이이제이 정책의 일환이라고 여겼는지도 모른다. 고종은 일본이 많은 것을 빼앗아 갈 때 투쟁으로 저지하기보다는 마지못해 받아들이는 방식을 택했으며, 목숨을 걸고 자신을 위해 싸워 줄 백성들에게 의존하기보다는 자신의 정치력에 의존하고자 했다. 그러나 일본은 고문 정치에도 만족하지 않았다.

가속화되는 일본의 침략, 그리고 고종의 대응

1905년 10월 말 일본 내각 회의는 대한제국을 이른바 보호국화한다는 명목으로 강제 점령하기로 결정했다. 이를 위해 대한제국에 파견된 인물이 이토 히로부미伊藤博文다. 그해 11월 9일 서울에 온 이토 히로부미는 다음 날 경운궁으로 고종을 방문해 대한제국을 보호국화하겠다는 소위 천황의 친서를 전달했다. 고종은 러일전쟁 이후 일본이 취해 온 여러 조치에 대한 불만을 털어놓았지만, 이토 히로부미의 대답은 적반하장이었다.

"폐하께 한마디 묻고 싶은데, 대한제국이 어떻게 해서 오늘날까지 생존할 수 있었으며, 대한제국의 독립은 누가 준 것입니까? 폐하께서 이를 아시면서도 불만을 말할 수 있습니까?"

이토 히로부미의 말은 서구 열강이 먹으려던 대한제국이란 음식을 일본이 대신 먹어 주니 고마워하라는 말이나 다름없었다. 이토 히로부미는 계속 고종을 위협했다.

"이는 일본 정부의 확고한 방침으로서 결코 움직일 수 없습니다. 폐하께서 승낙하시든 거부하시든 자유지만, 만약 거부하실 경우 일본 정부는 이미 결심한 바가 있어, 그 결과가 어떻게 될 것인지 생각하셔야 합니다. 짐작하건대 대한제국의 지위는 이 조약을 체결하는 것 이상으로 곤란한 경우에 이를 것이며, 더 불리한 결과를 각오하지 않으면 안 될 것입니다."

이는 완전한 협박이었다. 고종은 재위 42년 만에 최대 위기를 맞았다. 고종은 독립국을 유지하고 싶은 자신의 희망을 일본 황실과 정부에 전해 주기 바란다고 간청했으나 이토 히로부미의 반응은 싸늘했다. 고종은 대신들과 회의를 해 결정하겠다며 일단 결정을 미루었다.

당시 일본 공사였던 하야시 곤노스케林權助가 이 회의에 대해 자세한 기록을 남겼는데, 그에 따르면 일본은 회의에 참석할 대한제국 대신들의 회유와 일본군 대장을 통한 군사 위협, 그리고 옥새를 미리 확보하는 것 등의 대책을 수립하고 있었다. 이런 준비 끝에 열린 회의에 대한 하야시의 회상기를 보자.

> 나는 미리 이러한 회의 중에도 황제가 궁궐 깊은 곳에서 어떠한 기도를 꾸미고 있는지 시시각각 알 필요가 있어 꼼꼼하게 밀사를 배치해 두었는데, 그 밀사가 저녁 어스름 무렵에 다음과 같은 보고를 보내왔다. '지금 황제께서 궁내 대신을 이토 공의 숙소로 보내라고 분부를 내리셨습니다. 그 목적은 지금 대궐에서 협의하고 있는 문제를 2,3일간 연기해 줄 수 있는가 하는 황제의 희망을 이토 공에게 전하려는 것 같습니다.'

일제의 간자인 '그 밀사'가 바로 고종 독살설과 관련 있는 문제의 핵심 인물이다. 그로부터 7년 전인 고종 34년(1897)에 일어난 순종의 '독차 사건'도 이런 간자들 짓이었다. 당시 고종과 황태자가 즐겨 마시던 커피에 다량의 아편을 넣은 독차 사건은, 친러파가 일으킨 것으로 알려져 있으나 친일파가 개입했을 개연성도 농후하다. 허나 그 어느 쪽이든간에 궁내의 간자가 개입한 것은 분명하다. 이때 커피 맛에 익숙한 고종은 곧 뱉어 냈으나 다량을 마신 세자는 그 탓인지 지적 장애를 일으켜 판단 능력을 잃게 되었다.

1905년 11월 17일 일본 보병 1개 대대, 포병 중대, 기병 연대가 대궐 앞과 종로에서 군사 시위를 벌이고 일본 병사가 서울 시가지를 순회하면서 백성들을 위협하고 있는 동안, 대궐 안에서는 이른바 을사조약(2차 한일협약)이 고종의 서명 날인 없이 이완용李完用 · 이지용李址鎔 · 이근택李根澤 · 박제순朴齊純 · 권중현權重顯 등 을사오적의 찬성만으로 강제 조인되었다.

대한제국의 외교권을 일본이 장악한다는 내용의 을사조약이 체결됨으로써 대한제국의 외교권을 대표하는 최초의 통감으로 이토 히로부미가 부임하게 되었다. 외교권이 없는 나라가 정상적인 독립국가일 수는 없으므로 대한제국은 사실상 이때 망한 것이었다. 전 참정參政 민영환閔泳煥과 전 특진관特進官 조병세趙秉世 등이 음독자살하고, 전 참판 민종식閔宗植과 최익현 등이 전라도 태인에서 의병을 일으킨 것도 을사조약을 사실상의 망국으로 보았기 때문이다.

이 을사조약부터 고종과 일본의 싸움은 본격화된다. 고종은 결코 을사조약을 인정하지 않았다. 그러나 고종은 을사조약을 폐기시키기 위한 방법으로 무력보다는 외국, 특히 미국의 중재에 의해 해결하려는 뚜렷한 한계를 가지고 있었다. 고종은 친한적인 교육가 미국인 헐버트

을사조약 체결 기념 사진

을사조약은 사실상 대한제국의 패망이었다. 사진에서는 이토 히로부미와 이완용 등의 모습이 보인다.

Hulbert에게 친서를 주어 미국으로 보냈다. 그러나 헐버트는 루스벨트Roosevelt 대통령과의 회견을 거부당하고, 어렵사리 만난 루트Root 국무장관에게도 냉담한 반응만 받았다.

을사조약이 체결되기 약 3개월 전인 1905년 7월 31일 루스벨트는 국무장관 태프트에게 "귀하가 가쓰라에게 말한 것은 모두 옳다. 귀하의 말이 곧 나의 말이라는 것을 지체 없이 가쓰라에게 전하라"는 훈령을 보내 일본의 대한제국 지배를 승인한 바 있었다. 이 사실을 몰랐던 고종은 주불 공사 민영찬閔泳瓚을 다시 미국으로 파견했으나 그 역시 루트 국무장관에게 냉담한 반응만 받았을 뿐이다.

그러나 고종은 좌절하지 않고 비밀리에 런던 〈트리뷴Tribune〉의 기자인 스토리Story에게 옥쇄가 찍힌 국서를 주어 영국에 전하게 했다. 고종은 이 국서에서 황제인 자신은 을사조약을 승인하지 않았으며, 주권의 일부도 일본에 양도하지 않았음을 역설하고, 이후 세계열강이 5년 동안 대한제국을 공동으로 보호하기 바란다고 했다.

이 국서는 1906년 12월 6일자 〈트리뷴〉에 게재되었고, 1907년 1월 16일에는 영국인 베델Bethell과 양기탁梁起鐸이 함께 운영하던 대한제국의 〈대한매일신보〉에도 게재되었으며, 중국 주재 영국 총영사 지부에도 전달되었다.

몇 년 전만 같았어도 "5년 동안 대한제국을 보호하기 바란다"는 이 매력적인 제안에 각 열강은 다투어 달려들었을 것이다. 하지만 이미 일본의 대한제국 지배를 인정한 터였으므로 아무 소용이 없었다.

그러나 고종은 포기하지 않았다. 고종은 1907년 의정부 참찬 이상설李相卨과 전 평리원平理院 검사 이준李儁, 그리고 전 주러 공사 이범진의 아들 이위종李瑋鍾을 6월~7월 2차 만국평화회의가 열리는 헤이그로 파견했다. 고종은 이들에게 위임장을 주며 을사조약의 불법성, 무효성을 역설했다. 그러나 평화회의 의장인 러시아의 넬리도프Nelidov를 비롯해 미국, 영국, 프랑스 등 어느 열강 대표도 이 주장에 귀를 기울이지 않았다. 러시아는 이미 지난해 주한 러시아 총영사에 대한 인가장을 고종이 아닌 일본의 메이지明治 천황에게 받음으로써 을사조약을 인정한 상태였다.

헤이그에 고종의 밀사가 나타나자 일본은 한순간 당황했으나 곧 이 사건을 이용해 고종을 몰아내기로 방침을 정했다. 고종이 헤이그에 밀사를 보냈다는 정보를 들은 이토 히로부미는 그해 7월 3일 하야시 외상에게 전보를 보냈다.

서울 수유리에 있는 이준 열사의 묘

이준 열사는 일본의 방해로 헤이그에서의 계획이 실패로 돌아가자 화병으로 사망했다.

"지금이야말로 대한제국에 대한 국면 전환의 행동을 할 호기라고 믿는다. 즉 병권, 재판권을 우리 수중에 넣을 호기라고 생각된다."

이토는 헤이그 밀사 사건을 강제로 고종을 퇴위시킬 절호의 기회로 여기고, 내각 총리대신 이완용과 고종의 퇴위를 합의했다. 이완용은 7월 16,17일 두 차례에 걸쳐 양위를 주청했지만 고종은 격노하면서 이를 거부했다. 그러나 고종에게는 아무런 힘도 없었다. 고종은 결국 그 달 19일 새벽 3시에 "지금까지의 선양禪讓의 예에 따라 군국의 대사를 황태자에게 대리케 한다"는 조칙을 발표하는 데까지 양보했다.

이 조칙의 속뜻은 황태자에게 황위를 물려주는 것이 아니라 일정 기간 동안 '대리'하게 한다는 데 있었다. 즉 일정 기간이 지나면 기회를 보아 다시 복위하겠다는 뜻이었다. 그러나 일본의 뜻은 '대리'가 아니라 '선위禪位'에 있었기 때문에 조칙을 거부했다.

이토와 이완용은 다음 날 아침 고종이 거부하는데도 경운궁 중화전中和殿에서 황제 양위식을 강행했다. 양위하는 고종과 양위받는 순종 모두 참석하지 않은 세계 역사상 유례를 찾아볼 수 없는 희한한 양위식이었다. 그 후 일본은 순종과 황태자인 영친왕英親王 은垠을 덕수궁(경운궁)에서 창덕궁으로 이주시킴으로써 고종의 영향력에서 벗어나게 하려 했다.

독차 사건 이후 정상적인 판단 능력을 잃은 순종이 즉위했으니 이제 모든 것은 일본의 뜻대로였다. 고종을 무력화시킨 일본은 대한제국을 완전히 점령하기로 하고 그해 8월 1일 6,000여 명에 달하는 대한제국 군대를 강제 해산시켰다. 이에 고종의 양위에 반대하는 유생들과 농민들, 그리고 해산된 군대의 일부가 가담한 정미의병(1907년)이 일어났으나 우수한 화력을 가진 일본군에게 진압되고 말았다.

그리고 그 2년 후인 1909년 9월부터 남부 수비관구 사령관 와타나베 소장이 이끄는 일본군은, 의병 운동을 뿌리 뽑기 위해 두 달 동안 이른바 '남한 대토벌 작전'을 전개했다. 이 토벌 작전으로 의병 운동이 가장 활발했던 전라도를 중심으로 한 여러 지역에서 살육, 방화 등의 방법으로 의병장 심남일沈南一을 포함한 2,000여 명 이상의 의병이 살해되거나 체포되었다. 이로써 전라도 의병은 결정적인 타격을 입었다.

일본이 토벌 작전을 전개한 이유는 저항할 수 있는 무력을 미리 제거해 대한제국을 완전히 병합할 수 있는 조건을 만들기 위해서였다. 결국 다음해인 1910년 8월, "동양의 평화를 영원히 확보하기 위해 대한제국을 일본 제국에 합병함이 가장 좋은 길임을 확신"한다는 내용의 소위 한일합방조약이 일본 통감 데라우치 마사다케寺內正毅와 대한제국 내각 총리대신 이완용 사이에서 체결되었다. 고종은 물론 순종도 여기에 동의하지 않았으나 일본에겐 이미 이들의 동의가 필요 없었다. 일본은 대한제국이란 국호를 다시 조선으로 회귀시키고, 조선총독부를 설치해 데라우치 통감을 조선 총독으로 임명하였다. 이제 대한제국의 모든 권력은 고종이나 순종의 것이 아니라 총독의 것이었고, 그가 사실상 대한제국의 국왕이었다.

그러나 이완용 같은 소수의 친일파를 제외하고는 조선 민중 그 누구도 데라우치 총독을 임금으로 생각하지 않았다. 그들은 침략자이자 식민지 지배자일 뿐이며, 같은 하늘을 이고 살 수 없는 원수일 뿐이었다. 조선 민중의 가슴속에 자리 잡은 임금은 여전히 고종이었다. 그것이 일본에겐 골칫거리였다.

대한제국을 강제로 침탈한 후 일본은 고종 황제를 이태왕李太王으로, 황태자 순종을 이왕李王으로 격하시켰다. 비록 왕이란 칭호는 남아 있었으나 이름뿐이었고, 1871년 3부 72현으로 재편된 일본의 지방 관제에 조선이란 한 부가 추가된 형국이었다.

고종의 해외 망명 작전

고종은 자신의 재위 기간 중에 500년 사직이 망한 것에 자괴감을 느꼈으나 포기하지 않았다. 고종은 기다리고 있으면 언젠가는 기회가 온다고 믿은 인물이었다. 광무 2년(1898) 대원군이 세상을 떴을 때 장례식에도 참석하지 않았던 고종은 만약 이대로 세상을 뜬다면 저승에 가서 대원군을 볼 면목이 없었다. 더욱이 25명의 역대 선왕을 볼 면목은 더더욱 없었다. 그래서 고종은 포기하지 않은 것인지도 모른다.

일본이 헌병 통치로 표현되는 무단 통치로 조선을 옥죄고 있을 때에도 그는 포기하지 않았다. 일본은 대한제국을 병탄한 후 '조선 귀족령'에 따라 75명의 전 · 현직 고위 관료에게 작위를 주었다. 후작 6명, 백작 3명, 자작 21명과 남작 45명이었다. 이들 중 상당수는 이완용이나 송병준宋秉畯 같은 친일파였으나, 일부 일제의 회유에 못 이겨 작위를 받은 인물들도 있었다. 하지만 나라가 망했을 때 조선의 지배층 인사 중 목숨 걸고 일제와 투쟁한 인물은 드물었다. 이들은 왜 투쟁에 나서지 않았을까? 이들이 투쟁에 나서지 않은 데는 나름의 논리가 있었다.

바로 고종의 존재였다.

일본은 한일합방이 일본 황실과 대한제국 황실의 자유로운 의사와 합법적인 절차에 따라서 이루어졌다고 선전하고 있었다. 즉 한일합방이 고종과 순종의 동의에 따른 조약이라는 것이었다. 대한제국의 옛 지배층들은 바로 이 고종과 순종의 동의에서 투쟁에 나서지 않아도 좋은 피난처를 찾았다.

물론 대한제국의 식자 중 한일합방이 대한제국 황실의 자의에 의해 체결되었다고 믿는 사람은 아무도 없었다. 그러나 고종의 존재 자체가 격렬한 항일 투쟁을 자제시키는 완충지대 역할을 한 것은 사실이다. 조선의 지배층은 자의든 타의든 대한제국 황실이 한일합방이란 운명을 받아들인 것만은 사실이라 생각하고, 황실의 결정에 따른다는 명분으로 격렬하게 저항하지 않은 것이다. 실제로 일본은 합방 후 국내외에서 항일운동을 전개하는 인물들은 모두 하층민들이고, 조선의 지배층은 합방을 받아들이고 있다고 선전해 왔던 터였다.

만약 고종이 합방이란 운명을 거부하고 항일 투쟁의 전면에 나선다면, 대한제국의 지배층이 현실에 안주할 수 있는 명분은 송두리째 사라질 것이며, 그때까지 지방을 장악하고 있던 전·현직 벼슬아치들도 침묵만 하고 있을 수는 없었을 것이다. 그럴 경우 농민에 대한 일본의 지배력은 급속히 와해될 수 있었다.

또한 고종이 해외로 망명이라도 해서 항일 개전의 조서를 내린다면 틀림없이 전국적 봉기가 일어났을 것이다. 해외로 망명한 여러 독립운동 단체가 고종의 망명을 적극 추진한 의도도 바로 여기에 있었다.

현존하는 기록에 의하면 이들 중 고종의 해외 망명을 가장 먼저 추진한 세력은, 1914년 이상설을 중심으로 블라디보스토크에 세워진 최초의 망명 정부인 대한광복군 정부였다.

이상설은 1915년 3월, 상해 영국 조계 내의 배달학원에서 박은식朴殷植·신규식申圭植·조성환曺成煥·유동열柳東說·이춘일李春日 등 주요 독립 운동가들과 회동해 신한혁명단을 조직하고 광복군을 무장시켜 국내외에서 강력하고 조직적인 독립 투쟁을 전개하기로 하였다.

고종 해외 망명 작전의 주역 이상설

이상설은 독립운동가들로부터 생존했을 경우 임시정부의 대통령이 되었을 것이라고 높이 평가되는 인물이다.

북경에 본부를 둔 신한혁명단 본부의 본부장 이상설은 외교부장에 성낙형成樂馨을 선임하고 고종의 해외 망명 작전을 추진할 것을 지시했다. 성낙형은 이 지시에 따라 국내에 잠입해 고종의 망명을 추진했다. 성낙형은 고종을 신한혁명단 당수로 받들고, 중국 정부와 중한의방조약中韓誼邦條約을 체결하려 했다.

신한혁명단 간부들이 1914년 7월 26일 내관 염덕인廉德仁을 통해 덕수궁 함녕전에서 고종에게 관련 서류를 제출하자, 고종은 외교부장 성낙형을 알현하겠다고 허락했다. 이들은 고종뿐만 아니라 왕실 인물 중 항일 의지가 가장 높았던 고종의 왕자 의친왕義親王 이강李堈까지 연결하려 했으나 고종 알현 직전에 성낙형을 비롯해 김사준金思濬 · 김사홍金思洪 · 김승현 등 다수의 관련자가 검거됨으로써 실패로 돌아갔다. 일제는 이 사건을 '보안법 위반 사건'이라고 불렀다.

이 사건 이후 일본은 고종을 더욱 철저히 감시했다. 만약 고종이 해외로 망명한다면 식민지 통치 체제 전반이 흔들릴 수도 있었다. 한일합방이 고종의 자의로 체결되었다는 주장의 허구성이 만천하에 드러나는 것은 물론, 이전의 의병 투쟁과는 비교할 수도 없는 독립운동의 거센 물결이 국내외에서 일 것이 분명했다.

이상설과 성낙형의 고종 망명 기도 사건이 무위로 끝난 후, 1918년 다시 고종의 해외 망명이 추진되었다. 이회영李會榮의 아들인 이규창李圭昌은 회고록《운명의 여진》에서 1917년경부터 이 일을 추진했다고 적고 있다. 이때의 계획에는 이회영 · 시영始榮 형제와 이득년李得佾 · 홍증식洪增植 · 민영달閔泳達 · 조완구趙琬九 등이 가담했는데, 그 중에서도 이회영 가문이 주도적인 역할을 하였다. 고종의 생질이자 신정왕후 조씨(조대비)의 친족인 조계진趙季珍이 이회영의 아들 이규학李圭鶴의 부인이었으므로 고종과 비밀리에 접촉할 수 있었던 것이다.

이회영이 고종의 시종侍從 이교영李喬永을 통해 의사를 타진하자 고종은 선뜻 해외 망명 계획을 승낙했다. 고종이 해외 망명 계획을 쾌히 승낙한 것은, 당시 일본이 세자이자 순종의 동생인 영친왕을 일본의 왕족 이방자李方子와 혼인시키려 했기 때문이기도 했다. 고종은 조선의 왕세자가 조선 여인이 아닌 일본 여인과 혼인한다는 것은 말도 안 된다고 여겼다. 그러나 이 국혼에 대한 모든 결정권은 고종의 손을 떠나 일본에게 있었다.

순종이 후사가 없는 판국에 왕세자 영친왕이 일본 여인과 혼인한다면 조선 왕실의 맥이 완전히 끊길 거라고 판단한 고종은, 자신이 직접 해외로 망명해 독립 투쟁을 전개하기로 마음먹었다.

고종은 측근인 민영달에게 망명 결심을 알렸다. 호조판서와 좌참찬 등을 지낸 후, 일본이 명성황후를 시해하자 항의 사직하고 일본이 내린 남작 작위도 거부했던 민영달은, "황제의 뜻이 그렇다면 분골쇄신하더라도 뒤를 따르겠다"며 거금 5만 원을 내놓았다. 5만 원은 북경에 고종이 거처할 행궁을 마련할 자금이었다. 북경 행궁은 이회영이 물색하기로 역할 분담이 되어 있었다.

만약 이 계획이 실행되면 국내는 물론 국제적으로도 커다란 파문이 일 것은 분명했다. 고종이 망명해 정부를 구성하면 이는 국제적으로도 인정받을 수 있었다. 적어도 군주제를 채택하고 있는 영국, 독일, 스페인 같은 나라는 고종의 망명 정부를 인정했을 것이다.

고종이 해외 망명을 결심하던 1919년에는 10년에 걸친 일본의 무단통치가 한계에 봉착한 때였다. 어떤 계기만 생긴다면 백성들은 기꺼이 들고 일어날 자세가 되어 있었으므로, 고종이 망명해 개전 조칙을 내린다면 전국 각지에서 봉기가 일어날 것이 분명했다. 바야흐로 일본과의 한판 결전의 날이 무르익고 있었다.

이렇듯 자금이 준비되고 행궁 마련 계획까지 세워져 구체화되어 가던 고종의 망명 계획은, 그러나 의외의 사태로 성사되지 못했다. 당사자인 고종이 예기치 못하게 급서한 것이다.

고종의 급서에는 여러 가지 의문점이 많다. 당시 고종의 망명을 준비했던 사람들은 한결같이 망명 정보가 누설되어 일본이 독살한 것이라고 증언하고 있다.

일제가 편찬한 《순종실록》의 기록에도 의혹의 여지가 많다. 《순종실록》 부록에 태왕太王(고종)의 와병 기록이 나오는 것은 1919년 1월 20일이다. 그러나 이 기록은 고종의 병명도 없이 그저 태왕의 병이 깊어 그날 동경에 있던 왕세자에게 전보로 알렸다고만 되어 있다.

문제는 그날 밤 고종의 병세가 깊어 숙직한 인물이 바로 일본으로부터 자작의 작위를 받은 친일파 이완용과 이기용李琦鎔이었다는 점이다. 그리고 다음 날 묘시(오전 6시)에 고종은 덕수궁 함녕전咸寧殿에서 승하했다. 그러므로 고종의 임종을 지켜본 인물은 헤이그 밀사 사건 때 고종에게 "일본에 가 일황에게 사죄하든지 퇴위하라"고 윽박질렀던 이완용과 일제에게 작위를 받은 친일파뿐이었다.

고종이 1월 20일에 사망했는지 아니면 《고종실록》의 기록대로 21일에 사망했는지도 불분명하며, 그사이 이완용과 이기용이 고종에게 어떤 짓을 했는지도 알 수 없다. 더구나 일본은 고종의 사망 사실을 하루 동안 숨겼다가 발표했는데, 발표 방식도 신문 호외를 통한 비공식적인 것이었다. 고종의 병명은 급서의 경우 흔히 갖다 붙이는 뇌일혈이었다. 고종의 사망 사실을 은폐하는 동안 일제가 무슨 일을 꾸몄는지 알 수 없다.

게다가 일제가 조선총독부 칙령 제9호로 "이태왕이 돌아가셨으므로 오늘부터 3일간 가무음곡을 중지한다"고 결정한 것은 1월 27일이었다. 일주일이 지난 뒤에야 "이태왕이 돌아가셨으므로" 가무음곡을 중지한다는 칙령을 내려 뒷북을 치고 있는 것이다. 이 일주일 동안 조선총독부와 일본 정부 사이에 무슨 일이 있었는지는 추측만 가능할 뿐이다.

독립운동가들은 고종을 독살한 장본인으로 두 인물을 지목했다. 이왕직李王職 장시국장掌侍局長이자 남작 작위를 받은 한창수韓相鶴와 시종관侍從官 한상학韓相鶴이 일제의 하수인으로 고종을 독살했다는 것이다. 이증복李曾馥은 1958년 12월 16~19일 자 〈연합신문〉에 1918년 12월 19일 밤에 두 한씨가 독약이 들어 있는 식혜를 올려 독살했다고 적고 있다.

성신여대의 구양근 교수가 일본 외무성 외교 사료관에서 찾아낸 국민대회 명의의 성명서에는 이 설을 지지하는 기록이 나온다. 고종이 사망한 그달에 열린 국민대회의 성명서가 그것인데, 그 내용 중에 "그들(이완용 · 송병준 등 친일파)은 출로가 막히자 후일을 두려워하여 간신배를 사서 시해하기로 하였다. 윤덕영尹德榮 · 한상학 두 역적을 시켜 식사당번을 하는 두 궁녀로 하여금 밤참에 독약을 타서 올려" 시해했다는 것이다.

이처럼 고종 독살설은 단순한 설이 아니라 고종의 마지막 임종을 지켜본 이완용과 이기용, 그리고 독살의 혐의를 받고 있는 한창수 · 윤덕영 · 한상학 등의 이름이 실명으로 거론될 만큼 구체성을 띠고 있다. 고종 독살설이 시중에 널리 유포되고 이를 사실로 확신하게 된 것은 이런 구체적인 정황 때문이었다. 게다가 일제가 비밀을 지키기 위해 두 궁녀를 살해했다는 사실에 이르면 믿지 않을 사람이 없었을 것이다.

이런 독살설은 일반과 궁중 모두에 널리 퍼졌다. 앞서 말한 이회영의 며느리자 고종의 생질인 조계진이 고종이 승하한 닷새 후 운현궁에 다녀와서 시부媤父(시아버지)에게 이런 사실을 전한 데서도 이를 알 수 있다.

고종 독살설은 당시 여러 사람이 기록으로 남기기도 했다. 의병장 곽종석郭鍾錫과 교류하였던 송상도宋相燾는, 명나라가 망한 뒤 기려도사騎驢道士가 명말 충신의 사적을 수집한 예에 따라 전국 방방곡곡을 돌아다니며 사적을 수집해 《기려수필騎驢隨筆》을 남겼는데, 이 책의 유신영柳臣榮 편에 "역신 윤덕영 · 한상학 · 이완용이 태황(고종)을 독살했다"고 기록하였다.

한편 충북 보은에 살던 유신영은 "경술년(1910)에 자결코자 했으나 군왕이 생존해 계시므로 참았다. 인산因山 날 군왕을 지하에서 만나 불충의 죄를 씻겠다"며 자결하였고, 곡성에 살던 김기순金奇純도 "이제 우리 군왕마저 승하하셨으니 가망이 없다"며 할복자살했으며, 무과 출신으로 선전관을 지낸 백성흠白成欽은 고종의 독살설을 듣고 대성통곡하다가 수일 후에 숨을 거두는 등 자살이 잇따랐다. 당시의 기록인 김윤식金允植의 《속음청사續陰晴史》에는 고종이 갑자기 승하해서 아들들도 임종을 지켜보지 못했다고 기록되어 있다.

해방 이후에는 독립운동가인 선우훈鮮于燻이 《사외비사史外秘史 : 덕수궁의 비밀》에서 고종 독살설을 다뤘다. 그 내용은 고종의 7촌 조카인 이지용李地鎔의 증언에 바탕을 두고 있다. 고종이 독살로 시해당한 것은 해외 망명을 꾀하다가 그 계획이 누설되었고, 이에 일제의 사주를 받은 이완용 등에 의해 독살당했다는 것이다.

《사외비사》는 고종의 독살이 독립운동 자금으로 내리려던 금괴와도 관련이 있다는 흥미로운 사실에 대해서도 언급하고 있다. 황실 소유의 금괴 85만 냥을 12개의 항아리에 나누어 황실 재정을 담당하던 이용익李容翊에게 시켜 비밀 장소에 매장했고, 고종은 그 장소가 그려진 보물 지도를 이지용에게 맡기고 탈출을 기도했는데, 탈출 직전에 시해당했다는 것이다. 즉 고종이 망명 자금 5만 원을 마련하던 중에 그 정보가 어주도감御廚都監 한상학에게 알려지자 한상학이 이를 사돈 관계인 이완용에게 알렸고, 이완용은 다시 이 사실을 총독부에 밀고한 뒤 일본으로 건너가 일황 앞에서 고종을 시해할 것을 맹세하고 귀국하여, 한상학과 함께 황제를 시해했다는 것이다.

《사외비사》의 이런 내용은 대원군의 친형 이최응李最應의 손자 이지용이 일제로부터 백작 작위를 받은 유명한 친일파라는 점에서 신뢰성에 의문이 제기되기도 하지만 당시의 인물들이 실명으로 등장하고 있다는 점은 유념할 필요가 있다.

고종 독살 사건에는 이외에도 어의 한상호 · 이왕직 장시국장 한창수 · 왕실 사돈 윤덕영 등이 관련된 것으로 사료들은 전하고 있는데, 그에 의하면 이들은 서로 공모하여 사전에 황소만한 개를 1분 안에 죽일 수 있는 약을 시험하는 등 치밀한 계획을 짰다. 게다가 일제는 비밀이 샐까 두려워 고종을 시복했던 궁녀까지 살해하여 궁 밖으로 빼돌리는 만행까지 서슴지 않았다고 사료들은 전하고 있다.

고종이 해외로 망명했다면

고종의 급서는 한일합방 이상의 충격을 주었다. 만약 고종의 해외 망명이 성공하여 망명 정부를 수립하고 일본에 선전포고를 했다면, 한반도 전역은 걷잡을 수 없는 혼란에 휩싸여 아무리 강고한 무단 통치라 해도 통제할 수 없는 상황이 되었을 것이 분명하다.

또한 외교 관계로 보더라도 황제가 직접 망명해 정부를 수립한다면 자발적으로 합병했다는 일본 주장의 허위성을 폭로하는 차원을 넘어, 최소한 영국, 독일, 스페인 같은 군주 국가들의 승인을 받았을 것이다. 이렇게 되면 완전히 새로운 정세를 조성할 수 있었다.

일본과 이완용 같은 친일파들은 이를 막기 위해 고종 독살을 결심했을 것이며, 일본이 독살을 결심했다면 적에게 둘러싸인 고종으로서는 막을 방법이 없었을 것이다.

고종의 치세는 결코 훌륭했다고 말할 수 없다. 그러나 그는 어쨌든 조선 백성의 임금이었다. 그는 사대부들이 앞장선 의병을 중지시킬 수 있는 권위를 갖고 있는 조선의 임금이었다. 그의 죽음이 전민족적 항거인 3·1 운동을 유발시킨 것만 보아도 그가 당시 백성들에게 어떤 존재였는지를 단적으로 알 수 있다. 조선 백성들은 일본의 천황이 아닌 고종을 임금으로 생각했다. 그리고 고종이 사망하자 그 인산일에 전국민적으로 항거했다.

그의 부인 명성황후 민씨가 살해됨으로써 을미의병이 일어나고, 고종의 독살로 3·1 운동이 발발했으니, 아마도 고종 부부는 죽음으로써

고종의 무덤인 홍릉洪陵의 모습

경기도 남양주시 금곡동에 있다. 고종의 치세는 결코 훌륭했다고는 말할 수 없으나 그의 존재는 조선 민중들에게 대단한 상징성을 지니고 있었다.

만 일본에게 복수할 수 있는 비극적 운명을 타고난 것인지도 모른다.

518년간 존속했던 조선의 마지막 군주의 인산을 애도 시위로 보낸 것은, 500년 왕업에 대한 이 땅 소박한 백성들의 마지막 의리와 예우인지도 모르겠다.

에필로그

왜 조선에는 독살설이 많을까?

1. 조선 · 중국 · 일본 왕조의 특성

조선은 지구상에 존재했던 그 어느 왕가보다 임금 독살설이 많았다. 여기에는 여러 이유가 있겠지만 왕조의 역사가 유달리 장구했다는 점은 중요한 요소 중 하나이다.

조선은 1392년 건국되어 1910년 일제에 점령당할 때까지 무려 518년이란 긴 기간을 존속한 왕조였다. 왕조의 역사가 장구하다는 점은 조선뿐만 아니라 한국사에 존재했던 왕조의 한 특성이기도 하다. 조선뿐 아니라 고구려 · 백제 · 신라 · 고려 왕실이 모두 500~800여년의 장구한 기간을 존속했던 것이다. 이처럼 왕조의 생명이 긴 사례를 다른 나라 역사에서는 찾기 어렵다. 정확한 분류는 아니지만 동 · 서양을 막론하고 대개의 왕조는 200~300여년을 한 주기로 생성과 멸망을 거듭한다.

일본은 자국의 천황가가 만세일계萬世一系의 혈통이라고 자랑한다. 하지만 1,500여 년의 존속 기간 중 일본 천황가가 실권을 쥐었던 때는 백제계 기마 민족이 원주민을 점령해 천황가를 세워 통치했던 고대의 일부 기간뿐이었다. 그 기간을 제외하면 일본 천황은 국왕이라기보다는 제사장에 가까웠다. 하늘과 조상들에게 제사 지내는 것이 일본 천황의 가장 중요한 역할이었다.

중세 이후 천황은 일본의 정치에 아무런 영향력이 없었다. 일본 천황이 얼마나 정치에서 소외된 존재인가는 1467년의 오닌應仁의 난에서 시작해 도요토미 히데요시가 전국을 통일하기까지 약 100여 년간 계속되었던 전국시대를 보면 알 수 있다. 그동안 일본 천황은 103대 고쓰치미카도後土御門(1464~1500) 천황부터 107대 고요우세이後陽成(1586~1611) 천황까지 무려 다섯 명이 갈렸다. 그러나 이들 다섯 천황의 사망과 즉위는 전국시대에 어떤 영향도 미치지를 못했다. 그들의 퇴위와 즉위는 하늘에 대한 제사권을 지낸 한 제사장 가문의 세습에 지나지 않았을 뿐 전국시대의 향배와는 아무런 상관이 없었다. 심지어 천황가의 영지領地 자체가 소재지의 다이묘大名에게 병합되어 버리는 상황이었던 것이다.

일본 열도의 패권을 다투던 그 어느 다이묘도 천황의 퇴위와 즉위에 신경 쓰지 않았다. 심지어 104대 천황 고카시와바라後柏原(1501~1526)는 즉위식을 거행할 자금이 없어 왕위에 오른 지 21년이 지나서야 즉위식을 올릴 수 있었다.

전쟁에 나선 오다 노부나가織田信長나 도요토미 히데요시豊臣秀吉 그 누구도 천황의 존재를 인정하지 않았다. 그들은 자신들에게 명분이 필요할 때만 천황의 존재를 인정하고 이용했다. 오다 노부나가가 천황 영지의 조세를 대신 징수해 주고 천황의 거주처를 수리해 준 것은 다른 다이묘들보다 명분상 우위를 얻기 위한 것이었다. 천황은 직전에게 우대신右大臣이라는 칭호를 줌으로써 이에 보답했다. 도요토미 히데요시도 마찬가지였다. 천민 출신으로 전국을 통일한 도요토미 히데요시는 1588년 새로 지은 교토京都의 주라쿠다이聚樂第에 천황을 초청하고 각 다이묘들을 불렀다. 그는 천황에게 관백關白이란 직위를 받았는데 이것이 사실상 일본 국왕의 이름이었다. 도요토미 히데요시는 각 다이묘들에게 천황과 관백에게 복종을 약속하는 서약을 하게 했다.

그러나 천왕에 대한 서약은 형식에 불과했고 사실상 관백에 대한 충성을 맹세하는 자리였다. 막부幕府의 장군은 이처럼 관백의 지위로 다이묘들을 다스렸다. 일본 역사의 대부분 기간 동안 일본을 실질적으로 다스렸던 존재는 천황이 아니라 막부의 장군들이었다. 다른 왕조 국가의 왕위 세습처럼 막부의 장군도 한 가문에서 세습했다. 이 장군이 사실상의 국왕이었고 막부는 사실상의 왕조였다. 그러나 한 가문이 막부를 지배하는 기간은 그리 길지 못했다.

일본 최초의 무사 정권인 미나모토노 요리토모源頼朝(1147~1199)의 가문은 1185년에 정권을 잡아 가마쿠라鎌倉 막부를 열었다가 1333년 멸망했으므로 약 150여 년을 집권한 셈이다. 가마쿠라 막부 말기인 1331년 고다이고後醍醐 천황이 천황 친정 체제 복구의 꿈을 가지고 막부에 불만을 가진 무사들을 모아 봉기했으나 실패했다. 이것이 천황이 친정 체제 구축을 위해 적극적으로 행동한 거의 마지막 기도였다. 가마쿠라 막부에 이어 정권을 잡은 무로마치室町 막부는 1338년에서 1578년까지 240여 년을 집권하였고, 전국시대와 임진왜란을 거쳐 정권을 잡은 도쿠가와 이에야스德川家康의 에도江戶 막부는 1603년부터 1867년까지 260여 년간 집권하였다.

가마쿠라→무로마치→에도 막부의 교체는 우리나라의 고려→조선 왕조의 교체와 마찬가지인 왕실의 교체였다. 그러나 그 존속 기간은 길어야 260여 년을 넘지 못했다.

중국도 마찬가지여서 세계 역사상 가장 넓은 영토를 지배했다는 원나라가 집권한 기간은 1206년부터 1368년까지 160여 년에 불과했다. 그 뒤를 이은 명은 1368년 건립되어 1662년에 멸망했으니 약 300년을 존속한 것이며, 만주족이 세운 청은 명과 각축하는 기간까지 포함해 1616년에 건립되어 1911년 신해혁명으로 멸망했으니 역시 300여 년을 존속한 것이 된다. 조선은 명과 비슷한 시기에 건립되어 청과 비슷한 시기에 멸망했으니 얼마나 장구한 기간 동안 존속했는지 알 수 있다.

조선 · 중국의 임금과 일본의 장군은 가진 권력의 크기도 달랐다. 실질적인 일본 국왕 막부 장군의 권한은 막강했다. 그들은 무력으로 정복한 지역 영지의 여탈권與奪權을 갖고 있었다. 장군은 심지어 다이묘들에게 할복을 명할 수도 있었다. 할복을 거부하면 군사를 일으켜 더욱 가혹하게 보복했다. 그러나 이는 장군에게 힘이 있을 경우였다. 전국을 장악한 도요토미 가가 불과 13년 만에 도쿠가와 가에게 망해 버렸듯이 장군의 힘이 약화되는 순간 반란은 싹텄고 그 반란을 효과적으로 진압하지 못하면 그 막부는 망했다.

중국의 황제권은 여타 국가들과는 비교가 안 된다. 평민 출신으로 명조明朝를 개창한 주원장朱元璋은 중서성中書省 자체를 폐지시켜 버렸다. 중서성의 승상이 황제권을 견제할 수 있다는 이유에서였다. 또 6부를 황제에게 직속시키고 대도독부大都督府를 5군도독부로 고치고 어사대御史臺를 도찰원都察院으로 고쳐 황제에게 직속시켰다. 그야말로 국가의 모든 권력이 황제의 한 손아귀에 있는 것이다. 감히 신하들이 권력을 갖고 황제와 다툰다는 것은 꿈도 꾸기 어려운 상황이었다. 중국이 대신들보다는 주로 환관들의 전횡이 문제가 되었던 것도 이 때문이다. 황제의 권한이 절대적이다보니 황제와 지근거리에 있는 환관들이 힘을 지니는 것이었다.

왕권이 가장 약했던 조선이 왕조의 존속 기간은 가장 오랜 것은 아이러니다. 왕조의 존속 기간이 중요한 것은 한 왕조나 국가의 생명 사이클은 비슷한 경로를 거치기 때문이다. 한 국가나 왕조는 창업기→성장기→발전기→쇠퇴기→소멸기라는 생명 사이클을 지닌다. 사이클의 각 과정은 상황에 따라 길 수도 짧을 수도 있다. 만약에 발전기가 길다면 그 왕조의 국력은 로마가 그랬던 것처럼 한없이 뻗어나가는 것이다. 발전기가 끝나면 정체기 또는 쇠퇴기라는 시련이 찾아온다. 이때가 바로 대대적인 혁신이 필요한 시기였다. 혁신에 성공하면 사이클은 다시 성장기나 발전기로 돌아갈 수 있다. 실패하면 망하게 된다. 그리고 그 폐허 위에 새로운 왕조나 국가가 혼란을 수습하며 창업기의 자리를 차지하는 것이다.

그런데 조선은 쇠퇴기, 멸망기에 접어든 이후에도 무려 3세기 이상을 끌어 온 특이한 국가였다. 이런 기록은 세계사에 유례가 없다. 그 이유는 지배층의 성격이 내부적으로 바뀐 데 있다.

2. 세 차례에 걸쳐 바뀐 조선 지배층의 성격

조선의 국왕은 계속 전주 이씨였지만 지배층의 성격은 세 차례에 걸쳐서 크게 바뀐다. 조선은 건국 후 태종의 피의 숙청을 통해 왕조의 기틀을 잡았다. 세종의 업적은 태종이 잡아 놓은 이런 기틀 때문에 가능할 수 있었다. 그러나 문종의 동생 수양대군이 비정상적인 방법으로 왕위를 오르면서 큰 변화를 맞게 된다. 왕이 될 수 없었던 수양은 국왕이 되기 위해 세력들을 끌어 모았고 이들은 세조 집권 후 거대한 공신 집단을 형성한다. 이 공신 집단은 일반 백성들은 물론 국왕보다도 강한 권력을 갖고 있었다. 공신 집단은 자신들과 이해관계가 다른 국왕이 즉위할 경우 두 가지 방식으로 축출했다. 하나는 예종처럼 독살하는 것이고, 다른 하나는 연산군처럼 반정이란 명목으로 내쫓는 것이었다. 게다가 연산군은 쫓겨난 직후 독살까지 당했다.

이후 조선 역사는 거대한 공신 집단과 재야 사림 사이의 투쟁의 역사였다. 100여 년 이상 계속된 이 투쟁에서 사림은 공신 집단을 내몰고 집권하게 된다. 명종 말엽에서 선조 초엽이 되면 사림의 집권은 시대의 대세가 되고 드디어 세조의 즉위와 함께 형성된 거대한 공신 집단은 역사의 뒤편으로 물러가게 된다. 이제 성리학적 정의를 부르짖었던 사림이 조선의 지배층이 된 것이다.

새로 집권한 사림에게는 막대한 책무가 주어진다. 공신 집단의 특권 폐지를 비롯한 신분적 특권을 완화하는 방향으로 가야하는 것이었다. 그러나 막상 집권한 사림은 또다시 이런 시대적 요구를 배신한다. 공신 집단과 싸울 때 백성들은 사림의 편이었다. 사림들은 향촌에서 향사례鄕射禮·향음주례鄕飮酒禮를 개최할 때 신분이 아니라 연치年齒(나이)순으로 자리를 배치해 백성들의 환심을 샀다. 그러나 막상 집권하고 나서는 사대부의 신분적 특권을 폐지하기는커녕 강화했다.

개국 초에 조선은 사대부·일반 백성 할 것 없이 모두 병역의 의무가 있는 양인개병良人皆兵의 국가였다. 그러나 큰 전쟁 없는 평화 상태가 오래 지속되다 보니 지방관아에서는 인정人丁을 징발하는 대신 군포軍布를 받고 면제시켜 주는 방식을 선호했다. 이것이 방군수포제放軍收布制로서 불법이었지만 대부분의 지방 관아에서 관행처럼 시행했으므로 일종의 대세가 되었다. 급기야 중종 때는 군적수포제軍籍收布制로 명칭이 바뀌면서 합법화되었다. 문제는 양반 사대부들은 군포 납부의 의무에서 합법적으로 제외되었다는 점이다. 이로써 조선의 양반들은 권리만 있고 의무는 없는 기형적 존재로 변질돼 버렸다. 중종~명종 때는 공신 집단과 사림이 조선의 권력을 놓고 마지막 혈투를 벌이던 때였다. 혈투 끝에 승리한 사림은 사대부들도 군포를 납부하는 군제 개혁에 나서야 했으나 그런 시대적 소명에 대한 역사의식을 갖고 있지 못했다. 도리어 집권 후 사림은 서인과 동인으로 나뉘어 내부 권력 투쟁에 몰두했다. 이런 상황에서 임진왜란을 맞은 것이다. 노블리스 오블리제는커녕 의무는 없고 권리만 있는 양반들이 지배하던 나라에 외환이 닥쳤으니 속수무책으로 당하지 않을 수가 없었다. 사대부였던 사림 역시 새로운 특권층의 등장에 불과했던 것이다. 내부 싸움에는 능했던 사림은 외침에는 무력했다. 일본이 침략하자 사림들이 도망가기 바빴던 그 순간 조선 지배 체제는 붕괴한 것이었다. 백성들은 국왕 선조가 떠난 궁궐에 난입해 노비 문서를 관리하는 장예원에 불을 질렀다. 이는 사대부→일반 백성→노비로 이어지는 조선의 신분제 자체를 부인하는 행위였다. 이처럼 공신 집단과의 지난한 권력투쟁을 거쳐 집권한 사림 지배 체제도 임진왜란으로 종말을 맞았다.

그러나 조선의 사림은 멸망하지 않았다. 대안 세력이 부재했기 때문이다. 사림을 대체할 새로운 세력이 형성되지 못한 가운데 공신 집단과 사림의 싸움은 사림 내부의 싸움으로 변질되었다. 그 결정판이 인조반정이다. 인조반정은 사림의 주류였던 서인들이 남인들을 끌어들여 백주대낮에 국왕을 폐출한 쿠데타였다. 인조반정 이후 국왕의 권한은 대폭 약화되었다. 현종 때 발생한 예송논쟁은 반정 후 왕권의 위상을 잘 보여준다. 예송논쟁의 핵심은 국왕을 어떻게 바라볼 것인가 하는 점이었다. 국왕 · 왕비의 국상 때 대비가 짧은 기간의 상복을 입어야 한다고 주장한 서인은 국왕을 사대부의 한 일원으로 바라보았다. 반면 긴 기간의 상복을 입어야 한다고 주장했던 남인은 국왕을 사대부 계급의 상위에 있는 특수 신분으로 바라보았다. 남인들은 국왕과 손잡고 현종과 숙종 때 잠시 집권하기도 했지만 조선이 멸망할 때까지 내내 야당 아니면 재야 세력에 머물러 있었다. 조선은 멸망할 때까지 서인과 서인에서 갈라져 나온 노론이 지배했다. 노론은 국왕보다 막강한 권력 기반을 갖고 있었다. 임란과 호란을 거치며 백성들은 신분제의 타파를 요구했지만 지배층은 오히려 일당이 권력을 독점하는 역사의 반동 현상이 나타났다. 역사적으로 생명력을 다한 지배층이 계속 지배하기 위해서는 비정상적인 조치가 필요했다. 비정상적인 정치 행위의 정점이 바로 '국왕 독살'이다.

3. 조선 · 중국 · 일본 국왕의 권한 차이

조선의 국왕은 일본의 천황처럼 허수아비도 아니었다. 조선의 국왕은 중국의 황제처럼 절대권이 있었다. 하지만 이는 이론상의 절대권이었다. 실제에 있어서 조선의 국왕은 신하들의 끊임없는 견제를 받았다.

중국의 황제는 신하들에게 무조건적인 숭배와 충성의 대상이었으나 조선의 국왕은 무조건적인 숭배나 충성의 대상이 아니었다. 조선의 국왕은 조건부 충성의 대상일 때도 많았다.

조선의 국왕은 의중의 인물 한 사람을 정승으로 임명하기 위해 신하들과 힘겨운 싸움을 벌이기도 했다. 그런 예를 들어보자. 조선의 19대 임금 숙종 때의 일이다.

재위 13년에 숙종은 좌의정 남구만南九萬을 면직시킨 후 그 후임에 우의정 이단하李端夏를 승진 발령했다. 공석이 된 우의정을 임명해야 했던 숙종은 영의정 김수항과 좌의정 이단하를 불러서 우의정을 추천하라고 명령했다.

김수항과 이단하가 처음 추천한 인물은 이숙李翿이었다. 그러나 숙종은 낙점을 거부했다. 두 대신이 다시 추천한 이민서李敏敍도 숙종이 거부하자 두 대신은 신정申最을 천거했고 숙종은 이번에도 거절했다. 숙종은 급기야 두 정승이 네 번째로 추천한 여성제呂聖齊도 거부했다.

네 번씩이나 추천을 거부하는 일은 전례가 없는 일이었다. 두 대신은 숙종이 마음속에 담고 있는 특정 인물이 있다는 결론을 내리고 입대를 청했다. 예상대로 한 인물의 이름이 숙종의 입에서 거론됐다.

"이조판서 조사석趙師錫이 국가 일에 마음을 다했음을 내가 알고 있다. 경들의 의견은 어떤가?"

숙종이 의중에 두고 있던 인물은 이조판서 조사석이었다. 국왕이 네 명을 거부한 끝에 직접 추천한 인물을 신하들이 거절할 수는 없었다.

"선조 경자년(1600)에도 심희수沈喜壽 · 한응인韓應寅 · 윤승훈尹承勳 · 김명원金命元이 추천받았다가 김명원이 성상의 분부에 따라 먼저 정승이 된 일이 있는데 오늘의 일이 그때와 대략 유사합니다. 신들이 어찌 다른 의논을 주장할 수 있겠습니까?"

이런 우여곡절 끝에 조사석은 우의정이 되었지만 이 인사는 항간에 수많은 이야깃거리를 제공했다. 대신들이 추천한 인물을 국왕이 연거푸 거부한 전례도 없거니와 숙종이 의중에 둔 인물이 조사석인데 대해 흉미로운 소문이 나돌았다. 조사석과 장희빈 관계에 관한 소문이었다. 본명이 장옥정인 장희빈의 어머니는 옥정의 아버지 장형張炯의 후실로 들어가기 전 조사석 처가의 여종이었다. 그녀는 장옥정을 낳은 후에도 옛 주인인 조사석의 처가를 왕래하던 사이였던 것이 소문의 진원지였다.

조사석은 또 당시 대궐의 웃어른인 자의대비 조씨의 재종제再從弟이기도 했다. 숙종의 모후 명성왕후 김씨는 장희빈을 미워했으나 대비 조씨는 장희빈을 총애했다. 장옥정이 명성왕후에게 대궐에서 쫓겨났을 때 대비의 명으로 옥정을 돌보아 준 인물은 동평군東平君 이항李杭이었다. 자연히 장옥정은 동평군과 함께 대비 조씨를 자주 찾게 되었다.

조사석과 장희빈의 얽히고설킨 이런 인연들이 항간에 수많은 소문을 만들어냈다. 조사석이 우의정이 된 것은 장희빈 덕택이란 소문이었다. 주위의 따가운 눈총을 견디지 못한 조사석은 거듭 차자를 올려 사직을 요청했으나 숙종은 이를 받아들이지 않았다.

이 문제는 계속 확대되어 경연 자리에서까지 논란이 되었다. 숙종이 조사석에 대해 묻자 지경연사知經筵事 김만중金萬重은 이렇게 대답한다.

"후궁 장씨의 어미가 평소 조사석의 집과 친밀했습니다. 온 나라 사람들이 조사석이 우의정이 된 것은 이 연줄 때문이라고 말하는데 유독 전하께서만 듣지 못하고 계십니다."

후궁의 베갯머리송사에 움직여 정승을 임명했다는 말이었다. 숙종이 화를 벌컥 냈다.

"조사석이 연줄을 대어 정승이 되었다면 내가 금을 받았다는 말이냐, 은을 받았다는 말이냐? 그 말의 근거를 분명히 대라. 결코 그만두지 않겠다."

김만중은 항의했다.

"전하께서 신에게 말을 하도록 해 놓고 또한 그 말의 근거를 물으십니다. 신이 비록 불초하기는 하지만 어찌 말의 근거를 들어 말씀드릴 수 있겠습니까? 비록 주륙을 받더라도 달게 여기겠습니다만 이는 전하께서 신을 형륙刑戮에 빠뜨리시려는 것입니다."

임금이 신하를 함정에 빠뜨리려 한다는 이 말은 더욱 숙종의 분노를 샀다. 분기가 탱천해 음성과 안색이 엄해진 숙종이 계속 다그쳐 물었으나 김만중은 굴복하지 않았다.

"신이 감히 여기에 있을 수 없습니다. 바로 달려 나가 의금부에서 대명하겠습니다."

숙종이 승정원에 전교를 내렸다.

"김만중을 잡아다가 문초하라는 전지를 즉시 써서 올리고 의금부에서 문초하게 하라."

하지만 승정원에서는 숙종의 이 명령이 부당한 것이라며 전지를 쓰기를 거부했다. 그렇다고 임금이 직접 친필로 전지를 내릴 수도 없었다. 숙종은 분개했다.

"여러 신하들이 군부 보기를 일개 시종하는 신하만도 못하게 여긴다."

김만중을 처벌하려면 승정원의 전지가 꼭 필요했으므로 숙종은 승지를 꾸짖기도 하고 달래기도 하면서 전지를 봉입하라고 재촉했다. 승지 유명일兪命一이 붓이 없어 전지를 못 쓰겠다고 핑계하자 숙종은 사관에게 붓을 주라고 명했는데 사관 송상기宋相琦는 "사필史筆을 줄 수는 없다"며 거부했다. 다른 승지 윤성준尹星駿이 사필도 중요하지만 국왕의 명도 중요하다며 붓을 내주어 겨우 전지를 쓸 수 있었던 것이다.

이처럼 때로는 전지 한 장을 쓰기 위해서도 조선의 국왕은 수많은 실랑이를 벌여야 했다. 상대가 조선 국왕이 아니라 중국의 황제나 일본의 장군이었으면 승지와 사관은 물론 지경연사 김만중의 목도 당장 날아갔을 것이다.

문제는 숙종의 왕권이 조선 스물일곱 임금 중에 그 누구와 비교해도 약하지 않았다는 사실이다. 그런 숙종이 의중의 신하 한 명을 정승으로 임명하기 위해 이런 소동을 겪었다는 것은 조선 국왕의 권한이 어느 정도였는지를 분명히 보여준다.

숙종의 부친 현종은 더욱 많은 수모를 겪었다. 현종 재위 11년(1670)과 재위 12년(1671) 두 해에 걸쳐 경신대기근이라 불리는 대기근이 발생했다. 이때 현종은 청나라와 무역을 통해 백성들을 구제하는 데 관심이 있었으나 이 방안에 대해서는 서인과 남인 모두가 반대했다. 급기야 현종 12년 사신으로 간 복선군福善君 이남李柟에게 청 황제는 복선군이 현종의 조카라는 말을 듣고는 "너희 나라 백성이 빈궁하여 살아갈 길이 없어서 다 굶어죽게 되었는데 이것은 신하가 강한 소치라고 한다. 돌아가서 이 말을 국왕에게 전하라"라고 말했다. 청나라에서도 알 정도로 조선 국왕의 권력은 약했다. 조선의 국왕은 전지전능한 권력자가 아니었다. 전지전능하기는커녕 전지 한 장을 쓰기 위해서 신하들을 위협하고 달래야 했던 나약한 존재였다. 왕조 국가 조선에서 왜 이런 현상이 벌어졌을까?

4. 임금의 신하이기 보다는 소속당의 당인인 신하들

조선 초기 왕권을 약화시킨 결정적 세력은 공신 집단이었다. 이들은 자신의 이익에 반하는 임금을 제거하고 자신들의 뜻에 맞는 임금을 추대할 힘이 있었다. 조선 후기에는 당론이었다. 조선 후기 당쟁이 격화되면서 사대부들은 왕명이 아니라 당명을 따랐고, 당론을 따랐다. 당쟁이 치열하던 시절 조선의 왕권이 약하다는 사실은 외국인의 눈에도 감지되었다. 숙종은 청나라 예부시랑禮部侍郞 오합敖哈이 했다는 말을 듣고 분통을 터뜨렸다. 오합은 청 황제 성조聖祖에게 이렇게 말했던 것이다.

"조선은 임금이 약하고 신하가 강하여 만약 우리 조정에서 보호하지 않는다면 몇 번이나 왕위 찬탈이 있을지 알 수 없습니다."

분노한 숙종은 신하들을 이렇게 꾸짖는다.

"너희들이 이처럼 방자하기 때문에 청나라 사람들이 조선은 임금이 약하고 신하는 강하다고 말하지 않느냐?"

숙종을 흔히 민비나 장희빈의 치마폭에 감싸여 정권을 서인에서 남인, 그리고 다시 서인으로 바꾸며 무수한 신하들의 목숨을 뺏은 변덕스런 임금이라 평가하지만 숙종은 잦은 정권 교체가 왕권을 강화할 수 있는 최상의 무기라고 믿었던 인물이다. 숙종은 각 당 사이의 정쟁을 통해서만 자신의 왕권을 강화할 수 있었다.

심지어 숙종은 왕비와 후궁에 대한 자신의 사랑과 왕비에 대한 각 당의 당론마저 왕권 강화의 수단으로 사용했다. 남인가 여인인 장희빈을 총애할 때는 남인들을 집권시키며 서인들을 내쳤고, 서인가 여인인 인현왕후 민씨를 총애할 땐 남인을 내치고 서인들을 중용했던 것이다.

그리고 그때마다 각 당파 사이에 죽고 죽이는 살육전이 벌어졌다. 이런 잦은 정권 교체 결과 숙종 후반기에는 신하들이 감히 왕권을 넘보지 못했다. 숙종 39년에는 신하들이 살아 있는 숙종에게 존호尊號를 올리겠다고 간청하고 나서게 될 정도로 그의 왕권은 강화되었다.

그러나 자신의 사랑까지 왕권 강화의 도구로 이용해야 했다는 그 자체가 조선 국왕의 미약했던 왕권의 크기를 말해 주는 것이다.

숙종은 할아버지 효종과 아버지 현종, 그리고 그 아들 경종이 모두 독살설에 휘말렸다. 이런 상황이니 숙종은 왕권 강화를 위해 모든 수단을 사용하지 않을 수 없었고 그 하나가 왕비와 후궁의 사랑 다툼을 정치적으로 이용한 것이었다. 이런 냉혹함이 그를 독살설에서 벗어나게 해 준 것인지도 모른다. 조선 후기 독살설의 배후에는 항상 특정 거대 정당의 당론이 존재했다. 국왕과 거대 정당의 갈등이 증폭되었을 때 갑자기 국왕이 세상을 떠나는 방식으로 갈등이 해소된다. 그리고 대부분 국왕과 갈등했던 거대 정당이 계속 집권 정당의 위치를 유지한다. 이는 특정 정당이 정치적 갈등의 극대화를 독살로 해소하지 않았는가 하는 의구심을 갖게 한다. 임금이 신하들의 충성을 받는 절대적인 존재가 아니라 신하들이 충성 여부를 선택할 수 있는 상대적인 존재임을 뜻하는 것이다. 그런데 조선 후기 당론을 결정하는 인물들은 조정에 있던 고위직 벼슬아치가 아닌 경우도 있었다는 것이 조선 정치사의 특징이다.

숙종 초 청나라 황제가 "조선은 신하가 강하다"는 말을 해서 문제가 되었을 때 영의정 허적은 영부사 정치화에게 이렇게 말한다.

"청나라에서 만약 우리에게 강한 신하란 말에 대해 책문한다면, 마땅히 산인山人을 가지고 말해야 하겠다."

그러자 정치화가 강하게 반대했다.

"나라에 강한 신하가 있다면 우리들이 해당되는 것이지, 저 재야在野에 있는 사람이 어찌 해당되겠는가?(《숙종실록》 1년 5월 24일)"

《숙종실록》은 친절하게도 "산인은 송시열 · 송준길 등을 가리킨다"라고 설명해 주고 있다. 허적은 남인이었고 정치화는 서인이었다. 현직 영의정이 '강한 신하'를 자신이 아니라 산림의 유학자들로 생각했던 것이 조선의 현실이었다. 특히 서인과 노론의 당론은 현직 정승들이 아니라 재야의 산림들이 결정했다. 그렇게 결정된 당론 속에 신하가 임금을 선택하는 '택군擇君'이 포함되어 있었다. 이것이 조선 후기 독살설이 횡행했던 근본 이유였다. 국왕 독살설은 '택군'의 결과인 것이다. 백주 대낮에 '반정反正'을 택할 명분과 힘이 부족할 경우 은밀하게 국왕의 신체에 위해를 가하는 것이 '독살'이다. '반정'과 '독살'은 둘 다 신하들이 임금을 선택한 결과라는 점에서 동전의 양면이다. 반정은 공개리에 이루어지므로 상당한 정치적 부담이 있는데 비해 독살은 은밀히 이루어지므로 정치적 부담이 덜하다는 장점이 있다.

이 택군의 논리야말로 조선시대 국왕 독살설을 만들어낸 정치 용어이자 왕조 국가 조선이 말기까지 갔다는 증거이기도 하다.

조선 27명의 국왕 중 독살설에 휘말리는 임금은 문종 · 단종 · 예종 · 연산군 · 선조 · 효종 · 현종 · 경종 · 정조 · 고종 · 순종 11명이나 된다. 이 중 광해군을 쫓아낸 정적들도 독살설을 부인했던 선조를 제외하면 10명이다. 세자 또한 적지 않다. 소현세자 · 사도세자 · 효명세자가 그들인데 대리청정할 때 죽은 사도세자와 효명세자는 훗날 장조와 익종으로 추존된다. 그리고 사도세자의 후손들은 정조뿐만 아니라 은恩 자 돌림의 세 서자와 그 손자들과 증손들까지 비극적 죽음에 맞닥뜨린다. 그야말로 저주받은 핏줄이었으나 조선 멸망 때까지 양자를 포함한 이 핏줄이 왕위를 이어 가는 아이러니가 계속된다. 가장 귀한 신분으로 태어났으나 가장 비참하게 생을 마쳐야 했던 그들의 삶의 궤적과 정치적 역학을 탐색하는 것은 단순히 과거에 대한 호사好史 취미만은 아니다. 해방 이후 단 한 명의 성공한 대통령을 배출하지 못하고 있는 현재의 정치 구조에 대한 대안 모색이기도 한 것이다.

부록

정조 어찰과 독살설을 파헤치다

어찰첩과 독살설의 관계

새로 공개된 《정조 어찰첩正祖御札帖》이 큰 관심을 끌고 있다. 유력 언론들은 이 어찰에 대해 정조 독살설을 부인하는 새로운 사료가 발견되었다고 대서특필했다. 필자는 이 어찰을 연구한 학자들이 어찰을 공개하면서 함께 발표한 논문을 읽어 보았다. 성균관대학교 동아시아 학술원 명의의 《새로 발굴한 정조 어찰의 종합적 검토》에 실린 다섯 편의 논문이다.* 예상대로(?) 다섯 편의 논문에는 그런 주장이 적혀 있지 않았

* 박철상(고문헌연구가) 〈정조 어찰첩의 자료적 가치〉, 백승호(서울대) 〈정조 어찰첩의 서지적 고찰〉, 김문식(단국대) 〈정조 말년의 정국 운영과 심환지〉, 장유승(서울대) 〈정조 어찰첩의 사료적 성격-승정원일기와의 대조를 중심으로〉, 안대회(성균관대) 〈어찰첩으로 본 정조의 인간적 면모〉.

다. 그럼 정조 독살설은 다른 학자들이 부인한 것일까? 그렇지 않다. 언론은 이날 논문을 발표한 학자들이 실명으로 이 사료를 정조 독살설이 허구임을 말해 주는 사료라고 말했다고 보도하고 있다. 그리고 마치 짜기라도 한 듯이 다른 학자들이 언론에 '정조 독살설은 시골서 떠돌던 야담'이라고 거들고 나선 것이다. 의아스런 것은 정조 독살설이 허구라고 여러 언론에 주장한 김문식 교수의 논문 〈정조 말년의 정국 운영과 심환지〉에도 정조 독살설 부인의 내용은 크게 둘로 분류된다. 하나는 "정조와 심환지沈煥之 사이가 편지를 주고받을 정도로 좋았으므로 독살했을 리가 없다"는 것과 정조가 사망 13일 전인 재위 24년(1800) 6월 15일 심환지에게 보낸 편지에서 자신의 병세가 심각함을 말했기 때문에 자연사라는 것이다.

물론 발표 논문에 명시하지는 않았지만 정조 독살설이 허구임을 암시하는 대목은 있다. 김문식 교수는 논문의 맺음말에서 "정조가 심환지에게 어찰을 보낸 것은 신임의리와 정조의 의리를 지지하는 노론 벽파僻派계를 정치권으로 끌어들여 뚜렷한 정치 세력으로 정립시키려는 정조의 의지가 있었기 때문이다. …… 정조는 벽파계가 신임의리로 대표되는 원칙론에 강하고 국왕인 자신을 지지하는 점을 높이 평가했고……"라고 말했다. 정조와 노론 벽파가 서로를 지지했으므로 독살했을 리가 없다는 내용이다. 김문식 교수의 해석대로 노론 벽파가 정조를 지지했는지는 후에 서술할 것이다. 장유승 교수는 〈정조 어찰첩의 사료적 성격-승정원일기와의 대조를 중심으로〉에서 "심지어 벽파에 의한 정조 독살설이 문학적 허구와 일부 연구자들의 지지에 힘입어 역사적 사실인 것처럼 받아들여지고 있는 실정이다"라고 유일하게 정조 독살설을 거론하고 있다. 정조 독살설을 거론했으므로 그 부분을 좀 더 자세히 살펴보자.

> 공식적인 사료에 바탕한 선행 연구에 따르면, 정조대의 정치 세력은 기존의 노老·소少·남南 3당 분립을 바탕으로, 사도세자 문제에 대한 인식의 차이를 두고 시파時派와 벽파로 양분되었다. 시파는 친 정조 세력, 벽파는 반 정조 세력으로 알려져 있으며, 정조와 벽파의 대립은 정조 재위 말년으로 접어들면서 더욱 격화되었다고 보는 것이 통설이다. 심지어 벽파에 의한 정조 독살설이 문학적 허구와 일부 연구자들의 지지에 힘입어 역사적 사실인 것처럼 받아들여지고 있는 실정이다.
>
> 정조가 정조 어찰첩에서 노·소·남 3당 및 벽파와 시파의 존재, 그리고 이들의 대립 양상을 공공연히 언급하였다는 점에서 정조대 정치 세력에 대한 기존의 시각은 여전히 유효하다. 하지만 정조 어찰첩에 보이는 벽파와 시파의 구성원, 그리고 정조와 이들 두 정파간의 역학 관계는 기존의 시각으로 보았을 때 명쾌하게 설명되지 않는 경우가 적지 않다. 우선 벽파에 대한 정조의 입장이 적대적이지만은 않았던 것으로 드러난다.
>
> -장유승, 〈정조 어찰첩의 사료적 성격〉

정리하면 "정조와 노론 벽파 사이가 기존에 알려진 것과는 달리 사이가 좋았으므로 정조를 독살하지 않았을 것이다"라는 단순 논리이다. 이 논리의 타당성을 검토하기 전에 먼저 지적해야 할 것은 정조의 어찰이 어떻게 느닷없이 정조 독살설을 부인하는 사료로 둔갑했는가 하는 점이다. 만약 사료 고증에 엄격한 외국의 사학계 같으면 어찰의 내용을 꼼꼼하게 정리하고 기존의 공식 사료들과의 관계를 면밀하게 검토한 후 '정조가 반대 당파인 노론 벽파의 영수급 인물과도 핫라인을 구성해 정국을 운용했음을 보여주는 새로운 사료이다'라는 정도로 그 의미를 제한했을 것이다. 그러나 지금 이를 연구한 학자들은 어찰과 독살 무관설 사이에 아무런 중간 연결 고리도 없이 '둘이 서찰을 주고받았을 정도로 사이가 좋았으니 독살했을 리가 없다'는 엄청난 논리의 비약을 서슴지 않고 있다. 논리의 비약이야말로 역사학뿐만 아니라 모든 학문에서 가장 금기로 치는 가장 비문학적인 태도가 아닌가?

개인 간의 관계, 특히 실력자들 사이의 관계가 정국의 향배에 어느 정도 영향을 끼치는 것은 사실이다. 그러나 각별한 개인 관계가 의미를 갖는 것은 적어도 둘 중의 한 명은 자신의 속한 조직의 공식 입장과 반하는 행위를 했을 경우이다. 그렇지 않다면 공은 공, 사는 사란 입장에서 개인 관계를 유지한 것으로 보아야 한다. 정조 어찰첩을 면밀히 검토해 보아도 정조와 심환지가 자신의 공식 입장을 바꾸었다는 증거는 나타나지 않는다. 당론은 당론, 편지는 편지라는 입장을 계속 견지했다고 보는 것이 타당한 것이다. 예를 들어 어찰을 통해 심환지가 정조와 사전 협의 끝에 우의정을 사직했음이 밝혀졌다. 우의정 사직 사실은 이미 《정조실록》 등의 공식 사료에 나와 있는 부분이다. 그렇다면 어찰은 심환지가 우의정을 사직한 《정조실록》 기록의 배경을 설명해 주는 보조 사료로 가치가 있는 것이지 《정조실록》의 내용을 부인하는 반대 사료의 가치가 있는 것은 아니다. 그러나 지금은 마치 정조 어찰이 《정조실록》 같은 공식 사료의 내용을 뒤엎는 반대 사료인 것처럼 호도되고 있다. 그렇게 해석될 수 있는 내용은 전혀 없음에도 불구하고 말이다.

어찰이 보내지기 이전의 정조와 심환지

조선 후기 대부분의 정치가는 자신이 속한 당파를 갖고 있었다. 그리고 그 당파의 당론, 즉 당의 명분 내에서 활동했다. 당론은 각 당의 세계관이기도 했는데 이는 심환지도 마찬가지였다. 먼저 심환지에 대해서 살펴보자. 심환지는 영조 6년(1730) 태어나 정조가 죽은 지 2년 후인 순조 2년(1802) 세상을 떠난 인물로서 영조 28년(1752)생인 정조보다 스물두 살 많다. 국왕 정조와 심환지의 첫 만남은 그리 나쁘지 않았다. 정조 1년(1777) 4월 8일 홍문관 교리 심환지가 홍계능洪啓能의 잔당을 추고하자고 청하는 것이었기 때문이다. 홍계능은 홍인한과 함께 노론 벽파 소속으로 정조의 즉위를 방해한 혐의로 공격받던 인물이었다. 심환지는 같은 벽파 소속으로서 심적 갈등이 없을 수 없었겠지만 탄핵권을 가진 홍문관 교리 신분으로 가만히 있을 수는 없었다. 공의公義를 버리고 당론에 아부한다는 비판에 봉착할 것이기 때문이었다. 그래서 심환지는 홍계능 공격에 가담했다.

그러나 심환지는 2년 후 자신의 정파성을 드러낸다. 정조 3년(1779) 12월 22일 옥당玉堂(홍문관) 소속의 심환지가 전 부사 이성모李聖模를 홍계능이 양육한 자라면서 멀리 내치라고 상소한 것이다. 이때 정조는 "그물에서 빠져나간 고기를 다 살필 수도 없고 오히려 풍문을 가지고 가볍게 허락하기 어렵다"면서 받아들이지 않았다. 정조는 느닷없이 심환지가 이성모를 홍계능의 잔당이라고 공격하는 이유를 알지 못했다. 그러나 정조 4년(1780) 1월 8일 심환지의 속셈이 드러났다. 심환지는 자신이 이성모만을 논하고 서명응徐命膺을 논하지 않았다고 논박받고 있다면서 서명응을 끌어들인 것이다. 정조는 심환지가 서명응을 끌어들인 이유가 당론 때문임을 곧 간파했다. 서명응은 정조의 즉위에 큰 공을 세운 서명선徐命善의 친형으로서 노론 벽파 홍계능과는 아무 상관이 없었기 때문이다. 그래서 정조는 우선 심환지를 체차(해임)시키고 진상을 조사했다. 진상을 파악한 정조는 크게 화를 냈다. 그해 3월 7일 정조는 심환지가 "겉으로는 역적을 징토懲討한다는 이름을 빌었지만 정신은 오로지 전관銓官(이조 인사권자) 운운한 데에 있었는데 전관은 서명응이었다"라면서 심환지의 목적이 서명응을 해코지하는 데 있었다고 판단했다. 정조는 "그가 남의 효시가 되어 우리 세도世道를 어지럽힌 죄는 피할 바가 없다"면서 심환지를 홍문관 교리에서 삭직시켰다. 심환지가 노론 벽파의 당심으로 소론 서명응과 서명선을 공격했다는 비판이었다.

이 사건으로 정조는 심환지에게 부정적 인식을 갖게 되었다. 겉으로는 동쪽을 치는 척하면서 실제로는 서쪽을 치는 성동격서聲東擊西적인 인물이라는 것이었다. 이때 쫓겨난 심환지는 정조 8년(1784) 9월까지 약 4년 반 동안 벼슬길에 나오지 못했다. 그를 벼슬길로 다시 이끈 인물은 같은 노론 벽파로서 심환지의 후원자인 이조판서 김종수金鍾秀였다. 이조판서 김종수는 정조에게 폐기되어 벼슬길에 오르지 못하는 자들을 등용할 것을 주청했고 정조가 받아들였던 것이다. 그러자 김종수는 심환지를 천거했고 정조가 그를 종부시정宗簿寺正으로 삼았다. 종부시는 조선시대 왕실의 계보인 선원보첩璿源譜牒을 편찬하는 한가한 부서였다.

그러나 심환지가 다시 나오자 조정이 시끄러워졌다. 심환지의 상소 때문이었다. 서명응의 아들인 병조판서 서호수徐浩修가 심환지가 상소에서 자신을 거론했다면서 항의하고 나섰고, 영의정 서명선까지 상소를 올려 "(심환지가) 신을 배척하고 신을 조롱하기에 여력이 없을 정도"라면서 사직을 요청했다. 정조는 서명선의 사직을 허락하지 않았지만 그해 12월 3일 심환지를 다시 조정에 불러들인 김종수를 소견해 심환지 문제를 비판했다.

> 심환지의 상소가 또 나오자 경 등은 비록 알 바가 아니라고 하지만, 그대들이 들어온 후 이 무리들이 감히 제멋대로 날뛰고 있으니, 어찌 그대들이 시킨 것이 아니겠는가?
>
> -《정조실록》 8년 12월 3일

정조는 김종수가 정적 제거를 위해 사주한 상소라고 비판하는 것이었다. 그러나 정조는 심환지를 내치지는 않았고 재위 11년에는 홍문관 부교리로 임명하고 재위 13년(1789)에는 사간원 대사간으로 승진시켰다. 그리고 재위 15년(1791) 8월 3일에는 심환지를 이조참의로 삼았다. 이조참의는 이조참판·판서와 함께 문관의 인사권을 관장하는 핵심 보직이었다. 그런데 정조는 당초 서용보徐龍輔를 이조참의로 삼았다가 곧 체직하고 심환지로 대신한 것이었다. 서용보보다는 심환지를 신임한다는 뜻인데 곧 심환지를 파직하고 서용보로 대신했다. 그러나 17일 후인 20일에는 다시 심환지를 이조참의로 삼았다. 이렇게 이조참의를 자주 갈아치운 이유는 무엇일까? 행여 사심을 갖지 말라는 경고였을 것이다. 조금이라도 사심을 드러내면 당장 교체하겠다는 의사 표시였을 것이다. 그래 12월의 정기 인사 고과 평가 때 정조는 이조판서 오재순吳載純, 이조참판 박우원朴祐源, 이조참의 심환지와 함께 논의했는데 그 결과에 만족했는지 그해 12월 29일에는 심환지를 이조참의에 연임시키고 이듬해에는 종2품 형조참판으로 승진시켰다.

그러나 형조참판 심환지는 정조 16년(1792) 3월 다시 정조의 눈 밖에 나게 된다. 남인 이승훈李承薰 문제 때문이었다. 이승훈은 천주교 서적을 들여왔다는 혐의로 평택 현감으로 좌천되어 있었는데 권위權瑋라는 인물이 이승훈이 평택에 있던 3년 동안 공자의 사당에 참배하지 않았다고 공격하자 유생들이 그를 유생들의 명부인 《청금록靑衿錄》에서 삭제하는 사건이 발생했다. 이 사건이 물의를 일으키자 정조는 "임금과 스승과 아버지는 일체一體인데 만대의 스승인 공자에게 절하지 않는 자는 도척盜跖 같은 자"라면서 김희채金戲采를 평택 안핵 어사로 삼아 이승훈을 엄중 조사하게 했다. 김희채는 조사 결과 "이승훈이 공자의 사당을 참배할 때에 향을 피우고 의식대로 절하는 것을 본 사람이 여럿"이라며 모함받은 것에 불과하다고 보고했다. 그런데 심환지를 비롯한 노론 소속의 형조 고관들은 이승훈이 무고받았음이 밝혀지자 권위 등을 비호하려고 시도했다. 그래서 정조는 사건 관련자들을 비호하기에 여념이 없다면서 형조의 편당偏黨 습속을 비판했다. 정조는 형조참판 심환지에 대해 "내가 구해 준 것이 또한 어떠했는데 어찌 감히 이렇게 하는가"라고 꾸짖은 후 형조판서 김문순金文淳과 함께 경상도 기장현의 금갑도로 귀양 보냈다. 뿐만 아니라 주위에 가시울타리까지 쳐서 엄중하게 감시하게 했다. 재위 16년(1792) 3월 15일의 일이다. 그러자 양사

兩司(사헌부 · 사간원)에서는 형조참판 심환지와 형조참의 이면응李冕膺 등이 한 자리에 앉아서 평택 안핵 어사의 보고서 문제를 논의할 때 "모두가 부드럽고 화락한 말이었지 놀라고 분개하여 엄히 벌하려는 뜻이 전혀 없었습니다"라면서 심환지를 국문해야 한다고 주장했다. 형장을 받다가 죽은 권위와 한편이라는 비난이었다. 그러나 정조는 더 이상 가죄하지 않고 4월 16일 심환지를 석방시켰다. 편당심偏黨心을 품지 말라는 경고만 준 셈이었다.

정조는 이후 심환지를 승지로 삼아 곁에 두었으나 심환지의 편당심은 변함이 없었다. 정조가 재위 16년(1792) 9월 인천에 유배 중인 윤영희尹永僖를 방면하자 승지 심환지가 강하게 항의했다. 정약용의 친한 친구였던 윤영희 역시 남인이었는데 가리포 첨사로 있을 때 수사 이항림李恒林과 마찰을 빚어 인천부에 정배된 것이었다. 심환지가 정조와 마찰을 빚는 것은 모두 남인들과 관계가 있었다. 이 무렵 정조가 남인 이가환李家煥을 서용할 뜻을 밝히자 심환지는 다시 윤영희 문제를 거론하면서 이가환에 대해 강하게 비판했다. 《성호사설星湖僿說》의 저자 이익李瀷의 종손이었던 이가환은 당대 최고의 천재 학자라는 명성이 있었다. 그러나 심환지는 "이가환은 이잠李潛의 종손으로서 그가 비록 문학을 잘한다는 이름을 들어도 그 허물을 가릴 수는 없습니다"라면서 반발했다. 아무리 학문이 있어도 그 선조가 이잠이기 때문에 서용할 수 없다는 것이었다. 이잠은 이익의 형으로서 숙종 때 일개 유생의 신분으로 노론에서 세자(경종)를 핍박한다는 상소를 올렸다가 노론에 의해 사형당한 인물이었다. 정조는 심환지에게 화를 냈다.

이가환의 종조에 대해서는 나도 그 이름을 익히 듣고 있으나, 종조는 종조이고 종손은 종손이다. 재능을 헤아려 임무를 맡겼는데 그럼 이가환은 문사文士가 아니라는 말인가?

-《정조실록》 16년 9월 20일

정조는 재위 16년 12월 심환지를 이조참판으로 임명했다가 이듬해 1월 성균관 대사성으로 삼았다. 이가환은 상소를 올려 이잠이 사형당한 일에 대해서 억울한 심정을 토로했는데 심환지가 다시 상소를 올려 이가환을 강하게 비판했다. 그러자 승정원에서 심환지가 대간의 직책도 아니면서 시비했다고 추고를 요청했고 정조는 이를 받아들였다.

정조는 재위 18년(1794) 3월 10일 예문관 제학 심환지를 능주 목사로 좌천시켰는데,《정조실록》은 "여러 번 상의 부름을 어겼기 때문이었다"라고 전하고 있다. 그러자 정조 18년(1794) 7월에는 홍문관 부수찬 이석하李錫夏가 정조의 구언求言에 응해 상소를 올리면서 흉년의 이유가 김종수와 심환지 때문이라면서 강하게 비판하고 나섰다.

심환지의 흉악스런 의논은 마치 (김종수가) 앞에서 노래를 부르면 뒤에서 화답하는 것과 같았으며 대제학 추천을 승려가 의발衣鉢을 넘겨주듯이 하였습니다. 그리고 지난 일이 발각되자 장악원의 모임에서 은연중 기치를 세워 여러 사람의 말을 극력 꺾어 버렸고, 한편으로는 눈치를 살피면서 한편으로는 발뺌을 하니, 그의 교활한 계책과 간사한 태도는 길 가는 사람도 다 알고 있습니다.

-《정조실록》 18년 7월 24일

정조는 "내가 환지를 등용하고자 하면 그대가 감히 저지하겠는가?"라면서 듣지 않다가 얼마 후 다시 심환지를 이조참판으로 삼았다. 정조는 심환지의 당파적 처신은 마음에 들지 않았지만 그를 멀리 내치지는 않았다. 노론의 협조를 받지 않고는 정국을 효과적으로 끌고 갈 수 없었던 상황에서 그나마 심환지가 낫다고 판단했던 것으로 보인다. 정조는 심환지를 예문관이나 규장각 같은 학문직에 임명했다가 재위 19년(1795) 1월 병조판서로 삼았고, 같은 해 9월 29일에는 예조판서로 전임시켰다가 다시 10월 6일에는 이조판서로 삼았다.

정조는 재위 20년(1796) 4월 육조 판서들에게 청백리를 천거하라고 명하는데, 이때 심환지가 천거하는 인물은 뜻밖이었다. 자신을 이끌어 준 전 좌의정 김종수와 함께 고故 집의 박치륭朴致隆까지 천거했던 것이다. 박치륭은 사도세자가 뒤주에 갇히던 영조 38년(1762) 사도세자의 구명을 위한 상소를 올렸다가 흑산도에 위리안치圍籬安置(가시울타리를 치는 유배형)되어 영조 42년(1766) 유배지에서 죽은 인물이기 때문이다. 심환지가 박치륭을 천거하는 것은 현재 공개된 정조의 어찰로 판단해 볼 때 정조와 사전 조율했을 가능성도 있다. 심환지로서는 자신의 주인인 김종수를 청백리로 삼는 대신 박치륭을 천거하는 것이 나쁘지 않은 선택이었을 것이다. 정조는 재위 20년(1796) 6월에는 심환지를 형조판서로 삼고 그해 9월에는 다시 이조판서로 삼았다. 이 무렵부터 정조가 보낸 어찰이 공개된 것이다. 한 가지 지적할 점은 정조가 금강산에 간 심환지에게 편지를 보낸 것이 마치 새롭게 밝혀진 것처럼 말해지지만 그 내용은《정조실록》에도 이미 실린 내용이다. 정조는 재위 22년(1798) 8월 28일 심환지를 의정부 우의정으로 삼고 같은 날 금강산에 있는 그에게 돈유문을 보낸다. 다른 사료들과 함께 검토해서 그 가치를 평가해야 할 필요성을 다시 말해 주는 사례다.

어찰이 보내진 시기와 정조 시대의 의리들

이번에 공개된 어찰은 정조 20년(1796) 8월부터 정조 24년(1800) 6월까지 사이에 건네진 것이다. 정조는 재위 20년(1796) 9월 19일 심환지를 이조판서로 임명한다. 심환지는 겉으로는 노론 벽파의 영수로만 알려져 있으나 그리 단순한 인물은 아니었다. 필자는 이미 기존의 저서들에서 심환지가 간단하지 않은 인물임을 여러 차례 묘사했다.

정조는 재위 19년(1795) 윤2월 조정에서 숙직하던 병조참의 정약용에게 '폐하께서는 만세의 수를 누리고 신은 이천석二千石이 되었다'는 주제로 새벽 문 열 때까지 7언배율七言排律로 100운韻의 시를 지어 올리라는 명을 내렸다. 밤사이 100운의 시를 짓는 것은 대단히 어려운 일임에도 정약용은 기한 내에 시를 지어 올렸다. 그러자 정조는 이 시를 규장각, 예문관, 홍문관 제학提學들에게 두루 보여주고 평하게 했는데, 정약용의 연보인 《사암선생연보俟菴先生年譜》에는 규장각 제학인 심환지의 평도 실려 있다.

> 문장이 활발하기는 구름이 펴지고 물이 흐르는 것 같고, 정교한 짜임새는 옥을 다듬고 비단을 짜 놓은 것 같으니, 이런 사람을 이른바 문원文苑의 기

재奇才라고 하겠다.

필자는 이 일을 기록하면서 《정약용과 그의 형제들》에서 "심환지는 인정할 만한 것은 인정해서 자기가 파당에 치우치지 않았음을 알리고 싶어 하는 인물이었다"라고 평했다. 정조는 노론에서 남인들이 천주교에 물들었다고 계속 비판하자 해당 남인들을 한 번 좌천시키거나 유배 보내 혐의를 씻게 하려 했다. 그래서 정조는 재위 19년(1795) 7월 정약용을 종6품 금정 찰방으로, 이가환은 충주 목사로 좌천시키고, 이승훈은 예산으로 유배 보냈다. 이때 정약용은 천주교도 이존창李存昌을 체포하고 다른 천주교도들에게도 제사를 지내도록 효유했다. 《사암선생연보》 정조 20년(1896) 2월조에 따르면 후임 금정 찰방 김이영金履永이 "정약용이 금정에 있을 때 성심으로 백성들을 깨우치고 거두어 주었으며, 또한 청렴하고 근신하였습니다"라고 보고하자 정조가 다시 중앙 관직에 임용하고 싶어 했다. 그러나 노론 벽파의 반발을 우려해서 주저할 때였는데, 필자는 《정약용과 그의 형제들》에서 이 대목을 이렇게 서술했다.

> 뜻밖에 이에 호응해 정약용을 응원하고 나선 인물이 노론 벽파 심환지였다. "정약용이 금정에 있을 때 일깨워 교화시킨 바가 많으니, 청컨대 다시 거두어 쓰소서."
> 노론의 영수급 인물이 정약용의 서용을 주장하자 정조는 힘을 얻었다. …… 그러나 정약용이 문신직을 받은 것은 그로부터 8개월 후인 정조 20년(1796) 10월 규영부奎瀛府의 교서에 임명된 것이었다.

이때는 이미 두 사람 사이에 핫라인이 개설되어 있었던 때였다. 이 대목은 둘 사이의 핫라인이 일정 정도 쌍방의 양보를 전제로 계속 유지된다는 사실을 보여준다. 정조는 정조대로 노론 벽파의 영수급 인물인 심환지와 대화할 필요가 있었고 심환지는 심환지대로 국왕 정조와 대화할 필요가 있었다. 개인적인 측면에서도 그렇고 정치적인 측면에서도 그랬다.

어찰이 공개된 정조 20년(1796)경에는 정조의 왕권이 일정한 궤도에 올랐을 때이다. 무엇보다 정조는 장용영을 중심으로 군권軍權을 확고하게 장악하고 있었다. 정조는 이율李瑮 · 홍복영洪福榮 역모 사건 직후인 재위 9년(1785) 국왕 호위를 담당하는 장용위壯勇衛를 설치했다가 17년(1793)에는 장용영이란 하나의 군영으로 확대 개편했다. 노론 벽파는 정조 1년(1777) 장수 전흥문田興文을 두 차례나 궁중으로 들여보내 정조를 암살하려 했는데, 이때 궁궐의 길 안내를 맡은 인물이 국왕의 경호를 담당하는 호위군관 강용휘姜龍輝였다. 국왕 호위군관이 자객의 길 안내를 맡은 이 사건은 조야에 큰 충격을 주었다. 이 때문에 정조는 계속 호위 병력을 강화하다가 재위 17년에 장용영을 하나의 군영으로 확대한 것이었다. 장용영을 하나의 군영으로 확대 개편했다는 것은 노론 벽파의 군사 쿠데타가 사실상 물 건너갔음을 뜻하는 것이었다.

또한 정조는 부친 사도세자의 묘소를 수원 화산으로 옮기고 화성 건설에 나서 재위 20년(1796) 9월 준공하고 그해 10월 낙성식을 가졌다. 장용영은 외영과 내영으로 나뉘는데 내영은 서울 도성이 중심이고 외영은 수원 화성이 중심이었다. 장용영과 수원 화성 건설은 정조의 왕권이 안정적인 기반에 접어들었음을 뜻하는 것이었다. 노론은 장용영과 화성 건설이 무슨 의미인지 잘 알고 있었다. 정조 14년(1790) 채제공을 공격했던 권유가 정조 19년(1795) 1월 장용영 설치와 화성 건설을 비난하는 상소를 올리는데 훗날 이 상소가 심환지의 사주에 의한 것으로 밝혀지기도 했다. 그만큼 장용영과 화성 건설은 노론이 중종반정이나 인조반정 같은 군사 쿠데타로 정조를 쫓아내기가 불가능해졌음을 뜻하는 것이었다. 이제 노론이 정조를 쫓아내려면 은밀하게 처리하는 수밖에 없게 된 것이다.

바로 이 시점에 정조의 어찰이 주로 전해졌다는 사실을 주목해야 한다. 정조 입장에서 노론 벽파는 원활한 국정 운영을 위해 일정 부분 협조가 필요한 세력이다. 노론 벽파도 장용영과 화성 건설을 완성한 정조를 전면적으로 거부할 수는 없었다. 이제 마음먹으면 친위쿠데타를 일으킬 수 있는 인물은 정조였지 노론이 아니었기 때문이다. 바로 이런 정치 지형이 양자가 자신의 정치 이념을 버리지 않으면서도 서신이란 핫라인 개설에 합의한 배경이다. 그러나 핫라인을 개설했다고 양자가 근본적으로 가까워지기에는 근본적인 모순이 있었다.

김문식 교수는 "정조가 벽파계의 신임의리로 대표되는 원칙론에 강하고 국왕인 자신을 지지하는 점을 높이 평가했고"라고 써서 마치 신임의리가 정조와 노론 벽파가 동지가 될 수 있는 명분론인 것처럼 기술했다. 그러나 정조 시대의 의리는 신임의리뿐만 아니라 임오의리와 《명의록明義錄》 의리도 있었다. 이 삼자가 합쳐져야만 정조와 동지 관계가 될 수 있었다.

신임의리란 경종 1년(1721: 신축년)과 2년(1722: 임인년)에 걸쳐 일어난 사건에 대한 평가를 뜻한다. 남인계 인물인 장희빈의 아들 경종이 즉위하자 노론은 그를 축출하기 위해 경종의 이복동생 연잉군(영조)을 추대하려고 한다. 연잉군은 왕세제王世弟로 책봉하게 하는 데 성공한 노론은 내친김에 세제 대리청정까지 요구한다. 신하의 자리에서 국왕에게 대리청정을 요구하는 것은 태종 때 같으면 목이 열 개 있어도 부족한 일로서 그 자체로 역모였다. 그러자 소론 강경파 김일경金一鏡 등이 세제 대리청정 주장을 왕권을 교체하려는 역모라고 공격하는 신축소를 올렸고 경종이 뜻밖에도 신축소에 동의함으로써 소론이 정권을 잡았다. 이듬해인 임인년에는 목호룡睦虎龍이 노론에서 경종을 세 가지 방식을 동원해 죽이려 했다는 삼급수三急手 사건을 고변하면서 노론 4대신이 사형당하는 옥사가 발생한다. 이로써 소론이 전면적으로 집권했으나 경종은 재위 4년(1724) 만에 의문의 죽음을 맞는다. 이에 이인좌李麟佐를 비롯한 소론 강경파는 영조 4년(1728) 선왕 경종의 독살을 복수하겠다고 군사를 일으키기에 이른다. 경종 의문사 후 영조가 즉위하고 정권을 잡은 노론은 신임옥사는 모두 무고였다면서 연루자들을 모두 신원시켰는데 이것이 신임의리다. 이 사건에 대해 노론 입장에서 기술한 《신임변무록辛壬卞誣錄》이란 책은 소론의 상소는 흉소凶疏, 소론은 흉도凶徒, 역적 등으로 표현하고 있으니 그 역사관을 짐작할 수 있다. 신임의리는 한마디로 경종 독살설 끝에 왕위에 오른 영조의 즉위가 정당하다는 것이다. 영조를 추대한 것은 노론이므로 결국 경종 때의 노론의 정치 행위가 정당하다는 말이다. 그러나 신임의리는 경종의 자리에서 보면 역적이고 영조의 자리에서 보면 충신이 되는 것을 현실의 승리자인 노론 중심으로 바라본 것에 지나지 않는다. 그러나 경종 독살 여부는 차치하고라도 영조가 국왕이 되지 못했다면 정조도 국왕이 될 수 없었기 때문에 정도 이른바 신임의리를 부인하기는 쉽지 않았다.

《명의록明義錄》은 정조의 즉위와 관련 있는 의리였다. 정조의 세손 시절 노론 벽파 홍인한洪麟漢과 영조의 서녀庶女 화완옹주和緩翁主(정치달의 부인)의 양자 정후겸鄭厚謙 등이 정조의 즉위를 막으려고 획책했다. 정조는 즉위 직후 이들을 사형시키고《명의록》을 반포해 자신의 즉위가 정당했음을 선포한 것이다. 노론 벽파는 내심 홍인한을 지지했지만 정조 치하에서 이를 공개적으로 표명할 수는 없었기 때문에 이 역시 정조와 노론 벽파 양자 사이에 타협이 가능한 부분이었다.

그러나 임오의리는 달랐다. 임오의리란 영조 38년(1762) 뒤주에 갇혀 죽은 사도세자 사건을 바라보는 시각을 뜻한다. 노론 벽파는 사도세자를 뒤주에 가두어 죽인 것이 올바른 것이었다는 입장이었다. 이 사건에 대한 정조의 시각은 설명할 것도 없을 것이다. 노론 벽파는 이 시각을 한 번도 바꾼 적이 없었다. 어찰 연구자들이 유독 신임의리는 강조하면서도 임오의리에 대해서는 설명을 생략하는 이유가 여기에 있다. 사도세자의 죽음을 정당한 의리라고 생각하는 노론 벽파와 그 아들인 정조가 계속 같은 길을 갈 수는 없기 때문이다. "정조가 노론 벽파와 사이가 좋았기 때문에 독살하지 않았을 것"이라는 단순 논리가 받아들여질 수 없는 핵심 이유가 여기에 있다. 그럼 둘 사이의 핫라인 가동 결과를 보자.

양자 핫라인 가동 양상

정조가 볼 때 아직 남인은 노론 벽파의 상대가 아니었다. 당력黨力으로 따지면 남인은 노론의 10분의 1도 되지 않는 상황이었다. 노론은 중앙은 물론 지방까지 모두 장악하고 있었다. 역사에 밝은 정조는 광해군이 소수 대북만으로 정권을 운영하다가 쫓겨난 사실을 잘 알고 있었다. 그래서 정조는 심환지를 이조판서로 삼되 그를 통해 소론과 남인들도 등용시키는 방안을 구상했던 것이다. 노론 벽파에게 인사권을 주어 소론 · 남인도 등용시킴으로써 노론 벽파의 극심한 반발을 막으려는 우회 전략이었다. 노론을 이용한 탕평책의 일환이기도 했다. 심환지는 때로는 정조의 이런 구상에 호응했고 때로는 불응했다. 정조 21년(1797) 6월 27일의 어찰을 보자.

> 이조참의의 인사人事는 지나치게 편파적이라고 말할 수 있다. 허울뿐 말단 벼슬조차 소론과 남인에 의망하지 않았으니 어찌 말이 되겠는가? 정丁을 서西로 보내지 않는 것은 선을 권장하는 뜻이 전혀 아니다.

여기에서 정丁은 정약용을 지칭하는 것으로 해석되는데, 서西에 대해서 어찰 연구진들은 서반西班(무관)으로 해석했지만 문과 출신을 무관으로 보내라고 요구했다는 것은 어색하다. 정조는 이 어찰을 보낸 다음 달인 윤6월 2일 정약용을 황해도 곡산 부사로 임명했다. 황해도와 평안도를 서도西道라고 불렀으므로 이때의 '서西'자는 황해도를 뜻하는 것으로 보는 것이 보다 합리적이다. 그런데 정약용의 곡산 부사 임명은 정조의 특별 발탁이었다. 이조에서 세 명의 후보자를 올리는 것을 주의注擬, 또는 삼망三望이라고 하는데 국왕이 한 명의 이름 위에 낙점하는 것이 인사였다. 그러나 정조의 당부에도 불구하고 심환지는 정약용의 이름을 삼망에 올리지 않았다. 《사암선생연보》는 "정조가 어필로 첨서해 낙점했다"라고 적고 있다. 이조에서 올린 삼망에 정약용의 이름이 없자 정조가 직접 정약용의 이름을 쓰고 그 위에 점을 찍었다는 뜻인데, 이를 첨서낙점添書落點이라고 한다. 어찰이란 한쪽 사료에만 매몰되지 말고 다양한 사료를 통해서 종합적으로 분석해야 한다는 사실을 보여주는 사례 중 하나다. 정조가 심환지의 인사에 부분적으로 만족해하는 어찰도 있다.

> 대정大政(12월의 인사 고과)은 순조롭게 되었다고 하니 크게 다행이다. 공은 퇴근한 후에 편안한가? 물정物情을 대략 들어보니 노론 시파와 소론은 크게 잘못되었다고 여기지 않고 간혹 칭찬하는 자도 있다고 한다. …… 남인들은 초사初仕(처음으로 벼슬하는 것)를 얻지 못한 것에 울분을 갖고 있다는데 차후로 김성일金誠一의 자손을 거두어 써서 큰 비방을 막는 것이 어떠하겠는가? 감역監役(종9품 감역관)을 소론에게 돌리지 않으면 장차 또 무슨 욕설을 얻어 듣겠는가?
>
> -《정조 어찰첩》 1797년 12월 21일

이 어찰에는 정조의 의도가 잘 드러난다. 정조가 심환지에게 인사권을 준 것은 다른 당파를 등용하라는 뜻이었다. 아직 남인 · 소론이 인사권을 가질 만큼 성장하지 못한 상황에서 노론 벽파 심환지를 이용해 남인과 소론을 등용시키려 한 것이다. 그러나 심환지는 정조의 바람대로 움직이지는 않았다. "남인들은 초사를 얻지 못한 것에 울분을 갖고 있다"라는 말은 심환지를 비롯한 노론 벽파가 남인들의 출사를 저지하고 있던 상황을 말해 준다. 노론 벽파는 남인들이 조정에 나오면 결국 정조의 친위 세력이 될 것이라고 생각했던 것이다.

> 도목정사가 내일인데 마음이 쓰인다. 초사인初仕人은 어떻게 처리했으며, 네 개의 빈자리는 과연 외방外方에게 나누어 주었는가? 영남은 한강寒岡(정구)·여헌旅軒(장현광)·남명南冥(조식) 집안의 남인을 거두어 쓰는 것이 어떠한가?
>
> -《정조 어찰첩》1797년 12월 19일

편지의 인사말을 보면 사이가 좋은 것처럼 보여도 그 내용은 팽팽한 긴장감이 흐르고 있다. 정조는 계속 남인들의 출사를 요구하고 있었다. 이런 편지들은 정조가 심환지와 핫라인을 구성한 이유를 잘 보여준다. 심환지를 통해 남인계 인물들을 등용시키려 한 것이다. 물론 심환지는 그리 만만한 인물이 아니었다. 어찰이 보내진 기간 동안 심환지가 노론 당론을 거부하고 정조의 뜻에 따른 사실은 보이지 않는다.

두 사람이 서로 짜고 정국을 운영했음을 보여주는 사례로 화완옹주 문제가 있다. 화완옹주는 양자 정후겸을 내세워 홍인한과 함께 세손의 대리청정을 반대하고 정조의 즉위를 막고자 했던 인물이다. 정조는 즉위 직후 양자 정후겸을 사형시키고 화완옹주는 강화도 교동에 유배시켰다. 정조가 재위 7년(1784) 1월 화완옹주를 육지로 이배시키려 하자 신하들이 격렬하게 반대했다. 정조는 "나의 뜻은 오로지 선왕께서 그를 몹시 사랑하였던 뜻을 생각한 데서 나온 것이다. 죄를 감해 주지 않은 것은 공적인 법을 위해서이고 육지로 내보내는 것은 사적인 은정을 편 것이다(《정조실록》 7년 1월 6일)"라고 하면서 그대로 강행했다. 정조는 재위 23년(1799) 3월 4일 화완옹주를 석방하라고 명령했다. 그러나 승정원은 전교 반포를 거부하며 저항했다. 이때 정조는 3월 6일 우의정 심환지에게 편지를 보내 이 문제를 의논했다.

> 일전의 처분에 대해서는 충분히 들을 만큼 이야기했지만 지금 의리가 지엄하다. 경은 몽합夢閤(김종수)이 사망한 후라고 해서 주인主人 자리를 양보해서는 안 된다. 일이 《명의록》의 의리에 관련되었기 때문에 차라리 지나칠지언정 미치지 못해서는 안 된다. 내일 여러 신하들을 소견할 것이니 반열에서 나와서 극력 간하고 즉시 뜰 아래로 내려가 관을 벗고 견책을 청하면 응당 사세를 봐서 정승 자리를 면하게 하든지 견파譴罷(견책하여 파면함)하든지 처분을 내릴 것이다. 그 후 다시 임명하는 방법을 요량料量하고 있다.
>
> —《정조 어찰첩》 1799년 3월 6일

《정조실록》에 따르면 심환지는 다음 날(3월 7일) 실제로 화완옹주 문제에 대해 극력 간하다가 파직당했다. 화완옹주 문제는 노론 벽파 심환지로서는 손해 볼 것이 없는 문제였다. 화완옹주가 사도세자의 죽음에 관여하고 정조의 즉위에 반대한 것은 노론 벽파의 당론과 같았다. 따라서 옹주의 석방은 노론 벽파로서도 바라는 일이었다. 그러나 석방을 반대하는 척하면《명의록》의 의리를 과시할 수 있는 일이고 실제로 석방된다면 노론 당인이 석방되는 셈이었다. 그야말로 누이 좋고 매부 좋은 일이었으니 심환지로서는 전혀 거리낄 것이 없었다. 그리 큰 의미를 부여할 일이 아니라는 뜻이다. 정조와 심환지의 핫라인의 의미는 이 정도 선이었다. 정조가 노론 시파와 벽파에 대해서 말한 내용을 심환지가 서용보에게 말했다고 꾸짖는 내용(1797년 4월 10일)이나 "지금 서료庶僚(서용보)의 편지를 받아보니 심대간沈臺諫(심규로)이 상소한다고 한다.(1800년 2월 9일)" 같은 내용들은 정조가 서용보와도 편지를 주고받았음을 뜻하는 것이다.

정조는 노론 벽파를 신임하지 않았다. "벽파는 다른 장점은 없고 남의 옳지 않은 점을 보면 힘껏 말하고 통렬하게 배척하는 것뿐인데 지금은 그렇지가 않다"라거나 "소위 벽파라는 자들은 모두 아침에는 동쪽으로 갔다가 저녁에는 서쪽으로 가고 냄새를 좇아다니며 모였다가 흩어지는 무리들이다"라고 비난한 것은 "정조는 벽파계가 신임의리로 대표되는 원칙론에 강하고 국왕인 자신을 지지하는 점을 높이 평가했고"라는 김문식 교수의 평가가 자의적 판단에 지나지 않음을 말해 주는 사례다. 정국 운영의 한 수단을 가지고, 그것도 여러 사람에게 보낸 편지를 가지고 '정조와 심환지가 편지를 주고받았으니 독살했을 리 없다'는 단순 논리가 성립될 수 없다는 말이다. 보다 중요한 것은 정조가 세상을 떠나는 재위 24년(1800) 6월 28일 전후를 둘러싼 문제들이다.

정조의 와병과 죽음

정조는 세상 떠나기 28일 전인 재위 24년 5월 30일 오회연교伍晦筵教라는 것을 한다. 정조 독살설은 이 오회연교에서 출발하는데 그믐날 경연에서 한 하교라는 뜻이다. 이 하교에서 정조는 여러 말을 했지만 주목할 만한 것은 사도세자 문제를 거론한 것과 조만간 대대적인 정계 개편이 있을 것을 시사한 점이다. 오회연교는 모든 정파에 남인들의 대거 등용을 시사한 것으로 받아들여졌다. 《사암선생연보》에 따르면 정조의 이런 의사는 사실로 드러난다. 정조는 6월 12일 밤 고향 마재에 있던 정약용에게 규장각의 아전을 보내 한서선漢書選 10질을 전하면서 "너를 불러 책을 편찬하고 싶어서 주자소鑄字所의 벽을 새로 발랐다. 아직 덜 말라 정결하지 못하지만 그믐께쯤이면 들어와 경연에 나올 수 있을 것이다"라고 말했다. 그믐 전에 경연에 참석할 수 있는 주요 보직으로 부르겠다는 뜻이었다. 그러나 정조는 약속된 그믐 직전인 6월 28일에 세상을 떠나고 말았다. 《사암선생연보》는 6월 12일 밤 정약용을 찾아온 규장각 아전이 "제가 친히 하교를 받들 때 성상의 안색과 어조가 모두 온화했습니다"라고 말했다고 전한다. 정조는 그달에 자신이 죽을 것을 전혀 알지 못했다는 이야기이고, 죽기는커녕 6월 말경 대대적인 정계 개편을 결심하고 있었다. 그러나 정조 독살설을 부인하는 학자들은 정조가 심환지에게 자신의 병세를 설명하는 편지를 보낸 것을 근거로 삼는다. 이 편지의 전문을 보자.

편지는 잘 받았다. 나는 뱃속의 화기火氣가 올라가기만 하고 내려가지 않는다. 여름 들어서 더욱 심해졌는데 그동안 차가운 약제를 몇 첩이나 먹었는지 알 수 없다. 자리 옆에 항상 약통을 설치해 놓고 내키는 대로 달여 먹는다. 어제는 사람들이 모두 알게 되어서 부득이 체모를 높이느라고 탕제를 내오라는 탑교榻敎를 써 주었다. 올 한 해 동안 황련黃連을 한 근 가까이 냉수처럼 마셨으니 어찌 이상한 일이 아니겠는가? 이 밖에도 항상 얼음물을 마시거나 차가운 온돌의 장판에 등을 붙이고 전전측측하는 일이 다 번민할 만한 일이다. 이만 줄인다.

–《정조 어찰첩》 1800년 6월 15일

정조 독살설을 부인하는 사람들은 이 편지를 두 가지 방향으로 해석한다. 하나는 정조가 자신의 병세를 알릴 만큼 친한 사이이기 때문에 독살했을 리가 없다는 것이고 다른 하나는 정조의 병세가 이미 죽음에 이를 만큼 좋지 않았다는 것이다. 심지어 이 편지는 심환지에게 보낸 유서처럼 인용되기도 한다. 정조가 자연사했기를 바라는 마음이, 즉 노론 벽파가 정조의 독살에 관련되지 않았기를 바라는 마음이 너무 크기에 확대해석하는 것이다.

이 편지 사흘 전 정약용에게 약 보름 후인 그믐께면 서로 만날 수 있을 것이라고 말한 정조는 자신이 곧 죽으리라고 전혀 예상하지 않았다. 《정조실록》은 6월 14일 정조가 진찰을 받았다고 기록하고 있다. 정조의 어찰은 하루 전에 이미 진찰을 받음으로써 공개된 병세를 심환지에게도 전한 것에 불과하다. 이때 정조가 밝히는 자신의 병세는 가슴 속 화기膈火였는데 이는 정조의 지병이었다. 정조 21년(1797) 1월 17일 사헌부 집의 이명연李明淵은 이렇게 상소했다.

> 근래 성상께서 가슴 사이에 치밀어 오르는 기 때문에 화기和氣를 잃은 지 여러 날이 되어서 신화와 백성들은 초조하고 근심스러워 새해의 기쁨이 없이 썰렁합니다. 이 기운은 한갓 외감外感만이 아니라 역시 내상內傷에 연유한 것입니다. 매번 성상의 뜻에 격동된 것이 있으면 약속이나 한 듯이 찾아오는데, 이렇게 하는 것이 병이 되는 줄 알면 이렇게 하지 않는 것이 약이 되는 것입니다. 지금 쓰시는 흩어지게 하는 약제나 맛이 매운 약은 잠시만 구제하고 원기元氣만 손상할 뿐입니다.
>
> -《정조실록》21년 1월 17일

3년 전에 사헌부 집의 이명연이 말한 대로 화기는 '격동된 바가 있을 때마다 약속이나 한 듯이 찾아온다'는 지병이었다. 이런 편지를 보낸 것이 정조의 유서라면 정조는 이미 오래전에 저세상 사람이 되었어야 했다. 정조의 치료 과정과 관련해서 주목해야 할 부분은 정조가 왜 심환지를 내의원을 총괄하는 내의원 제조로 계속 근무하게 했는가 하는 점이다. 6월 14일 내의원의 진찰을 받은 정조는 다음 날 서용보를 체차시켰다. 믿지 못하겠다는 뜻이다. 그러나 심환지는 체차시키지 않고 죽는 날까지 곁에서 시약施藥을 담당하게 했다. 심환지가 시약을 담당했다는 사실과 주목되는 인물이 어의御醫 심인沈鏔이다.

정조의 급서와 독살설

정조의 사망 경위는 《조선 왕 독살사건》에 자세히 기록한 것으로 대신하고 여기에서는 그 후의 문제들을 중심으로 살펴보려 한다. 일부 학자들은 언론에 '정조 독살설은 시골서 떠돌던 야담'이라고 주장했다. 그러나 정조가 급서하자 가장 먼저 문제를 제기한 인물들은 중앙에서도 엘리트 중의 엘리트들인 대간과 홍문관 관원들이었다. 이들의 공격은 어의 심인과 강명길康命吉에게 맞춰졌다. 국왕이 사망하면 어의들은 대개 형식적인 처벌을 받고 곧 복직하게 마련이다. 그러나 대간들이 역逆이란 표현을 써 가면서 공격한다면 상황이 다르다. 대간과 옥당에서는 심인과 강명길의 처벌을 요구했으나 정순왕후와 심환지는 계속 거부했다. 정조가 세상 떠난 지 보름쯤 지난 순조 즉위년(1800) 7월 13일 사간원 대사간 유한녕兪漢寧의 차자는 대간과 옥당이 정조의 죽음을 어떻게 보고 있는지를 잘 보여준다.

> 역의逆醫(역적 의사)에 대한 전지傳旨를 시일이 지나도록 내리지 않고 있으니 이것이 무슨 일입니까? 역적 강명길의 죄는 이공윤李公胤보다 더하고 흉적 심인의 죄는 신가귀申可貴보다 더한 것이어서 비록 그들의 살점을 천 조각 만 조각으로 찢더라도 오히려 조금도 용서받을 수 없는 것입니다.
>
> -《순조실록》 즉위년 7월 13일

이공윤은 경종의 치료를 담당했던 어의로서 경종 독살설의 주요 인물이었으나 영조와 노론의 비호로 귀양만 갔던 인물이었다. 신가귀는 손 떨리는 수전증이 있는 어의로 효종에게 침을 놓다가 혈락을 건드려 죽음에 이르게 한 죄로 사형당했다. 심인과 강명길의 죄는 이공윤이나 신가귀보다 더하다는 것인데, 신가귀는 이때까지 국왕의 사망과 관련해 사형당한 유일한 조선 어의였다. 정조뿐만 아니라 조정 내 대부분의 관료들은 정조가 이때 급서하리라고 예상하지 못했다. 사망 열흘 전인 6월 18일에는 진찰을 받으라는 약원의 청을 받아들이지 않았다. 정조의 병은 그 전부터 갖고 있던 화병과 종기였고 이것이 죽음에 이르게 되리라고는 전혀 예상하지 못했다는 뜻이다.

정조 사후 의관 비호에 대한 의혹이 깊어지자 정순왕후는 할 수 없이 심인을 경흥부慶興府로 유배 보냈다. 강명길은 이미 수사 도중 물고物故된 후였다. 그러나 비난 여론이 계속 비등했다. 7월 15일에는 관학 유생 권중륜權中倫 등이 심인의 처형을 요구하고 나섰고, 정순왕후는 원상院相에게 유생들을 불러들여 효유해 돌려보내게 했는데 원상이란 곧 심환지 등이었다. 이처럼 정순왕후와 심환지의 비호에도 정조 독살설은 더 광범위하게 퍼져나갔다. 그래서 정순왕후도 한발 물러서지 않을 수 없었다. 정순왕후는 7월 20일 어의에 대한 전교를 내리게 된다.

"인심의 분노는 막기 어려워서 물정物情이 점점 격렬하여지니 따르지 않을 수가 없다. 의금부로 하여금 의관 심인이 정배定配되는 도중 현재 도착한 지점에서 격식을 갖추어 엄히 가두고 공제公除 뒤의 처분을 기다리게 하라."

공제란 국상 때 36일 동안 조의를 표하는 기간을 뜻한다. 그러나 양사는 이 조치에도 반발해 당일(7월 20일) 합동 상소를 올려 심인을 붙잡아다 국문하자고 청했다. 강명길은 국문 도중 사망했지만 심인은 국문을 받지 않았다는 사실을 여기에서 알 수 있다. 무엇이 두려운지 심인은 국문조차 하지 않은 것이다. 양사에서는 계속 심인의 사형을 요구했지만 정순왕후는 계속 거부하다가 순조 즉위년 8월 10일 끝내 사형에 동의할 수밖에 없었다. 물론 진상 규명을 위한 국문은 실시되지 않았다. 그런데 심인의 사형을 기록한 사관은 심인과 심환지의 연결 고리에 대해 아주 중요한 정보를 제공한다.

> 대신 심환지는 그(심인)의 소원한 친족이었기 때문에 처음에는 비호하려고 했었는데 그때 어떤 이가 이가작李可灼의 일을 인용하면서 뒷날 방종철方從哲의 죄를 면치 못하게 될 것이라고 하자, 심환지가 크게 깨닫고 드디어 정법에 처하자는 의논을 극력 주장했다고 한다.
>
> -《순조실록》 즉위년 8월 10일

이가작은 명나라 광종光宗이 병에 걸렸을 때 붉은 환약을 올려 급서하게 만든 인물로서 이를 '붉은 환약의 안건紅丸案'이라고 부른다. 대학사大學士였던 방종철 역시 이 사건과 연관되어 사형시켜야 한다고 공격을 받았던 인물이다. 심환지가 심인의 배후라는 사실은 사관까지 알고 있었다. 심인은 어의였고 심환지는 어의를 총괄하는 내의원 제조였다. 당연히 심인은 모든 투약을 심환지와 상의했다. 심인을 국문하고 처형해야 한다는 여론이 들끓었으나 심환지는 심인을 비호했다. 비등한 여론에 못 이겨 죽일 때도 국문도 하지 않고 유배 도중 전격적으로 사형시켜 버렸다. 정조 죽음의 배후에 심환지가 있었다고 의심받을 수밖에 없는 형편이었다.

정조가 심환지에게 보낸 편지는 심환지가 정조의 독살과 무관하다는 증거가 아니라 정조의 죽음에 깊숙한 관련을 맺고 있음을 보여주는 사료로 해석해야 마땅하다. 서용보를 내의원 제조에서 체차시킨 정조가 심환지를 왜 내의원 제조로 그대로 두었는지를 말해 주는 사료이기 때문이다. 정조의 죽음에 의문이 있다는 것은 이 시기 일종의 상식이었다. 사후 1년이 지난 순조 1년(1801) 5월 17일 홍문관 부교리 이인채李寅采는 상소에서 이렇게 주장했다.

> 작년 여름 망극한 변을 당하였을 때에 진실로 조금이라도 상도常道를 지키려는 마음이 있는 자라면 그 누군들 역적 심인을 직접 칼로 찌르고 싶어 하지 않았겠습니까?
>
> —《순조실록》 1년 5월 17일

정조가 자연사했다고 믿는 사람들은 그의 죽음으로 큰 정치적 이득을 챙긴 일부 노론 벽파뿐이었다. 심환지가 정조 독살과 무관하다면, 즉 정조의 죽음을 바라지 않았다면 최소한 정조가 죽은 후 그의 정치적 입지가 곤란해져야 한다. 그러나 《순조실록》은 그와 정반대의 상황을 전해 주고 있다. 먼저 정조가 위독하게 되자 가장 활발하게 움직인 인물은 정조의 정적 정순왕후였다.

> 이에 앞서 대행대왕大行大王(정조)의 병세가 위독한 상태大漸에 있을 때 대왕대비가 언서諺書로 하교하여 전 승지 윤행임尹行恁을 발탁하여 승정원 도승

지로 삼았다.

—《순조실록》 즉위년 7월 4일

국왕의 숨이 끊어지기 전에 이미 정순왕후는 인사권을 행사했던 것이다. 그것도 병 치료와 관련한 사항을 총괄하는 비서실장인 도승지를 갈아치운 것이다. 그런 후 정순왕후는 자신이 직접 정조의 병세를 보겠다고 병실로 간다. 대비가 나타나자 모든 신하들은 정조 곁을 떠날 수밖에 없었고 정조는 정순왕후와 단둘이 있게 되었다. 잠시 후 정순왕후가 통곡하면서 정조가 세상을 떠났다고 알렸다. 정조는 정순왕후와 단둘이 있는 가운데 의문의 죽임을 당한 것이다. 이 기사와 연결된 다음 기사는 심환지와 관련해 주목할 만한 내용이다.

다음 날 또 언서로 하교했다.

"이런 대상大喪에' 삼공三公이 갖추어지지 않은 것은 국조國朝에 처음 있는 일이다. 영의정 이병모李秉模에게 영부사領府事를 맡기고 좌상과 우상을 각각 영상과 좌상으로 삼으라. 그리고 예조 판서 서용보를 우상으로 삼으라."

—《순조실록》 즉위년 7월 4일

이때 영상으로 승진한 좌상이 바로 심환지였다. 그리고 정조가 내의원 제조에서 체차한 서용보도 우의정으로 승진했다. 이날은 정조 사망 당일인 1800년 6월 28일일 것이다. 그러나 정순왕후의 수렴청정 반교문이 반포된 것은 순조 즉위년(1800) 7월 4일이었다. 수렴청정 반교문이 반포되기 전에 행사한 인사권은 불법이다. 정순왕후는 정조가 죽기도 전에 도승지를 갈아치우고 죽자마자 심환지와 서용보를 승진시켰다. 정순왕후와 심환지는 정조 사망 후에 대한 시나리오를 갖고 있었다. 정조가 죽자마자 이들은 정조 치세 24년을 부인하는 과거사 청산 작업에 들어갔고 조선은 정조 즉위 이전 암흑 시기로 돌아갔다.

다시 성리학 이외의 모든 사상은 엄금되었고, 노론 일당 독재가 재연되었다. 정조 16년 이승훈 문제로 금갑도에 일시 유배되었던 심환지는 순조 1년(1801) 이승훈을 죽였고, 이잠 문제로 시비를 벌였던 이가환도 죽였다. 정약용의 형 정약종도 죽이고 정약용을 비롯한 남인들을 대거 죽이거나 귀양 보냈다. 한마디로 정조의 모든 치세를 없었던 일로 만든 핵심 인물이 심환지였다.

그러자 정조 독살설은 계속 퍼져나갔고 정순왕후와 심환지는 배후 핵심 인물로 의심받았다. 정순왕후가 순조 3년(1803) 1월 29일 "죄는 오로지 심인에게 있었다"라고 말한 것은 이때까지도 정조 의문사에 대한 시비가 계속되고 있었다는 뜻이다. 정조 독살설을 부인하는 학자들이 유일하게 제시하는 근거가 하나 있다. 노론 시파가 벽파를 몰아내는 순조 6년(1806)의 이른바 병인경화丙寅更化 때 독살설을 제기하지 않았다는 것이다. 그러나 이 역시 기초 사료인 실록조차 제대로 검토하지 않고 나온 주장에 불과하다. 정순왕후가 사망한 이듬해인 순조 6년(1806) 3월 3일 사간원 정언 박영재朴英載는 노론 벽파 김달순金達淳을 공격하면서 김달순의 와굴窩窟이 심환지라며 그의 죄상을 열거한다.

> 경신년(1800) 이전에 (심환지가) 권세를 탐하여 죄악을 쌓은 것은 우선 버려두고 논하지 않더라도 경신년 이후의 일만 말해 보겠습니다. 역적 심인을

추천하여 (어의로) 진출시킨 것이 첫 번째 죄입니다. ……장용영 창설은 선대왕先大王(정조)의 심원深遠한 생각에서 나온 것인데 감히 3년 만에 고쳐도 된다는 이야기를 방자하게 전달하였고, 그의 혈당血黨들을 지휘하여 선왕의 유지를 고쳐서 속인 것이 네 번째 죄입니다.

-《순조실록》 6년 3월 3일

한마디로 심환지는 선왕의 역적이라는 상소였다. '심환지가 역적 심인을 천거해서 어의로 진출시킨 것이 첫 번째 죄'라는 말이야말로 정조 독살의 배후가 심환지라는 공개적 폭로에 다름 아니었다. 장용영은 정조가 사망한 지 만 2년 만인 순조 2년(1802) 혁파되는데 장용영을 혁파시킨 장본인이 바로 심환지였다. '두 사람이 편지를 주고받을 정도로 친했으니 독살했을 리가 없다'는 일부 학자들의 분석이 얼마나 유치한 분석인가가 여기에서도 드러난다. 오히려 장용영 때문에 군사 쿠데타가 불가능해진 상황에서 심환지가 선택한 다른 접근 방식이 어찰이었다고 해석해야 하는 것이다.

심환지가 정조의 유지를 고쳐서 속였다는 부분도 심인을 천거한 것만큼 중요한 폭로이다. 유지란 곧 유언인데 선왕의 유지가 무엇인지 현재는 알 수 없지만 당시 정조의 죽음에 의혹을 갖고 있던 쪽에서는 심환지가 정조의 유언을 고쳤다는 것을 알고 있었다는 사실이다. 속인 부분이 무엇인지 정확하지는 않지만 이 부분이야말로 그간 감춰져 있던 정조의 독살설의 비밀을 푸는 중요한 열쇠 중 하나일 것이다.

심환지가 속여야 했을 선왕의 유지는 아마 사후 체제에 대한 문제였을 가능성이 크다. 정조는 어느 순간 이미 때가 늦었다는 것을 자각하고 사후 체제에 대한 지시를 했을 것이다. 정조는 정순왕후가 수렴청정을 하는 순간 자신의 모든 치세가 부인된다는 사실을 잘 알고 있었다. 그래서 그것을 막을 장치에 대한 유교였을 가능성이 있다. 아마 정순왕후가 아닌 자신의 부인 순원왕후 김씨를 수렴청정 대상자로 선정했을 수도 있다. 그러나 심환지는 정조의 유교마저 속였다는 것이다. 심환지가 정조의 총애를 이용한 역적이란 인식은 광범위하게 퍼져 있었다. 순조 6년(1806) 4월 1일 삼사三司(사헌부 · 사간원 · 홍문관)는 합동으로 상소를 올려 심환지가 정조의 역적이라고 공격했다.

심환지는 선조(정조)의 망극한 은혜를 받은 사람으로서 차마 선왕께서 선향仙鄕(저승)으로 멀리 떠나가시던 당일로 우리 선왕의 은혜를 저버리고 우리 선왕과 배치背馳되었으며 국세가 철류綴旒(깃발의 술)처럼 위태로운 것도 생각하지 않고 자신의 사욕만을 음험하게 이룰 계교를 품고 있었습니다.

-《순조실록》 6년 4월 1일

심환지는 이미 죽었지만 이때 선왕의 역적으로 인정되어 관작이 추탈되었고 그 자식들은 사방으로 나뉘어 정배되었다. 정조의 어찰은 과거 알려진 것보다는 정조와 심환지 사이가 나쁘지 않았음을 말해 주는 것으로 해석될 수도 있다. 그러나 어찰은 심환지가 정조의 독살에 관여하지 않았다는 증거가 아니라 지금껏 알려진 것보다는 정조의 죽음에 깊숙이 관련되었다는 증거로 삼아야 한다는 사실을 삼사의 상소는 보여준다. 정조가 세상을 떠나던 날 심환지가 정조를 배신했다는 것이기 때문이다. 그리고 그 배신은 그의 이후 행보에서 보듯이 아주 계획적이었다. 일부에서 어찰로 하늘을 가리려고 시도했지만 햇살에 비친 어찰은 오히려 정조 독살설을 강하게 뒷받침해주고 있는 형국이다.

노론 벽파 세계관의 재생산 구조

정조 어찰이 느닷없이 정도 독살설을 부인하는 사료로 둔갑하는 현상은 우리 사회의 뿌리 깊은 문제를 인식시키는 계기가 되어야 한다. 정조 어찰 연구자들이 이를 독살설을 부인하는 사료인 것처럼 말하자 이 분야를 전공했다는 일부 교수들이 마치 사실인 양 덧붙이고 각종 언론이 크게 보도한 현상은 역사 해석 분야에 관한 한 정조가 사망하던 당시보다도 오히려 지금이 더 노론 벽파의 시각이 지배적임을 보여주기 때문이다. 이는 우리 사회의 뿌리 깊은 역사 연구가 재생산 구조의 문제와 깊숙한 관계를 맺고 있다.

필자는 이 문제에 대해 본격적인 책을 쓸 생각을 전부터 갖고 있었으나 지금은 조선 후기사에 대해서만 언급하겠다. 정조 어찰이 독살설을 부인하는 결정적 사료라고 주장했던 한 교수는 어느 언론과의 인터뷰에서 "조선 후기사도 이제는 정조나 다산 중심 시각에서 벗어나 다양하게 볼 필요가 있다"고 강조했다. 보통은 그냥 다양한 시각으로 조선 후기사를 보자는 말로 여기겠지만 우리 현실에서는 전혀 다르게 노론의 사각으로 조선 후기사를 바라보자는 뜻을 담은 말이다. 그리고 그런 의도는 그들의 정설을 담은 현재의 우리 역사 교과서에 그대로 관철되고 있다.

한 예로 실학의 경우를 보자. 현행 국사 교과서는 실학을 두 흐름으로 설명한다. 하나는 농업 분야의 개혁을 주장한 경세치용학파로 서울 부근의 경기 지방近畿에서 활약한 남인들이 제창한 것으로 설명한다. 이 부분은 맞다. 다른 하나는 이용후생학파로서 청나라와 교류하자는 북학파인데, 이를 노론에서 주창한 것으로 설명하고 있다.

> 18세기 후반에는 농업뿐만 아니라 상공업의 진흥과 기술의 혁신을 주장하는 실학자들이 나타났다. 이들은 서울의 노론 집안 출신이 대부분이었으며, 청나라의 문물을 적극적으로 수용하여 부국강병과 이용후생에 힘쓰자고 주장했으므로 이들을 이용후생학파 또는 북학파라고 부른다. 상공업 중심의 개혁론 선구자는 18세기 전반의 유수원이었다…….
>
> -《고교 국사 교과서》 314쪽

이는 현행 국사 교과서가 노론이란 당파적 시각으로 서술되었음을 말해 주는 명백한 증거이다. 상공업 중심의 개혁론을 주장한 북학파는 노론과 아무 관계가 없을 뿐만 아니라 노론 당론과는 완전히 반대되는 사상을 가진 인물들이었다. 교과서에서 이 학파의 선구자라고 내세운 유수원柳壽垣은 노론이 아니라 영조 31년(1755) 나주 벽서 사건과 연루되어 사형당한 소론 강경파였다. 노론에게 사형당한 소론 강경파를 노론으로 둔갑시켜 교과서에 실을 수 있는 것은 이들이 얼마나 막강한 학문 권력을 갖고 있는지를 말해 준다. 교과서에서 노론 명가 출신으로 내세운 홍대용은 영조 때 음서로 진출해 정조 때 6품 정도의 벼슬인 사헌부 감찰과 태인 현감 등 하위직을 역임했던 인물이다. 그가 중용되지 못한 이유는 그의 사상이 노론 주류와 맞지 않았기 때문이다. 박지원도 마찬가지이다. 그도 명성과는 달리 음서로 관계에 나온 후 안의 현감, 면천 군수 등 하위직에 머물렀던 인물이다. 그는 당파에 소속되기를 꺼려했는데 굳이 분류하려면 노론보다는 소론에 가까운 인물이었다. 북학파란 말은 박제가가 정조 2년 북경에 다녀와서 쓴 《북학의北學議》에서 비롯된 것이다. 박제가가 북경에 갈 수 있었던 것은 남인 정사正使 채제공과의 친분 때문이었다. 정조의 신분제 완화 방침에 따라 규장각 검서관으로 등용된 이덕무 · 박제가 · 유득공 등이 모두 북학파인데 노론과는 아무 관련이 없는 서자들로서 노론 일당독재가 계속되었다면 벼슬길에 나올 수도 없던 인물이었다. 박제가는 정조 사후 사형당할 뻔하다가 겨우 목숨을 건지고 종성으로 유배된다. 북학론은 노론의 당론인 화이론華夷論과 성리학 유일사상 체제를 지지하는 사람들의 머릿속에서는 도저히 나올 수 없는 개혁 이론이었다. 이런 북학론을 노론에서 주창한 것으로 둔갑시킨 것이 현재의 국사 교과서이며 이런 역사적 사기를 가능하게 했던 것이 노론의 후예들이 장악한 현실의 학문 권력이었다.

일제는 대한제국(조선)을 강점한 다음 날 자국을 멸망시키는 데 공을 세운 76명의 조선인들에게 작위와 막대한 은사금을 주는데 그들 대부분이 노론이었다. 정조가 죽자마자 정조의 모든 정책을 거꾸로 돌려서 나라를 망하게 한 것도 부족해 나라를 직접 일제에 팔아먹은 집권 당파가 노론이었다.

일제는 1925년 조선총독부 산하에 조선사편수회朝鮮史編修會를 설치했다. 조선총독부 정무총감政務總監이 총책임자였던 조선사편수회는 한국사 전부를 사대성·타율성·정체성으로 매도함으로써 한국민의 독립 의지를 꺾는 것이 목적이었다. 조선사편수회에는 일본인 학자들뿐만 아니라 일부 한국인 학자들도 들어가 있었다. 이들 중 일부는 조선사편수회 내에서 식민사관과 맞서기도 했으나 일부는 식민사관의 구도를 그대로 받아들였다. 문제는 이때 조선사편수회에서 근무하면서 일제 식민사학에 깊이 경도되었던 한 학자가 해방 후에도 한국 사학계의 태두가 되면서 발생하게 되었다. 이 태두가 쓴《국사대관國史大觀》등의 저술에는 시종 두 가지 관점이 관철되고 있다. 하나는 노론 사관이고 하나는 일제 식민사관이다. 작위를 받은 유명한 친일파의 가까운 친척이자 노론 가문이었던 그의 사관은 그와 그의 후예 학자들에 의해 한국사의 정설로 둔갑해 조선시대 성리학이 누리던 유일사상의 지위를 한국 사학계에서 누리게 되었다. 그리고 역사 연구가의 재생산 시스템을 장악한 막강한 카르텔을 형성해 이른바 정설과 다른 이론異論과 정설에 동의하지 않는 학자들을 학계에서 추방해 왔다. 앞에서 보았듯이 '북학파=노론'이란 구도는 이들이 지니고 있는 현실의 학문 권력이 얼마나 막강한가를 보여주는 한 사례에 불과하다. 청소년들에게 국사를 암기 과목으로 여기게 만든 죄악적 상황의 뿌리도 여기에 있다. 검은 것을 흰 것이라고 가르치면서 '시험에 나온다'고 윽박지르니 학생들로서는 외우는 수밖에 다른 방법이 없는 것이다.

정조 독살설을 둘러싼 지금의 소동이 한 번의 해프닝으로 끝나서는 안 되는 이유가 여기에 있다. 아직도 노론 사관과 일제 식민사관이 정설인 한국사의 확대 재생산 구조를 바꾸지 않고 한국 사회가 어찌 미래로 나갈 수 있겠는가? 노론 사관과 식민사관을 정설로 만드는 학벌 카르텔이 역사 연구가의 재생산 구조를 독점하고 있는 한국 사회에서 어찌 다양한 역사 해석이 가능하겠으며, 다양한 역사관을 가진 시민 사회가 형성될 수 있겠는가? 이제 한국사는 소수 학벌 카르텔의 당파적 해석에서 벗어나 시민들 곁으로 돌아가야 할 것이다. 언제까지 200~300년 전의 노론 사관, 70~80년 전의 일제 식민사관으로 한국사를 바라보아야 하겠는가?

조선 왕 독살사건 2

초판 1쇄 발행 2005년 7월 8일
초판 90쇄 발행 2008년 11월 5일

개정증보판 1쇄 발행 2009년 1월 20일
개정증보판 17쇄 발행 2018년 1월 16일

양장특별판 1쇄 발행 2018년 10월 26일

지은이 이덕일
펴낸이 김선식

경영총괄 김은영
디자인 황정민 **책임마케터** 최혜령, 이유진, 박태준
콘텐츠개발4팀장 윤성훈 **콘텐츠개발4팀** 황정민, 임경진, 김대한, 임소연
마케팅본부 이주화, 정명찬, 최혜령, 이고은, 이유진, 양서연, 박태준, 김은지, 배시영, 기명리
전략기획팀 김상윤
저작권팀 최하나, 추숙영
경영관리팀 허대우, 임해랑, 권송이, 김민아, 김재경, 허윤선, 한유현, 최완규, 손영은, 김지영
외부스태프 표지디자인 민진기

펴낸곳 다산북스 **출판등록** 2005년 12월 23일 제313-2005-00277호
주소 경기도 파주시 회동길 357 3층
전화 02-702-1724(기획편집) 02-6217-1726(마케팅) 02-704-1724(경영지원)
팩스 02-703-2219 **이메일** dasanbooks@dasanbooks.com
홈페이지 www.dasanbooks.com **블로그** blog.naver.com/dasan_books
종이 한솔피엔에스(주) **출력 · 제본** 갑우문화사

ISBN 979-11-306-1955-2 (04910)
979-11-306-1953-8 (세트)

• 이 도서의 국립중앙도서관 출판시도서목록(CIP)은 서지정보유통지원시스템 홈페이지(http://seoji.nl.go.kr)와 국가자료공동목록시스템(http://www.nl.go.kr/kolisnet)에서 이용하실 수 있습니다. (CIP제어번호 : CIP2018032800)